U0926114

倾力打造成都北部新城

成德同城化理论与实践

主编　杨家林

Southwestern University of Finance & Economics Press
西南财经大学出版社

图书在版编目(CIP)数据

倾力打造成都北部新城:成德同城化理论与实践 / 杨家林主编 . —成都:西南财经大学出版社,2017. 9
ISBN 978 - 7 - 5504 - 3222 - 2

Ⅰ. ①倾… Ⅱ. ①杨… Ⅲ. ①城市建设—研究—成德 Ⅳ. ①F299. 277. 13
中国版本图书馆 CIP 数据核字(2017)第 244103 号

倾力打造成都北部新城——成德同城化理论与实践
杨家林 主编

责任编辑:朱斐然
助理编辑:王青杰
封面设计:白少二
责任印制:封俊川

出版发行	西南财经大学出版社(四川省成都市光华村街 55 号)
网　　址	http://www. bookcj. com
电子邮件	bookcj@ foxmail. com
邮政编码	610074
电　　话	028 - 87353785　87352368
照　　排	四川胜翔数码印务设计有限公司
印　　刷	四川五洲彩印有限责任公司
成品尺寸	170mm × 240mm
印　　张	18. 25
字　　数	220 千字
版　　次	2017 年 9 月第 1 版
印　　次	2017 年 9 月第 1 次印刷
书　　号	ISBN 978 - 7 - 5504 - 3222 - 2
定　　价	58. 00 元

编委会

在成德同城化实践中
干在实处走在前列做好表率
（代 序）

中共德阳市委常委 市委组织部长 市委党校校长 王华蓉

2017年3月27日在德阳市第五期

递进培养班开班式上的讲话（摘编）

加快区域经济一体化进程，实现经济社会全面、协调、可持续发展，是贯彻落实新发展理念的内在要求，也是经济发展到一定阶段的必然产物。自四川省委提出“三大发展战略”以来，成都平原经济区一体化进程明显加快。德阳市第八次党代会指出，今后五年，是德阳决胜全面小康的攻坚阶段，也是实现跨越发展的黄金时期。实施成德同城化，加快建设成都国际化大都市北部新城，是实现德阳未来跨越发展的根本出路，是德阳的最大希望。面对新的发展形势，我们各级干部要勇于担当起推进成德同城化、建设成都北部新城的历史使命。

一、深刻领会实施成德同城化的重大意义

第一，成德同城化是顺应经济发展趋势潮流的战略抉择。世界各国区域经济发展的实践证明，区域经济的核心在于互动联合。

正是通过互动联合，崛起了一个个具有全球影响力的城市群。同城化不仅是当今世界经济发展的大趋势，也是各地区应对国际国内经济竞争和挑战的必然选择，已成为地区间实现双赢的有效途径和提高城镇化水平的有效方式。随着新一轮西部大开发战略和成渝经济区规划的实施，西部地区工业化城镇化发展步伐加快，推进成德同城化，必将迎来一场大发展、大融合、大联动，给德阳带来重要战略机遇，我们一定要顺势起航。

第二，成德同城化是落实中央省委决策部署的内在要求。中央对成渝城市群发展高度重视。中央城市工作会议提出，在中西部地区培育发展一批城市群、区域性中心城市，把成渝城市群作为五大国家级城市群之一重点发展。中央把成德绵作为四川全面创新改革试验区，明确要求先行先试，率先一步。为此，德阳市委立足德阳实际，提出实施成德同城化，与成都签订同城化发展框架协议，并将成德同城化确定为“十三五”发展重大战略和两个“一号工程”之一，切实将中央、省委决策部署要求落到实处。

第三，成德同城化是加快德阳经济社会发展的现实需要。近年来，德阳市委按照“五位一体”总体布局和“四个全面”战略布局，保持专注发展、转型发展战略定力，深入实施省委[illegible]发展战略”，一举扭转过去总量靠前、增速靠后的徘徊局[illegible]，经济发展呈现“双中高”，总量增速首次出现“双靠前”，全市转型发展进入快车道；同时，也还存在一些不容忽视的困难和不足。鉴于此，只有牢固树立大开放、大融合的发展理念，主动融入“成都大都市圈”，借势发力、借机发展、借道赶超，才能在激烈的区域竞争中下好先手棋，抢占制高点，打好主动仗。

二、准确把握推进成德同城化的着力方位

2013 年 8 月，成都、德阳两市签署同城化发展“1+8”合作协议。三年多来，在双方的共同努力推动下，交流合作持续深化，取得了一系列重要成果。一是正在编制《成德同城化发展空间规划》，启动成德同城化路网规划方案。二是交通共建取得重大进展，连接成德的城际铁路、旌江干线、成德大道、成都“二绕”、中金快速通道（中江段）建成通车。三是成德工业园建设取得明显成效，已入驻企业 60 户，投产规模以上企业 34 户。四是旅游合作迈出新步伐，建立三星堆博物馆与金沙博物馆“联票”参观运营模式，组建高铁“五城联盟”。五是社会保障合作实现新突破，开设两地劳动力转移和用人单位招用工“绿色通道”，推进两市企业职工基本养老保险关系无障碍转移接续。此外，在教育、卫生、金融、水源地及环境保护等方面合作也取得了阶段性成效。下一步，深入推进成德同城化，必须坚持加快自身发展与强化协同融合双轮驱动、双向发力。

第一，专注发展，补齐短板，增强德阳参与同城化的综合实力。同城化不是简单的城市链接，而是整体发展的提档升级。只有练好内功，全面提升德阳综合实力，拉近与成都的发展差距，才能实现更高水平的融合发展。一是提升德阳综合实力，认清不足是前提。我们要认识到，我市当前发展中的突出问题和薄弱环节主要包括：农业存在结构性矛盾、产业化程度不高、工业经济后续发展动力不足以及现代服务业发展严重不足等。二是提升德阳综合实力，补齐短板是关键。要做精第一产业，围绕农业供给

侧结构性改革，积极推动传统农业向现代农业转变，大力发展循环农业、生态农业、低碳农业、有机农业和观光农业，打造特色农业品牌和加工企业，不断提升农业经济效益；要做强第二产业，突出工业主导地位，抢抓全面创新改革试验、“一带一路”“中国制造2025”等战略机遇，加快全市工业产业转型升级，着力形成一批具有国际影响力、拥有知识产权的创新型企业和“智能制造”产业集群，重点支持发展一批五十亿元、百亿元、五百亿元甚至千亿级的龙头大企业大集团；要做大第三产业，将第三产业作为全市经济结构调整的重点，加快锦绣天府国际健康谷产业园区建设，大力发展健康养老、职业教育、科技服务、现代物流等现代服务业，聚焦建设成都北部新城目标，切实推进全域城镇化，以城镇化加快发展带动服务业更快发展；要增强“软实力”，稳步推进适应改革发展的制度机制改革创新，优化投资环境，高起点提升公共服务优质化水平，打造绿色生活空间，建设高品质宜居宜商人居环境、高素质人才就业创业聚集高地。

第二，突出重点，加强协同，促进同城化深入推进。市委顺应现代城市发展要求，借鉴广佛同城化发展经验，提出以“六个协同”引领成德同城化：一是区域规划协同，重点是围绕《成渝经济区区域规划》《成都平原城市群发展规划》，进一步明确成德同城化发展思路、实施重点、保障措施，进一步明确城市连接、路网对接、产业协作、公共服务协同等同城化工作重点方向和重大事项。二是交通建设协同，重点是以交通一体化为先导，全面对接成都，形成统一的轨道和道路交通网，加快构建高效、便捷、多层次的成德综合型交通体系，实现两地立体路网无缝对接，增强对两地经济社会发展的支撑和辐射带动能力。三是城市品质协同，重点是高端对接成都城市发展，以成都的城市规划、建设和管理水平为标准，大力实施“城市提档升级工程”，推进德阳城市管理、公共服务、社会保障、生态建设等向成都看齐、与成都同质。四是通信设施协同，重点是加快成德信息高速网络建设，统筹推动物联网、云计算、大数据等新一代信息技术创新应用，推进城市管理智能化、精细化、人性化“三化”建设，共建成德“智慧城市”。五是产业布局协同，重点是坚持错位发展、集聚发展，把德阳建设成为成都的产业承接基地，共同打造辐射带动区域产业升级的增长极和动力源。六是政策机制协同，重点是完善成德两市政策共享机制，在招商引资、产业发展、科技创新、人才支撑等方面，制定推动成德一体化发展的政策措施。

三、各级干部要敢于担当，以昂扬向上的精神状态加快推进成德同城化

落实中央和省委部署，推动成德同城化取得突破，“十三五”是最佳时期。能不能把握住转瞬即逝的机遇窗口期，检验着全市干部的能力和担当。特别是领导干部要主动适应新形势新任务新要求，持之以恒加强自身素质提升，在成德同城化的实践中干在实处、走在前列、做好表率。

第一，要提升政治素养。领导干部要把讲政治作为立身行事的首要准则，把提升政治素养贯穿工作生活全过程。一是要坚定理想信念。我们面临着把成德同城化由愿景变为现实的机遇和挑战，责任重大、任务艰巨。越是关键时刻，越要坚定理想信念，做到顺境时不骄傲、逆境时不气馁，紧要关头不懈怠、诱惑面前不动摇。二是牢固树立“四个意识”。坚决维护以习近平同志为核心的党中央权威，始终在思想上政治上行动上同党中央保持高度一致。三是不断锤炼党性修养。我们要不断领悟和践行党的宗旨、党的理论以及党的路线、方针、政策，多方位、多层次锤炼党性修养、淬炼优良作风，做到平常时候看得出来，关键时候站得出来，危急关头豁得出来。

第二，要转变思想观念。推进成德同城化，思想观念到位是前提。一是着力克服“小富即安”的满足感。“小富即安”表现为压力不足、冲劲不够，说到底是价值观、事业心、责任感的问题。“十三五”是德阳实现跨越发展的关键期，融入大成都发展，周边都在发力，不拼不会赢；率先全面建成小康社会，贫困人口要脱贫，任务繁重艰巨，不拼不会赢；全面深化改革进入深水区，剩下的都是“硬骨头”，不拼不会赢。我们要坚决破除“小富即安、小进即满”的行为习惯，继承发扬德阳人“敢为天下先”的精神，始终昂扬奋勇争先的精、气、神。二是着力克服狭隘的地域观层级观。在经济一体化格局下，必须从全球、全国、全省的视角，分析自身比较优势，找准融入更大经济体的切入点，走跨区域合作之路，在融合发展中寻求功能和产业定位，在承接辐射和配套产业中发展壮大。市场经济的属性决定区域经济发展水平，取决于城市能级和营商环境，而与行政级别高低没有必然关联。德阳决不会因为行政层级比成都低而必然缺乏要素吸附力和发展竞争力，关键在于我们有没有吸引资金人才和重大项目的基础设施条件、产业配套能力和营商环境。三是着力克服浮躁激进的心态。推进成德同城化要按规律办事，不能拍脑袋决策，拍胸脯蛮干。要力戒浮躁、沉稳平和，做决策、上项目、搞工程，都要充分考虑是否符合人民群众愿望，是否符合市场经济规律，是否科学可行，一步一步扎实走，一个台阶一个台阶上。

第三，要练就过硬本领。增强本领、提升能力，始终是一个干部成长进步的基石。实施成德同城化，是德阳跨越发展的最大希望，是全市干部自觉担负的政治责任，必须加强学习，增强综合素质，不断提高服务和推动成德同城化的能力水平。一要在加强理论武装上下功夫。我们要用习近平总书记系列重要讲话精神武装头脑，认真学习省委治蜀兴川方略，认真学习市委重大决策部署，增强工作的科学性、系统性和预见性。二要在提升专业能力上下功夫。实施成德同城化，实质是把全市发展放在更大范围、更高平台上去定位、合作和竞争，需要综合考虑的因素更多，客观上对我们工作的专业化水平提出了更高要求。三要在丰富知识储备上下功夫。在以变革、调整、创新为显著特征的时代，我们要有强烈的本领危机感，把学习当成一种追求、一种习惯、一种境界，不断拓展学习的深度和广度，加强知识积淀、文化浸润和科学涵养，着力避免陷入少知而迷、不知而盲、无知而乱的困境。

第四，要增强责任担当。干部是干出来的，有多大担当才能干多大事业，尽多大责任才有多大成就。一是保持狠抓落实的韧劲。中共四川省委书记王东明同志深刻指出，抓落实既是摆在我们面前的现实问题，也是必须回答的重大课题。中共德阳市委书记蒲波同志强调，抓落实就是要“勤劳+智慧+亲力亲为”。各级干部要把成德同城化这项奠基德阳长远发展、造福子孙后代的大事抓紧抓实，当好改革促进派、发展实干家。二是涵养“功成不必在我”的胸襟。实现成德同城化，是一项复杂的系统工程，不可能一蹴而就。各级干部要有“一届接着一届干”“一张蓝图绘到底”的精神，该推进的事业不因为见效缓慢而迟疑，该化解的矛盾不因为是历史遗留问题而漠视。要始终坚持从推动全市发展全局出发、从全市人民群众的整体利益出发，多做打基础、利长远的好事实事。三是坚守廉洁从政的底线。我们一定要把塑造高尚的道德品格作为终身追求，坚守共产党人的精神家园，践行共产党人的思想道德，模范遵守社会公德，始终做到自重、自省、自警、自励。要把纪律挺在法律前面。要牢固树立法治观念和依法办事的理念，习惯用法治思维谋事，在法治轨道上行权，用法治方法办事，自觉学会用法律法规约束自己，规范言行，做守法的模范。

目 录

决策篇

路径篇

保障篇

决策篇

第一章 打造成都北部新城是德阳未来发展的战略选择

改革开放以来，中国城市群迅速发展，以北京、上海、广州、深圳等特大城市为中心形成了京津冀、长三角、珠三角等城市群，随后中原、成渝、长株潭、武汉等内陆地区的城市群也逐步形成。作为区域经济发展的一种新型城市战略和典型发展模式，“一体化”或“同城化”得到了高度认同并快速发展起来。四川省在制定“十一五”规划时，提出了构建以成都、川南、攀西、川东北为四大城市群和五大经济区的区域发展新格局，以及按优化开发、重点开发、限制开发和禁止开发四类主体功能区，构建四川未来区域发展新格局的设想。其中，成都经济区的目标是逐步建成四川省乃至我国西部最强最大的经济密集区和人口密集区，成为四川省参与全国区域竞争的龙头和主体。德阳作为四川省重要的支撑点，要努力实现跨越发展和次级突破，就必须推进成德同城化，利用资源优势互补、产业相互依托，形成具有强辐射、深扩散、大竞争的板块经济。

自成都经济区提出后，成都和德阳加快了区域合作的步伐。2009 年 12 月，成德绵召开了首届规划合作联席会，编制了《成德绵区域合作发展战略规划》；2010 年 1 月，签署了《成都经济区区域合作框架协议》，揭开了区域合作与发展的新篇章，城市间以实现更大范围的产业分工与资源共享，共同促进经济区内“规划同编、基础设施共建、环境齐治、产业协作、科技共创、公共服务和社会管理共享”的一体化合作为目标，展开了多层次、宽领域、全方位的区域合作。在此基础上，2013 年 8 月，德阳与成都通过协商，签订《成都德阳同城化发展框架协议》，揭开了成德同城化的序幕。2016 年 9 月，德阳市委书记蒲波同志在德阳市第八次党代会上做了《坚定实施“三大发展战略”倾力打造成都北部新城 为率先全面建成小康社会而努力奋斗》的报告，明确把加快建设成都国际化大都市北部新城作为德阳今后发展的战略目标和中心任务，把实施成德同城化作为建设成都北部新城根本路径的“一号工程”，由此吹响了全面推进成德同城化的集结号。2017 年 5 月，成德两市签署的《推动成德一体化发展合作备忘录》等协议，为成德同城发展列出了时间表——“力争到 2020 年，基本实现成德两市在发展规划、交通建设、通信设施、城市品质、产业布局和政策联动等方面的高度协同，初步构建科学的成德一体化发展空间格局，助推成都市基本建成全面体现新发展理念的国家中心城市，助推德阳建成成都国家中心城市北部新城”①。

第一节 成都北部新城的内涵

成都北部新城，是中共德阳市委以“五大发展理念”和省委

① 成都德阳签署推动成德一体化发展合作备忘录［N］. 德阳日报，2017-05-19.

“三大发展战略”为引领，以成都建设国家中心城市和发展成都大都市区为契机，立足于德阳所处的独特区位优势、产业特征、自然禀赋的科学分析，以及对德阳未来发展的战略定位，通过实施成德同城化、全域城镇化和城乡一体化为基本路径，把德阳打造为成都北部的重要支撑城市，形成以成都主城区为核心，南有天府新区、北有德阳新城的“一核两中心”的城市区域发展格局。

在德阳市第八次党代会上，德阳市市委（以下简称市委）对建设成都北部新城首次做出了全面部署，制定了“一二三四五”的总体布局。随着成都北部新城的推进，市委又提出了把德阳打造成为世界智造之都、国际文化名城、成都北部新城与生态田园典范的“四张名片”。具体而言，就是要以创新驱动为根本动力，以成德同城化为重要抓手，以开放合作为强大助力，以县域经济为底部支撑，以绿色共享为基础保障，统筹推进稳增长、调结构、促改革、惠民生等各项工作。一要落实创新驱动发展战略，抓好创新改革引领经济转型发展，从而提升城市综合实力。要拓展传统产业转型发展空间，培育新兴产业创新发展动能，提升服务业创新发展水平，促进现代农业提质增效。二要落实统筹城乡发展战略，加快推动实现全域城镇化。要全方位推进成德同城化发展，着力构建“四位一体”全域城镇体系，有力有序推进行政区划调整。三要落实深化改革扩大开放战略部署，不断增强发展新优势。要全面深化重点领域和关键环节改革，突出抓好供给侧结构性改革，实施充分开放合作，与成都周边其他地区乃至西部地区在战略空间扩张和产业互补方面协调发展，形成良性互动的合作与支持，积极参与国际、国内的市场竞争。四要落实建设美丽四川战略，加快建设生态文明示范市。要构建绿色产业体系，打造绿色生活空间，培育绿色生态环境。五要落实改善民生各项部署，努力提升人民群众的幸福指数。要更大力度提升民生保障水平，更高起点提升公共服务能力，更高标准推进脱贫攻坚，更实举措提升文化自信。

成都北部新城是包含了成德同城化、全域城镇化、城乡一体化等多项重要举措在内的战略选择。一是成都北部新城的关键是成德同城化。没有成德同城化，就没有成都北部新城。成德同城化既是建设北部新城的目的，也是建成成都北部新城的路径，成德同城化的最终目标是实现两市在经济、社会、文化、生态等各个方面的深度融合发展。二是成都北部新城的基础和支撑是全域城镇化与城乡一体化。对于德阳而言，要实现与成都的协同发展，就必须全面提升自身综合实力，努力提升全域城镇化与城乡一体化水平，只有夯实基础，同城发展才可实现。

一、成德同城化

同城化是指在经济和社会发展方面存在着逐步融为一体的发展前提条件下，通过城市之间资源和生产要素的无障碍跨界流动，从而实现区域共享发展的过程。其本质是对城市间复杂的利益关系进行调整构建和协调融合。具体而言，同城化是一个城市与一个或多个城市因地域相邻而在域间规划、产业、信息、交通及公共服务等方面实现一体化，达到资源的优化布局和发展成果的共同享有，最终形成经济社会发展相融合的新型经济社会联合体。成德同城化即成都和德阳两市协同或一体化发展，将成德建设成为经济繁荣、环境优美、生活便捷的四川省同城化优先发展区、区域合作示范区、成都经济区先进制造业与现代服务业发展高地。同城化不是行政区划架构的同一，而是进一步整合产业，强化错位，避免趋同，提升城市整体竞争力，构建区域协同共兴的新格局。

成德同城化是西部城市群开放型经济及区域协同发展的桥头堡，是构建四川对外开放与“两化”[①] 互动、城乡统筹战略的核心支撑点。推进成德同城化将冲破两个近在咫尺的城市以行政区划规定或划分经济区域的制度约束，冲破“大而全、小而全”的思想观念，冲破习惯于从行政区划角度谋求发展的思维方式，冲破总是在“由谁来管、谁隶属谁”上做文章的习惯意识。成德同城化本身就是一种开放发展、共享发展的战略，从尊重和运用经济规律出发，按照经济建设与社会建设、生态建设、文明建设协调发展的战略要求推进区域经济协调发展。在实践中，成德同城化启动以来，德阳积极落实“1+8”合作协议，但系统性和整体性推进还不够快。为落实中央和省委决策部署，德阳借鉴学习京津冀协同发展规划和广佛同城化发展的实践成果，初步考虑推动实施“六个协同”，主动对接成都主城区和天府新区城市规划布局，全方位全领域推进成德同城化发展。

（一）区域规划协同，促进各类规划有机衔接

同城化的首要工作是编制同城化发展规划，以此引领推动同城化发展。一是加快编制成德同城化发展规划。围绕《成渝经济区区域规划》《成都平原经济区“十三五”发展规划》，对接两市“十三五”规划，确定成德同城化发展总体思路、实施重点、保障措施，明确城市连接、路网对接、产业协作、公共服务协同等同城化发展工作重点方向和重大事项。二是衔接成德全域发展规划和专项

① “两化”指新型工业化、新型城镇化。如果没有特别说明，全书“两化”均为此含义。

规划。深入研究成德两地空间结构、经济社会发展、基础设施衔接，按照“多规合一”理念，协同制定经济、交通、产业、土地、社会事业、生态等重点领域规划。制定广汉—青白江、中江—金堂、什邡—彭州等重点接壤区的专项实施规划，形成全领域、全覆盖的同城化规划体系。三是加强成德同城化发展规划纲要、各专项规划与省级相关规划的对接，争取将成德同城化发展纳入全省相关规划，为获得更高层次的顶层设计和工作统筹打下基础。

（二）交通建设协同，加强交通干线和城市干道衔接

以交通一体化为先导，全面对接成都，形成统一的轨道和道路交通网，加快构建高效、便捷、多层次的成德组合型交通体系，实现两地立体路网无缝对接，增强两地经济社会发展的支撑和辐射带动能力。一是加快成德城市发展主轴建设。高起点规划、高标准建设“德阳—成都—仁寿”的城市主干道，连接天府新区和德阳新城。完善修订新都、青白江道路规划，与规划新建设的“天府大道北段”实现路网无缝对接。同时，在德阳境内加强县城与城市主轴的衔接，着力打造卫星城，形成全域一体的综合交通网络。二是加大成都北向出城道路的改造扩容和规划新建。改道德阳城区段、扩容成绵高速至双向10车道，实施成绵高速复线等大通道出城段瓶颈整治工程，提升108国道、旌江干线、成德大道、中金快速通行能力，着力解决通行不畅问题。德阳要全部无缝对接建设成都在建的出城大道，并延伸至德阳市区和下辖的县（市、区）；对新规划建设的道路，两地同步规划、同步建设。规划建设打通北边的出城大道，进一步夯实成德同城化发展县域基础。三是抓好地铁、轻轨的前期规划设计工作。四是推动成德公共交通同城化，加快城际“一卡通”等基础工作。

（三）城市品质协同，合作提升城市发展水平

高端对接成都城市发展，以成都城市规划建设管理为标准，实施“城市升级五年行动”，推进城市管理、公共服务、社会保障、生态建设等向成都看齐、与成都同质。在老城改造上，学习成都经验，协同推进老旧城区、综合管廊、棚户区“三大改造”，实施绿化、美化、亮化、净化“四化”工程，重点改造升级旌湖两岸，打造“清明上河图现代版”，不断提升城市功能品质、人民生活质量、城市竞争实力。在新城建设上，坚持标准品质向成都看齐，高起点规划、高质量建设、高水平管理，促进居住区、商业区、休闲娱乐区、工业园区相互匹配、和谐发展。从实际情况看，成都优质教育卫生资源丰富，德阳土地容量较为充足，两市合作空间巨大，成都可以从战略层面把教育卫生资源向北布局发展，德阳予以全面承接，加强两地教育卫生资源的共建共享，共建优质都市生活圈。

（四）通信设施协同，推动成德通信一体化

将固定电话并入“028”网，实现网络同城。成德区域内同资费。加快成德信息高速网络建设，统筹推动物联网、云计算、大数据等新一代信息技术创新应用，推进城市管理智能化、精细化、人性化“三化”建设，共建成德智慧城市。以智能化为基础，加强信息高速网络和枢纽建设，推动无线宽带和无线局域网服务覆盖主要公共场所。以精细化为导向，建立基于网格化管理的组织体系，大力推进信息资源跨区域共建共享，搭建覆盖范围全面、互通互联的感知网络，着力提升城市管理和运营的效率。以人性化为宗旨，着眼提高城市人文关怀，优先建好面向市民的教育、文化、交通、旅游、社会保障、生活服务等民生服务智能应用系统，提升城市公共服务能力。

（五）产业布局协同，着力打造四川创新发展新引擎

要以服务成都发展总部经济为取向，坚持错位发展、集聚发展。具体讲就是成都发展总部经济，德阳发展分部经济；成都发展高端产业，德阳发展配套产业；成都建设区域中心，德阳建设服务基地。通过错位互补发展，把德阳建成成都的产业疏解基地，共同把成德打造成辐射带动区域产业升级的增长极和动力源。共同编制两市产业协同发展五年规划。发挥四川现代粮食产业广汉示范基地优势，向成都提供优质农产品，保障成都粮食安全。积极建设观光农业园区，加快环三星堆、金沙、龙门山、龙泉山、三国文化黄金走廊等旅游资源开发，全域打造乡村旅游，把德阳打造成成都休闲旅游的“后花园”。一是共同加快修编国际铁路物流港规划。将德阳高新区4.6平方千米物流园区纳入规划，并共同研究建设成都国际铁路港至德阳（广汉）高新区专用线，共同规划建设成都国际铁路物流港德阳高新区口岸产业国际合作园区。二是在成都龙泉驿、青白江，德阳高新区、广汉市等区域，共同建设成德制造走廊。在布局龙泉驿汽车整车制造产业链时，充分考虑德阳装备制造配套优势，支持成都经开区、德阳高新区在德阳共建汽车产业配套园区。三是提升成德工业园管理层级，理顺园区管理体制，允许成德工业园按照两市投资比例分别享受对园区的支持政策，共同打造区域合作典范园区。

（六）政策机制协同，完善成德一体化发展体制机制

建立完善成德两市政策共享机制。在招商引资、产业发展、科技创新、人才支撑等方面，出台推动成德一体化发展的政策措施，促进成都国家自主创新示范区“6+4”政策、天府新区享受的系列政策、成都全国统筹城乡综合配套改革试验区等协同创新政策向德

阳辐射，及时共通共用。在企业法人政策方面，共同编制发布《成德市场准入产品目录》，放宽市场主体登记政策，逐步实现工商登记、人才流动、技术开发、市场准入、商标保护等方面的统一规则和相互认证。在自然人政策方面，推进劳动力转移“绿色通道”建设，实施创业扶持政策共享，推动社保账户的无障碍转移，扩大两地居民刷卡就诊的医院覆盖面，拓展金融机构同城化结算范围，推动两地金融一卡通、金融票据结算同城化，促进成都双创金融汇进德阳，争取在民生服务领域率先实现突破。在政务服务方面，探索推进跨区域行政审批、全程代办、预约审批等审批方式，向社会提供全方位审批服务，以显著降低行政管理成本。

二、全域城镇化

全域城镇化指的是在新型城镇化的背景下，以统筹城乡或城乡一体化为路径，实现人的城镇化。其核心是以工业化的先进生产力改造和提升传统农业，以城市化的先进文明熏陶和改变农村，以市场化的先进模式转变农民的思想思维方式和生产生活方式。对于定位为成都北部新城的德阳而言，全域城镇化包含两层含义。

一是从地域上看，全域城镇化指的是德阳中心城区和其他5个县（市、区）全域推进，共同实现城镇化。其实质是德阳全域建设北部新城，包括6个县（市、区）及经开区、高新区在内的全域城镇化和城乡一体化，推动“大德阳”一体发展，强化中部城镇密集地区的引领作用，建设具有中国特色、生态田园组团发展的典范城市。

全域城镇化并不是把德阳全市都打造成为城镇，这既不现实，也不符合城市发展规律，而是要通过发展经济来稳步提升农村生活水平，逐渐缩小城乡之间的差距，并通过以交通建设先行的举措拉近城市之间的空间距离，实现城乡共建共享的目标。因此，交通建设成为了城镇化建设的重要举措，德阳的全域城镇化建设也必须交通先行。从规划来看，德阳市域总体格局是构建五环多轴综合交通体系，打造成都北部新城，市域形成“一核、两片、三轴”空间格局。一核：打造中部城镇密集区形成组团城市，促进全域统筹；两片：东南部丘陵片区、西部龙门山片区特色发展；三轴：以三大发展轴对接区域，推进成德同城。构建“五环多轴”的市域交通骨架，促进成德同城化和市县一体化发展。五环包括：中心城区一环路引导中心城区空间拓展；二环路形成中心城区过境交通疏解环；大德阳三环串联广汉、什邡、绵竹、罗江、中江五个县（区），形成县市间快速联系通道；成都“二绕”“三绕”强化成德市县联系。多轴包括成德之间东中西三条轴线和大德阳五条轴线：规划市县至少2条快速交通通道连接，构建15分钟交通圈。沿交通轴线形成多个组团联动发展，构建田园环绕、组团分布的“大德阳”田园组团城市。构建“中心城区、卫星县城、卫星镇、幸福美丽新村”四位一体的城镇体系。重点培育区位优势明显、人口聚集、发展基础较好的15个镇，包括仓山、黄许、孝泉—孝德、辑庆—兴隆、三水、龙台、黄鹿、集凤、向阳、小汉、师古、洛水、汉旺、新市、金山。将规模较大的重点镇培育为小城区。

二是从社会关系上看，全域城镇化的核心是人的城镇化。习近平总书记指出新型城镇化“要坚持以创新、协调、绿色、开放、共享的发展理念为引领，以人的城镇化为核心，更加注重提高户籍人口城镇化率，更加注重城乡基本公共服务均等化，更加注重环境宜居和历史文脉传承，更加注重提升人民群众获得感和幸福感。要遵循科学规律，加强顶层设计，统筹推进相关配套改革，鼓励各地因地制宜、突出特色、大胆创新，积极引导社会资本参与，促进中国特色新型城镇化持续健康发展。”

德阳市规划草案提出，至2020年，市域总人口为420万~440万人，城镇化率达到55%；至2030年，市域总人口为460万~480万人，城镇化率达到66%。城市发展战略着力在创新引领、成德同城、市县一体、生态品质四个方面。要实现城镇化率达到三分之二，首先是农业转移人口市民化，也就是本地人的城镇化。未来城镇化应在土地资源集约高效配置的前提下，更加注重“人的城镇化”，不仅要让农民进城实现地域转移和职业转换，还要实现身份的转换，实现就业方式、人居环境、社会保障等一系列由乡到城的重大转变，圆进城农民的“市民梦、创业梦、安居梦”。人的城镇化是一项系统工程，必须统筹推进、循序渐进，以良好的自然环境为依托，构建宜人的居住环境，完善各类基础功能。重点解决农民工市民化的问题。农民工市民化需打破的障碍很多，比如，农民工虽然在城镇居住半年以上就被统计为城镇人口，但是，在现行户籍制度以及与户籍制度相挂钩的一系列制度安排的限制下，很多时候他们都享受不到社会保障权、子女受教育权等诸多市民所享有的权利。不仅城市中的原有户籍人口没有把农民工作为城市的一员，大多数农民工自己也没有对所居住的城市产生归属感。因此，要改革和完善社会保障、子女教育、医疗卫生等公共服务体系，解决农民工因身份而无法享受权利的问题。其次是引进外来人口定居。德阳城镇化建设不能仅仅依靠本土农村居民转城市居民这条老路，必须创新发展，抓住全面创新改革试验这一转型升级的重大历史机遇，聚集一流创新企业、高端教育院校、医疗康养机构，吸引一流创新人才，既为德阳城镇化建设带来新的力量，也为德阳建设带来动力和活力；将德阳建设成为高端产业为支撑、高素质人才就业为主体、高品质宜居、宜业的成都国际化大都市北部新城，将德阳打造成为世界智造之都、国际文化名城、生态田园典范。

三、城乡一体化

城乡一体化是中国现代化和城市化发展的一个新阶段。城乡一体化就是要把工业与农业、城市与乡村、城镇居民与农村村民作为一个整体，统筹谋划、综合研究，通过体制改革和政策调整，促进城乡在规划建设、产业发展、市场信息、政策措施、生态环境保护、社会事业发展的一体化，改变长期形成的城乡二元经济结构，实现城乡在政策上的平等、产业发展上的互补、国民待遇上的一致，让农民享受到与城镇居民同样的文明和实惠，实现整个城乡经济社会的全面、协调、可持续发展。城乡一体化是随着生产力的发展而促进城乡居民生产方式、生活方式和居住方式变化的过程，使城乡人口、技术、资本、资源等要素相互融合，互为资源，互为市场，互相服务，逐步达到城乡之间在经济、社会、文化、生态、空间、政策（制度）上协调发展的目标。

德阳推进城乡一体化不仅需要思想观念的更新，也需要政策措施的创新，不仅需要转变发展思路和增长方式，也需要调整产业布局和利益关系。从根本上说，应该废除原有的城乡二元体制，改革户籍制度，废除现行的人口流动管制。促进城乡一体化，一是要加快城市化进程，发挥德阳市区中心城市的作用，通过城市带动乡村，加快城市化进程和城乡公共服务一体化进程。二是充分利用和整合两个市场，改变城乡分割、城乡封闭的旧状。这就要求城市和乡村互为基地，互为市场，相互促进，共同发展。三是积极主动抓住成德同城化发展机遇，借力推进城乡一体化。成都城市化水平相对较高，城市人口密集，农业人口相对较少。因此，成都对农产品的需求非常大，而德阳的广汉、中江、罗江有广阔的农村，不仅有现代粮食产业基地，还有蔬菜产业基地，可以在一定程度上满足成都的基本物质需求；同时，德阳应该充分利用和引进成都市拥有的先进技术、人才和资金，积极发展现代农业、全域旅游、智能制造等产业。总之，要通过成德同城化，促进城乡结合，加快推进德阳城市化进程，加快“两化”互动、统筹城乡的步伐。

第二节　打造成都北部新城的背景

德阳历史文化厚重，自然资源丰富，区位优势明显，交通发达，工业基础雄厚，县域经济强，全市经济总量排位西部第 11 位，四川省第 3 位。国家启动建设成渝经济区，从国家战略高度把成渝地区定位为西部地区重要的经济中心，规划建设全国重要的现代产业基地、深化内陆开放的试验区、统筹城乡发展的示范区和长江上游生态安全的保障区，这一系列举措都为地处“成德绵”重要支撑点的德阳加快推进“成德同城化”提供了难得的历史机遇。

一、德阳文化厚重，与成都有着密切的历史渊源

德阳历史悠久，底蕴深厚，是蜀文化发祥地之一，人文景观量多质优。有闻名海内外的国家重点文物保护单位、国家首批4A级风景名胜区古蜀国三星堆遗址；有保存完好、建筑精美、全国第三大，西南地区最大的德阳孔庙；有雄伟壮观的李冰陵、古代24孝之一"一门三孝"故事的发源地；有白马关庞统祠墓、诸葛双忠祠、张任墓等为代表的三国文化；还有被誉为"东方艺术的瑰宝，人类智慧的结晶"的德阳石刻及旌湖等现代文化娱乐景区。德阳是名人汇聚地，有孝子安安、名臣秦宓、状元苏易简、抗金名相张浚、理学大师张栻、农学家张师古、文学家李调元、"戊戌六君子"之一杨锐、特级战斗英雄黄继光等众多古今杰出人物。

作为蜀文化发祥地之一的德阳，与成都关系十分紧密。德阳三星堆遗址是古蜀政治、经济、文化中心，成都金沙遗址是三星堆文明后古蜀文化的又一政治、经济、文化中心以及都邑所在地。历史上，德阳在很长时间内隶属于益州（今成都）。唐高祖武德三年（620年），始析雒县（今广汉市）部分地区置德阳县（今德阳市），唐肃宗至德二年（757年）始设益州，德阳属益州。北宋太祖乾德三年（965年），置汉州德阳郡，领4县（含德阳县），隶属西川路。仁宗嘉祐四年（1059年），改益州路为成都府路，领成都府，德阳县隶属成都府，一直到南宋时期。元世祖中统三年（1262年），建四川行中书省，汉州（含德阳县）属成都路。明太祖洪武四年（1371年），汉州仍领三县（含德阳县），汉州属成都府。直到清朝康熙二十六年（1687年），降汉州为散州（单州），不再辖县，德

阳县才改属绵州直隶州。

1950年，中共广汉县委、中江县委、绵竹县委、什邡县委、罗江县委和德阳县委先后成立。1953年，什邡县和广汉县由绵阳专区划归温江专区管辖。1983年2月，关于德阳地区体制改革建议联系会在德阳召开，会议通过了报送中共四川省委、四川省人民政府的《关于德阳地区体制改革的报告》，组建德阳市由德阳县、绵竹县、广汉县、什邡县4个县组成，而当时的广汉县、什邡县隶属于成都市。同年8月国务院批复"同意设立德阳市"，将绵阳地区的德阳、中江、绵竹三县和成都市的广汉、什邡2县划归德阳市管辖。1996年8月，经国务院批准，撤销德阳市市中区，设立旌阳区和罗江县。至此，德阳市行政区域基本形成。2017年8月，经国务院批准，撤销罗江县，设立德阳市罗江区。

二、德阳毗邻成都，为成德同城化提供了得天独厚的区位优势

从地理位置上看，成都、德阳两市毗邻而生，位于成都平原的中心区域，是成德绵经济带与城市轴的核心城市。从狭义上讲，成都平原仅仅指以灌县（都江堰市）、绵竹、罗江、金堂、新津、邛崃六地为边界的岷江、沱江冲积平原，面积8 000平方千米，是构成川西平原的主体部分。成都与德阳之间的边界接壤绵延上百千米，德阳的什邡市、广汉市、中江县与成都的彭州、青白江、新都和金堂县接壤，两市的边界区域广阔，边界合作优势明显。成德城际距离为45千米，城际地域连接口为20千米，德阳是离成都最近的地级市，两市在政治、经济、文化等领域交流密切，人流、车流密度大，物流和商业贸易交易频繁，优越的区位条件和地理环境为

成德同城化奠定了良好的基础。

从交通条件看，德阳从古至今都是成都出川的主要通道。历史上，著名的金牛古道是二千多年前巴蜀地区通往中原的重要通道，它南起成都，过广汉、德阳、梓潼，经广元而出川，穿秦岭，出斜谷，直通八百里秦川，与自三峡溯江而上的水道、由云南入蜀的樊道、自甘肃入蜀的阴平道共同构成了出川入蜀的四条通道，而由甘肃入蜀的阴平道必须经过绵竹、什邡，由此可见，德阳成了成都北向出川的核心通道。如今，成德两地之间的交通纵横交错，宝成铁路和成德绵乐城际铁路纵贯两市南北，达成铁路从德阳市中江县通过；成绵高速、成绵复线高速、成南高速、成巴高速贯穿德阳全境；中金快速、G108 国道、成德大道和旌江干线紧密相连。总之，成德两市已形成以高速快速路网为骨架、以轨道交通为支撑、以其他交通为辅助的区域交通系统格局。随着成德同城动车公交化运营和成德同城化的标志性工程——天府大道北延线的动工，两地基本实现立体路网的无缝对接。从长远规划来看，德阳与成都将密切协作，致力于构建区域综合交通体系，在建高速成都“二绕”“三绕”将环抱德阳，双流机场快速通道将直达德阳，并规划修建中低速磁悬浮、地铁等多种现代轨道交通。彼时，成都德阳两地之间的交通将更加便利快捷，时间和空间上的距离将进一步缩短，两地经济、社会、文化因素将逐渐趋同，形成“半小时经济圈”，两地居民也进入“半小时生活圈”，真正迈入同城发展的新时代。显然，交通的畅通便捷对于增强两地经济社会发展的支撑和辐射带动能力具有重大现实意义和长远战略意义。可以看出，两地交通规划致力于实现和完善其跨地区服务的功能，将强化连接两市主要城区互联互通、高效便捷的战略通道，积极推动两市接壤区域骨干道路对接，并实现两市交通设施共建共享，以共同打造中国西部交通核心枢纽。

三、德阳因工业而立市，雄厚的制造业优势提供了与成都进行产业分工协作的条件

德阳作为新兴工业城市，工业基础实力雄厚，可以说，德阳就是因工业而立市的。德阳之所以成为国家建设的大工业基地，一方面是由其特定的历史人文和区位地理因素决定的，其地处成都平原核心区，紧接成都。另一方面是国家工业化布局的战略选择，从第一个五年计划开始，德阳就作为四川第一批纳入国家重点工业布点建设的重点建设地区。1956 年，国务院《关于加强新工业区和新工业城市建设工作几个问题的决定》把成都地区列为全国重点建设的工业地区，德阳也位列其中，于是，德阳“重装之都”的建设由此开始。同年 9 月，四川省建立德阳工业区工委和建委，后因中央政策调整，撤销了德阳工业区党委和建委，德阳的大工业建设进入调整和放缓时期。1958 年邓小平视察德阳时讲到：“德阳的工业是国家的大工业。要建成一个新的工业城市。拿四川的城市来说，第一重庆、第二成都、将来第三是西昌、第四就是德阳了。城市规模根据这些工业项目和将来的发展，郊区要划大一些，许多东西才可以自给，要按五十万至一百万的城市人口做规划……拿制造冶炼设备、电站设备的工厂来说，是目前全国最大的，这是机械工业之母。”[①] 这为德阳建设重工业城市提供了标准和依据。同年，西南重

① 德阳市地方志编纂委员会. 德阳市志［M］. 成都：四川人民出版社，2003.

型机器厂（中国第二重型机械厂）、德阳水力发电设备厂（东方电机厂）、绵竹磷肥厂（四川省金河磷矿厂）先后成立；1959年，国家建委批准冶金工业部在德阳城南兴建耐火材料厂。进入20世纪60年代中期以后，国家开始大规模进行三线建设，德阳的重工业建设迎来了又一个春天，此时段，东方电工机械厂、二重、东方汽轮机厂先后建成，这正式奠定了德阳因工业建市、因工业强市的地位。德阳的工业建设与发展一直受到党和国家领导人的高度重视，刘少奇、邓小平、贺龙、彭真、李富春、彭德怀等先后前来视察。1965年11月，小平同志再次来到德阳，此时的德阳工业区已厂房林立，拥有大量国内首屈一指的大型先进设备。在从第二重型机器厂至东方电机厂途中，他欣慰地说，“这已经是一个工业城市了”，并嘱托“要加强协作，把工业和城市搞好”。正是在工业发展的推动下，德阳的工业化与城镇化得到了快速发展。

经过建市以来的发展，德阳已经成为国家重要的工业城市，是中国重大技术装备制造业基地，也是四川省第二大工业城市。其拥有中国二重、东方电机、东方汽轮机、东方锅炉、川油宏华等一批国内一流、世界知名的重装制造企业。而且也是全国45%以上的大型轧钢设备制造地，世界最大的铸锻钢制造基地，发电设备产量全球第一，石油钻机出口全国第一。全国60%的核电产品、40%的水电机组、30%的火电机组、20%的大型船用铸锻件由德阳制造，德阳已成为我国重要的重大技术装备制造基地和全国三大动力设备制造基地之一。这里集聚了四川金路、四川宏达、四川龙蟒、美丰化工等一批大型骨干化工企业。食品工业历史悠久，享誉中外，有50多种食品被评为全国、部、省优质产品，其中剑南春、德阳酱油、天府花生、长城雪茄、米老头已成为国内外知名品牌和畅销产品。

医药工业能生产化学制剂、原料药、中成药、保健品等若干大类、十余种剂型，有300多种药品获得国家批准的生产文号。服装工业年生产加工能力超过4 000万件（套），得福、琪达、都通企业是名列全国服装行业的“双百强”企业。

四、成德两地综合经济实力全省领先，具备社会经济发展高水平对接和强强联合的基础

一方面，成都和德阳是成都经济区的核心区，实施成德同城化，是成都经济区一体化的重要突破口和载体。2016年，全省地区生产总值为32 680.5亿元，其中，成都地区为12 170.23亿元，是地区生产总值唯一达五位数的市州，人均地区生产总值76 960元；2016年度，德阳的地区生产总值总量为1 752.45亿元，经济总量突破1 700亿元大关，人均地区生产总49 835元。两市地区生产总值总量排全省第一名和第三名，占比为37.24%和5.36%。两地人均地区生产总值分别排全省第二名和第三名，经济基础实力雄厚。另外，成德两市集中了全省60%的科研和42.6%的经济总量，是四川省经济的主导力量，更是西部大开发的先导力量。成德两地经济基础雄厚，综合实力强，为成德同城化奠定了坚实的基础。

另一方面，成德两市产业各具比较优势，资源要素互补性强，具备错位发展、融合发展和协同发展的优越条件。一是在产业结构上，两市高度互补。从成都的定位来看，作为国家中心城市和四川首位城市，成都要增强西部经济中心功能、西部科技中心功能、西部金融中心功能、西部文创中心功能、西部对外交往中心功能、综合交通通信枢纽功能，将必然向周边城市转移和扩散部分产业，比

如机械制造、航空航天、精细化工、电子信息、物流仓储、商贸、金融等产业。从德阳的定位来看，随着世界智造之都、国际文化名城、成都北部新城与生态田园典范“四张名片”的提出和实施，德阳将继续发挥制造业、文化旅游、生态屏障等优势，这种定位恰好可以与成都形成良性互补。二是在城市空间布局上，两市高度契合。成都提出“东进、南拓、西控、北改、中优”的城市发展布局，特别是“东进”和“北改”与德阳提出的城市建设“南进”和“东拓”的布局相契合。成都的“东进”就是沿龙泉山东侧，规划建设天府国际空港新城和现代化产业基地，发展先进制造业和生产性服务业，而位于中江县的“成德工业园区”和广汉市的“德阳国家高新区”就是成都“东进”和德阳“东拓”的连接点。成都的“北改”就是建设提升北部地区城市功能，加快城市有机更新，改善人居环境，这为德阳城市“南进”、融入成都发展创造了极好的互联互通的基础设施条件。三是在人力资源上，两市互补性强。成都人力资本十分充足，境内含四川大学和电子科技大学两所“985”高校和西南交通大学、西南财经大学和四川农业大学三所“211”高校，为成都的发展提供了大量的高素质人才；然而，德阳市作为四川省重要的经济强市，职业院校资源丰富，但全市人口总量少，高端人才极度匮乏，境内一流高校院所少。因此，两市的人才资源现状为两地深入合作提供了空间，尤其是成都可以为德阳提供大量的高端人力资源，为成德两市产业融合发展提供不同需求的人才支撑。

第三节　打造成都北部新城的重大意义

作为重大的实践创新，成德同城化将打破行政壁垒，以构筑“成都大都市区”为切入点，以完善城市功能为载体，在正确处理经济建设和社会建设、生态建设的发展关系，创新城市发展理念、转变发展方式、消除地方保护主义诸多方面进行全方位探索，力求根本性突破，为区域经济协调健康发展提供新的发展思路和发展途径，抓住这一重大突破口就抓住了省委“三大发展战略”的关键，我们必须以更大的信心和决心强力推进。成德同城化是一项复杂的系统工程，有许多具体的实际问题需要在不断的探索和认识中逐步解决。我们期望，在成德同城化的实践过程中，为成渝城市群或更大区域的一体化发展提供可资借鉴的发展思路和实现路径，这就是成德同城化所具有的重要现实意义。

一、成德同城化是加快成都平原经济区一体化的现实选择

21 世纪是城市的世纪，能够参与经济竞争并且在激烈的经济竞争中立于不败之地的是大城市和形成一体化的城市群。城市作为区域经济发展的载体，它的驱动作用已经成为一个地区乃至一个国家发展的主要动力。区域与区域之间的竞争、国家与国家之间的竞争，越来越多地呈现出大城市和形成一体化城市群的竞争。只有大城市和形成一体化紧密联系的城市群才能形成足够的产业集群效应和规模经济效应。从国际上看，美国西部的“锈带”和五大湖老工

业区的复兴，日本太平洋沿岸城市群的形成、德国的鲁尔区产业转型，英国以伦敦、曼彻斯特、利物浦为轴心的“夕阳”工业调整升级，基本上走的都是一条区域资源整合和一体化、区域产业优势互补和集群联动的发展之路。我国的长三角、珠三角地区，以及其他有条件的城市密集地区，都在以不同方式加快以城市为中心，走一条区域经济一体化的道路，实现在更大的范围内资源的优化配置，通过不断提升城市的整体竞争力来参与国际经济大循环。

成德同城化将有助于推进成渝城市群的发展，为西部地区乃至全国的经济带发展形成强有力的支撑，加快“一带一路”内陆经济带建设，在区域外向型经济发展方面起到先导和示范作用，从而带动腹地发展，形成与长江经济带和沿海经济带良性互动的发展新格局。成德同城化作为成渝城市群开放型经济以及区域协作的桥头堡，是构建西部经济开放共享发展的核心支撑点之一。在这样一个全球共享发展、全局共赢发展战略中，推进成德同城化对于实现西部城市群与沿海沿江经济带的优势互补和良性互动意义重大。抓住成德同城化这一重要突破口，就抓住了实现省委推城市群建设和三大发展战略的关键点，因此，必须把成德同城化放到成渝都市圈建设和“一带一路”发展布局的高度来审视和对待，以更大的信心和决心强力加以推进。

推进成德同城化，可以使成都的产业、人才、科技等优势和德阳的制造业、原材料、劳动力、农副产品等优势互补，共同发展，增强区域经济的规模效应，达到双赢和多赢的目标，加快新型产业基地建设，带动成都城市群经济社会又好又快发展，进而全面提升区域城市的整体价值和对外影响力。通过率先推进成德同城化，带动成都与其他六市的一体化进程，最终实现成都经济区高质量、高水平的一体化，进而把成渝城市群经济区打造成为新时期中西部最具活力的增长极和内地开放发展的经济高地。因此，成德同城化不仅有利于成德两市、成都经济区一体化进程的推进，而且在全省乃至更大范围、更高层次上打开经济增长空间，建成中国经济增长的第四核心级。

对于成都和德阳而言，只有实施同城化，才能整合两市潜力，扩张两市发展空间，形成整体优势，把成德地区建成西部地区重要的商贸高地、经济高地、科技高地、人才高地，建成世界级的装备制造业聚集区，成为市场配置资源能力强，具有持续创新能力和发展活力、人居环境优美、各项社会事业发达的大都市区，以供给侧结构性改革先行区、"一带一路"开放型经济桥头堡、综合配套改革先行区为目标，积极融入经济全球化、区域经济一体化的大潮，参与国际经济合作与产业分工。

二、成德同城化是加快构建成都大都市区建设的重要支撑

成都提出建设"双核联动、多中心支撑"网络城市群大都市区，将成都市域及周边紧密联系的36个县（市、区）统筹规划、同城发展，在更大范围实现更高水平集聚发展。这是成都市委、市政府极具远见、充满前瞻的发展战略。从成都构建西部地区中心城市的紧迫性来看，成都作为西部地区的中心城市之一，目前的带动和辐射作用主要体现在成都经济区范围之内。实施成德同城化战略，是成都倾力打造国际化大都市、建设国家中心城市和成渝经济区的重要支撑。

一是支撑成都成为具有国际影响力的国际化大都市。四川享有

天府之国的美誉，成都是天府之国的中心。世界看四川，首先看成都。实施成德同城化，重点是构建享誉世界的城市主轴，先期发展思路是：以成都主城区为核心，以现有的人民南路、人民北路为基础，向南建成至仁寿，向北延伸至德阳，整条大道统一命名为天府大道，南称之为“天府大道南段”，北称之为“天府大道北段”，形成南北长150千米、世界最长的城市主轴，以此为标志立足于世界大都市。远期发展目标是：适时启动成都“西延线”和“东延线”建设。这种城市轴线发展格局，必将有力支撑成都成为具有国际影响力的国际化大都市。

二是支撑成都成为国家中心城市。《成渝城市群发展规划》对成都的定位是建设国家中心城市。这既是中央从国家战略层面做出的重大战略，也是成都自身所拥有的实力基础、重要地位所决定的。“一带一路”倡议和西部大开发需要成都作为西南中心城市发挥更大的辐射和带动作用。一个中心城市需要规模和体量，需要强大的实力和辐射带动能力，也需要完善的结构和功能，需要把城市规模做大、功能做优、品位做高、形象做美。成德同城化会迅速拉大成都城市骨架，扩大中心城市辐射范围，拓展发展空间，提高城市的承载力，从而形成一个以成都为中心的密度大、网络全、渗透力强的城市群，为中心城市的集约发展提供外围基础，同时，也可以有效地避免成都作为省会中心城市过大带来的区域不平衡和城乡差距。实施成德同城化，就是改善和增强成都城市功能和综合实力的有效途径，其目的就是催生成都大都市的隆起，极大地提升和完善成渝都市圈最重要中心城市的功能、地位和作用，形成一个拥有千万人口，占有极其丰富的各类资源，现代服务业极为发达，具有银行金融、生物医药、石油化工、汽车制造、重大装备智造等在国内有明显竞争优势的诸多优势产业的成德大都市区。推进成德同城化，德阳可以作为成都功能疏解的承接地，发挥资源、产业、空间、容量等优势，为成都科学布局提供各方面支持，支撑成都加快建成国家中心城市。

三是支撑成渝经济区成为中国经济最重要的增长极之一。目前，成渝经济区的经济总量、密度、综合竞争能力仅次于长三角、珠三角、京津冀，正在成为“中国经济第四极”。成渝要想成为我国发展的第四增长极，成都必须要担负起重要的历史责任和辐射带动作用。成都平原城市群是成渝经济区发展的最重要引擎，实施成德同城化发展战略，有利于成都集聚融合发展优势，拓展成都发展空间，与重庆共同构建类似珠三角、长三角、京津冀的大都市经济区，支撑成渝经济区成为中国最具活力和竞争力的经济区之一。

三、实施成德同城化，是德阳实现跨越发展的现实需要

实施成德同城化，就是要打破行政体制的束缚，主动向成都看齐，对标成都，融入成都，借势发展，协同发展，把德阳打造成为世界智造之都、国际文化名城、成都北部新城、生态田园典范，建设美丽、繁荣、和谐新德阳。

一是有利于提升德阳城市品质。德阳属于三线城市，过去城市发展定位不高，制约了城市发展水平的提高。实施成德同城化战略，建设成都北部新城，把德阳纳入成都国家中心城市和成都大都市区布局，将使德阳城市建设的起点更高，平台更大，是德阳城市发展方式的重大转变机遇：通过城市建设的提档升级，必将在不久的将来使德阳城市发生可喜的变化；通过提升城市品质，使德阳的

城市价值得到有效体现，成为居家、置业、投资的优选之地。

二是有利于德阳加快城市化进程。城市化发展的趋势和一般规律是大城市中心区向近郊区、远郊区扩散，大城市向周边中小城市扩散，高度集中向适度分散转变，城市活动由单体活动向组团式活动转变①。成德同城化，可以促进产业对接互动，促进城乡结合，从而加快德阳广大农村的城市化进程。

三是有利于德阳经济社会的转型升级。通过两市的经济融合、社会融合、文化融合、生态融合，有效提升德阳的经济、社会、文化发展水平，提升生态保护能力，增强城市经济实力。

四是有利于增强德阳人民的幸福感和获得感。同城化是通过提高城市化水平和城市发展质量，给人民群众带来看得见、摸得着、感受得到的发展成果。这些成果应体现在人们吃的健康、居住环保、用的方便、行的安全、娱乐文明和休闲舒适等方面。通过“六个协同”，必将带来公共交通便利化、优质教育医疗资源共享、公共服务均等化等，满足德阳人民对公共服务的品质追求，提高德阳人民的收入水平，使德阳人民有更多的幸福感与获得感。

四、成德同城化是对区域城市一体化发展道路的有益探索

作为国家中心城市的成都与作为重装之都的德阳实施同城化战略，这种新尝试不仅具有实践意义，更具有理论意义。随着我国新一轮城市化进程的发展，中心城市对周边城市和地区所具有的带动和辐射作用日益显现。因地域的无阻隔性、产业的关联性、人文历

① 陈永忠. 推进成德同城化的理论思路与对策研究［J］. 决策咨询，2014（1）.

史的相似性，一些中小城市要求与中心城市同城化发展的呼声越来越强烈。我国继深圳首次提出与香港同城化发展理念后，广州与佛山市率先并切实推进同城化建设，沈阳与抚顺、西安与咸阳等地区也都致力于推进同城化。因此，在全面落实科学发展观统筹经济社会发展中，以同城化促进区域经济一体化，已成为提高我国城市化水平的一种有效方式。

成德同城化发展是打破行政壁垒，促进区域经济协调发展的新探索。冲破现行行政壁垒，创新行政管理体制和机制，不仅是成都和德阳面临的问题，也是我国区域经济发展中所面临的共同难题。我国几十年来以行政区域为中心的发展思路，严重束缚了人们的发展观。因此，成德同城化将从区域经济的角度，在创新城市发展理念、消除行政壁垒等方面进行有益探索。

第二章　打造成都北部新城的理论与政策依据

城市化往往伴随着区域经济一体化，而区域经济一体化是当今世界经济发展的大趋势，也是各个地区应对国际、国内经济竞争和挑战的必然选择。有专家预言，“21 世纪将是城市圈的世纪，经济的主要动力将越来越源于城市圈特别是大都市圈。城市圈之间的分工、合作和竞争，决定新的世界经济格局”。20 世纪 50 年代，法国地理学家简·戈特曼提出了“都市圈”的概念，认为都市圈是城市群发展到成熟阶段的最高空间组织形式，以 2 500 万人口规模和每平方千米 250 人的人口密度为下限。按照这一标准，世界上有六大城市群达到了都市圈的规模，分别为纽约、芝加哥、东京、伦敦、巴黎、上海。中国仅有以上海为中心的长三角都市圈上榜世界级都市圈。人口最少的伦敦大都市圈有 3 650 万人，最多的为长三角都市圈 7 240 万人。近年来，珠江三角洲、京津冀、成渝经济区发展迅猛，我国的都市圈、城市群、城市带和中心城市已经进入快速发展阶段，这预示了中国城市化和现代化进程已经进入高速发展阶段。

要使中心城市有较强的集聚和辐射带动能力，除了具有产业链与价值链的带动能力、区域经济板块的配套能力和明显的区位比较优势外，其城区人口规模应在 200 万以上（才能以合理的税费，提供较好的公共服务；这也正是人们都涌向北上广深成渝等特大城市的根源），最好是 300 万以上（才能支撑较发达的公共交通业，比如地铁和航空等）。当城区人口超过 1 600 万人口时，会发生较严重的城市病；当城市群（200 千米范围内）的人口超过 5 000 万时，也会有较严重的城市群病，主要表现为环境问题（城市废弃物难以就近消纳）、住房问题和交通问题等。中国有约 14 亿人口，按照现代化的要求，至少将会有 10 亿人口集中生活和工作在城镇，只有均衡布局更多的大都市区（中心城市 200 万~1 600 万人口，200 千米范围内 1 000 万~5 000 万人口），建设更多（50 个左右）的大都市区（可增设新省或直辖市），才能使中国的人口相对均衡分布，使城镇废弃物就近消纳（200 千米内），并从根本上解决城镇化发展与大城市病制约的矛盾。

德阳倾力打造成都北部新城，顺应了现代化、城市化的发展潮流，特别是顺应了成都建设国家中心城市和成都大都市区的发展要求。成德两市具备在经济、社会和自然生态环境等方面融为一体的发展条件，已成为两市政府间的共识。德阳坚持向成都看齐、融入成都发展，以成德同城化带动全域城镇化，以全域城镇化推进城乡一体化。成德一体化后，两市可实现相互融合、互动互利，促进共同发展；德阳依托成都的科技、市场和品牌资源，带动德阳制造业强大的存量资源，调整产业结构，与成都错位和协同发展，共同建设体现新发展理念的成都大都市区。

第一节 同城化理论

同城化不是同一化或者同体化，也不是城市简单的规模扩张，而是区域内的不同城市之间共同形成辐射力、扩散力与竞争力越来越强的板块经济。同城化是经济全球化和区域经济一体化发展的客观要求，也是城市化加速发展的新形式，主要理论依据为区域经济空间结构理论、发展极（增长点）理论和协同发展理论。

一、区域空间结构理论

区域空间结构是在一定的发展时期和条件下区域内各种经济组织进行空间分布与组合的结果。区域空间结构由点、线、网络和域面四个基本要素组成。点是指有明确的位置，有大小和形状、集聚性，节点内部有明确的功能区，主要有城市、集镇、聚落、工矿点、风景区、旅游点等。轴线是有固定的起点和终点、有长度和方向，有一定的质量和标准，有密度的概念，主要指交通运输线，包括高速公路、各种等级公路、铁路、航道、管道、运河和大型水渠等。网络是多条轴线组合而成的。区域网络主要形态有放射状、扇形、轴带形、过境网络、环状一字形网络。域面即有一定面积、界限非规则和不确定性的经济腹地（节点影响与辐射所及的地域范围），是节点和轴线存在的空间基础，具有确定的空间范围，主要有：经济区、文化区等各种类型分区，国家、各级行政区域，规划的城市平面，大洋、海、大湖、平原等。美国学者弗里德曼在 1966

年出版的《区域发展政策》一书中把区域空间结构的演变划分为四个阶段。在每个阶段，区域空间结构表现出特有的形式。

（一）前工业阶段的区域空间结构

这个阶段代表了工业化之前的时期。区域空间结构的基本特征是区域空间均质无序，其中有若干个地方中心存在，但是它们之间没有等级结构分异。由于这个时期区域的生产力水平低下，经济极不发达，总体上处于低水平的均衡状态，对应的区域空间结构是由一些独立的地方中心与广大的农村所组成的，每个地方中心都占据一块狭小的地方。区域内部各地区之间相对封闭，彼此很少联系。

（二）过渡阶段的区域空间结构

这个阶段是工业化的初期。在工业化的进程中，某个地方经过长期积累或外部刺激而获得发展的动力，经济快速增长，发展到一定程度就成了区域经济的中心。这个中心的产生就打破了区域空间结构的原始均衡状态。在这个阶段区域空间结构由单个相对强大的经济中心与落后的外围地区所组成。该中心以其经济发展的优势吸引外围地区的要素不断向它集聚，越来越强大，而外围地区则更趋向落后，从而致使区域空间结构日趋不平衡。

（三）工业化阶段的区域空间结构

在工业化阶段，随着经济活动范围的扩展，在区域的其他地方产生了新的经济中心。这些新经济中心与原来的经济中心在发展上和空间上相互联系、组合，就形成了区域的经济中心体系。由于每个经济中心都有与其规模相应的大小不一的外围地区，这样，区域中就出现了若干规模不等的中心外围结构。这些中心外围结构依据各自的中心在经济中心体系中的位置及关系，相互组合在一起，构成了区域的空间结构。在这个时期，区域空间结构趋向复杂化和有序化，并对区域经济的增长有着积极的影响。

（四）后工业化阶段的区域空间结构

在这个时期，经济发展达到了较高的水平，区域内各地区之间的经济交往日趋紧密和广泛。同时，不同层次和规模的经济中心与其外围地区的联系也越来越紧密，它们之间的经济发展水平差异在缩小。所以，区域内就逐步形成了功能上一体化的空间结构体系。随着中心与外围地区界线的逐渐消失，区域将最终走向空间一体化。

二、发展极（增长点）理论

（一）发展极理论

“发展极”理论是由法国经济学家弗朗索瓦·佩鲁于1955年提出的。佩鲁在分析经济部门之间的关系，致力于解决经济发展的不均衡状态时，提出了发展极理论。这一理论认为，经济发展在时间和空间上都不是均衡分布的，经济增长在不同的部门、行业或地区按不同速度增长。这种理论主张尽可能把有限的稀缺资源集中投入到发展潜力大、规模经济和投资效益明显的少数地区或行业，使主导部门或有创新能力的企业或行业在一些地区或大城市聚集，形成一种资本与技术高度集中、具有规模经济效益、自身增长迅速并能对邻近地区产生强大辐射作用的“增长极”或“发展极”。它们形成一些自身增长迅速并对邻近地区产生强大辐射作用的一些地区和区域性大城市中心。这些中心的功能是多种多样的，如生产中心、贸易中心、金融中心、信息中心、交通运输中心、服务中心和决策中心等。

发展极的形成至少应具备三方面的条件：一是在一个地区内存在着具有创新能力的企业群体和企业家群体。经济发展的根本动力是少数有冒险精神、勇于革新的企业家的创新活动。当一项创新成功之后，不仅有利于企业自身的发展壮大，而且还会对其他企业群产生模仿影响，从而形成群集的追随者，这些发起者和继任者在以后的发展中相互影响、相互促进，便可形成对边缘地区有强大辐射能力的发展极。二是必须具有规模经济效益。发育成为发展极的中心城市不仅需要集聚大量的创新企业和企业家，而且还要集中相当规模的资本、技术和人才，通过不断扩大投资规模，提高技术水平，以降低产品成本和社会生产成本，形成规模经济效益。三是要有适宜的经济环境。发展极的发育需要丰富的人力、物力、财力和信息资源作为保证，即需要良好的投资环境和生产环境才能使资本、人才和技术的集聚成为可能，进而在要素集聚的前提下通过技术创新形成规模经济，最终形成带动周边地区发展的发展极。

（二）增长点理论

英美经济学者把“发展极”中有创新能力的产业或企业称之为“增长点”。新经济增长点是指在经济成长和产业结构演变过程中，能够带动整个国民经济上一个新台阶的新兴产业或行业，也就是指具有较大的市场需求和潜在的市场需求，成长性好、技术和资金密集度高，能够促进产业结构优化和升级，具有高技术附加值的新产品或服务。“发展极——增长点”理论是把不平衡增长理论、熊彼特的创新学说和新古典学派关于人力与资本流动的思想融合在一起，并使之转化成了空间上的概念。

（三）极化效应与扩散效应

按照对边缘地区发挥作用的形式不同，发展极可以分为两种类型。一类称为吸引中心，也称极化效应。吸引中心的作用是把边缘地区的居民吸引到发展极来，减少边缘地区的人口压力，使农户的耕地面积扩大并改进生产技术，从而可以提高边缘地区的人均福利水平。另一类称之为弥散中心，也称扩散效应。弥散中心的作用是通过增加投资，提高边缘地区的人口密度，从而改变那里的经济状况。国外经验表明，发展极（增长点）在发展到相当大的规模之前，极化效应往往大于扩散效应。在强调发展极（增长点）发展的同时，要充分注意与其周围地区的协调发展，避免极点发展的负面影响。这只有依靠政府干预才能缩小地区间差异，可以用平均主义政策来加强扩散效应，减弱回浪效应。法国利用这一理论解决了巴黎地区的过度膨胀问题，实行了一种以刺激八大省会中心城市的发展来平衡大城市的政策；英国利用这一理论解决了落后地区恶化和萧条地区经济滞缓问题。四川省依据这一理论，提出实施多点多极支撑、“两化”互动城乡统筹、创新驱动“三大发展战略”。“三大发展战略”要求树立城乡整体观念，从全局出发研究城市在区域生产布局中的地位和作用，积极培育城市经济中心，形成众多有四川特色的“发展极”和“增长点”，以此带动周围农村发展，统筹组织生产和流通，逐步形成以城市为依托的各种类型的经济区。

三、协同发展理论

（一）协同发展的协同论

德国著名物理学家哈肯（Haken）认为，城市群作为远离平衡态的开放系统，通过与外界的物质或能量交换，推动城市群内部各城市之间发生协同作用，自发地形成时间、空间和功能上的有序结构。协同论认为，在城市群发展环境中，各个城市子系统间存在着相互影响、相互合作、相互干扰和制约的非线性关系。由多个城市组成的城市群系统，由于城市子系统的相互作用和协作，呈现出某种程度的协同规律性。协同论应用于城市群，可将城市之间的关系分成竞争关系、合作关系和共生关系三种情况，每种关系都必须使城市之间的各种因子保持协调消长和动态平衡，才能适应环境而持续健康发展。成德一体化发展正从过去的竞争关系走向未来的合作和共生关系。因而，协同论在成德一体化协同发展中的指导作用体现在以下三方面。

1. 城市群协同发展的有序效应

有序效应是指城市群系统中多个城市相互协同作用而产生的整体或集体效应。城市群系统能否发挥协同效应是由系统内部各城市的协同作用决定的，通过协同一切可以协同的力量来弥补城市的不足：协同得好，城市群系统的整体性功能就好，产生 1+1>2 的协同效应。可见，协同作用是城市群有序结构形成的内在动力。任何一个复杂的城市群系统，当受到外来能量或物质影响达到某种临界值时，城市之间就会产生协同共振作用。这种协同作用能使城市群系统在临界点发生质变产生协同效应，促使城市群系统从无序变为有序，也是城市群健康发展的关键。

2. 城市群协同发展的伺服效应

伺服效应是指城市群复杂开放系统在协同发展遵循快变量服从慢变量，序参量支配城市子系统的行为。这里的快变量是指在城市群系统受到干扰而产生不稳定性时，试图使城市群系统重新回到稳定状态的变量，具有阻尼大、衰减快的特点，主要是指一些短时或微观因素，如产业、交通、科技等要素。慢变量是指在城市群系统受到干扰时，会使城市群系统离开稳定状态走向非稳定状态的变量，体现出城市群系统处在稳定态与非稳定态临界区时的无阻尼、衰减慢特点。系统的慢变量能描述系统有序程度，即系统的序参量，而城市群系统其他变量的行为则由这些序参量支配。这里的序参量是指在城市群系统演化过程中从无到有变化的关键变量，是影响城市群系统各要素由一种相变状态转化为另一种相变状态的集体协同行为，主要是指一些长效的宏观性、规划性、政策和深层次措施，如文化、生态、制度等要素。正如协同理论创始人哈肯所说，序参量主宰着城市群系统演化的全过程。

3. 城市群协同发展的自组织效应

自组织效应是指城市群系统在没有受到外部扰动的情况下，其内部各城市之间能够按照某种规则自动形成一种相对有序的结构或相对稳定的功能，体现出城市群的内在性、非线性相干性和自生性特点。自组织效应解释了在外部能量流、信息流和物质流输入的条件下，城市群系统会通过多个城市之间的协同作用而形成新的时间、空间或功能有序结构，这种过程可视为是城市群系统从无序向有序演化的自然过程。德阳要与成都融合发展，共同构造大成都的新的时间、空间和功能的有序结构。

（二）协同发展的突变论

托姆（Rene. Thom）的突变论研究从一种稳定组态跃迁到另一种稳定组态的现象和规律。突变论认为：在严格控制条件下，如果质变中经历的中间过渡态是稳定的，那么它就是一个渐变过程，质态的转化，既可通过飞跃来实现，也可通过渐变来实现，关键在于控制条件。当城市群系统处于稳定态时，标志该系统状态的某个函数就取唯一的值。当参数在某个范围内变化，该函数值有不止一个极值时，城市群系统必然处于不稳定状态。城市群系统从一种稳定状态进入不稳定状态，随参数的再变化，又使不稳定状态进入另一种稳定状态。那么，城市群系统状态就在这一刹那间发生了突变。目前，成都处于突变发展状态，进入快速增长和发展的新阶段，德阳处于稳定发展、渐进发展阶段。通过成德一体化进程，强化成都首位城市的担当，改变德阳的输入要素，达到与成都同步发展变化的目标，取得阶段性成果，在条件成熟时，德阳与成都共同进入快速增长和发展的突变状态。

在城市群协同发展中，一些微小的原因通过长时期渐变可产生慢性沉积效应，达到一定程度的临界阈值时，这种沉积效应就会使城市群系统产生突变结果。这一突变过程表现为折迭型突变、尖点型突变、燕尾型突变、双曲型脐点、椭圆型脐点、蝴蝶型突变和抛物型脐点不同类型。突变论认为，城市群系统中任何一种运动状态，都有稳定态和非稳定态之分，在微小的偶然扰动因素作用下，仍然能够保持原来状态的是稳定态；而一旦受到微扰就迅速离开原来状态的则是非稳定态，通过稳定态与非稳定态的相互交错作用，推动城市群在突变中协同发展。

（三）协同发展的阶段论

城市群发展的协同过程是一个漫长博弈过程，期间不可避免地经历博弈协同突变，再博弈再协同再突变等重复循环的非线性螺旋式上升过程，每一次博弈协同突变过程，都推进城市群的协同发展迈向高级协同阶段，进而体现出城市群协同发展有着明显的阶段性。

1. 协助阶段：原始协同阶段

协助阶段的协同度低于10%，对应城市群形成发育的雏形阶段。这一阶段，城市之间彼此独立，极少有合作与联系。

2. 协作阶段：初级协同阶段

协作阶段是城市群协同发展的初级阶段，也叫初级协同阶段，协同度达 10%~20%，对应城市群形成发育的初期阶段。城市之间相互面临的问题与冲突较少，在城市发展中遇到的环境、交通、金融、社会保障等区域性问题开始通过共同努力解决，城市之间彼此仍较独立，开始加强相互合作与联系，并开始建立松散的合作机制。

3. 协调阶段：低级协同阶段

协调阶段的协同度达 20%~30%，对应城市群形成发育的成长阶段。城市之间相互面临的问题与冲突逐步加大，发展不平衡，生态环境恶化、交通拥堵等城市发展中遇到的区域性问题越来越多，单个城市已经无法解决面临的区域性问题。因此，两市之间开始建立起相互促进、相互依存和相互制约的协同关系，不再各是一个独立的个体，而是一个由两市联盟的集合体，开始建立起较为紧密的合作机制与协同制度。

4. 协合阶段：中低级协同阶段

协合阶段的协同度达 30%~40%，对应城市群形成发育的成长阶段。城市之间相互面临的问题与冲突急剧增多，需要解决一些共同面临的区域性共性问题，如区域性交通问题、污染联防联治问题、生态屏障建设问题、流域综合治理问题、城市功能疏解问题等。因此，两市之间必将建立起相互促进、相互依存和相互制约的协同关系以及日益紧密的合作机制与协同制度。

5. 协同阶段：中级协同阶段

协同阶段的协同度达 40%~50%，对应城市群形成发育的成长阶段。城市之间对协同发展的愿望强烈，期望通过协同发展解决两市面临的共性问题，实现互利共赢的目标。两市之间建立起紧密的协同合作机制，结盟成为命运共同体。

6. 协振阶段：中高级协同阶段

协振阶段的协同度达 50%～70%，对应城市群形成发育的成熟阶段。处在这一阶段的城市群，各城市之间通过协同方式解决的区域性问题和冲突远远多于通过非协同方式解决的问题与冲突，协同发展在各城市发展中占据主导地位。协同是各城市发展的动力，协同出效益，协同促进城市振兴和有机成长。各城市对协同发展有着严重的路径依赖，期望通过协同发展实现共同繁荣的目标。

7. 一体化阶段：高级协同阶段

一体化阶段的协同度达 70%～85%，对应城市群形成发育的成熟阶段。处在这一阶段的城市群，各城市之间通过协同方式实现了区域性产业发展与布局一体化、基础设施建设一体化、城乡发展与城乡同筹一体化、区域性市场建设一体化、社会发展与基本公共服务一体化、生态建设与环境保护一体化等，城市群地区演进成为高度一体化地区，形成高度依存、高度促进的经济共同体、市场共同体、环保共同体和命运共同体。

8. 同城化阶段：顶级协同阶段

同城化阶段的协同度达 85%～100%，对应城市群形成发育的顶级阶段。这里，协同发展不等于同城化，但同城化是协同发展的最高级阶段和终极目标。处在这一阶段的城市群，各城市之间通过同城化方式实现了规划同编、产业同链、城乡同筹、交通同网、金融同城、信息同享、市场同体、生态同建、污染同治、科技同兴的高度同城化地区，城市群演进成为高度一体化地区，形成高度融合的大都会地区。

在上述八大协同发展的阶段中，成德一体化目前处在第三阶段，即低级协同阶段，协同度达 20%～30%，对应两市一体化协调发展阶段。未来，两市之间目标是建立起紧密的协同合作机制，结盟成为命运共同体，在一体化发展达到高级阶段时，再实现两市的同城化。

第二节　成德同城化符合国家和四川发展战略要求

成德同城化的提出不仅符合区域经济发展的规律，也符合成德两市长远发展的根本利益，更有国家和省级层面的政策支撑。

一、中央高度重视成渝经济区和城市群的发展，为成德同城化提供了政策支撑

改革开放以来，国家先后在沿海和中部地区规划布局了京津冀、长三角、珠三角、中原等几大经济区和城市群，对全国经济社会发展起到了巨大的带动作用。为了推进西部地区加快发展，中央提出了西部大开发战略，并出台了一系列区域发展的扶持政策。

由于成渝地区在西部所处的重要地位，中央把成渝地区作为西部开发的重点。早在 2007 年 6 月，成渝地区被批复为全国统筹城乡综合配套改革试验区，两地致力于推进统筹城乡一体化，着力改革几十年来我国形成的城乡二元分治格局，这为后来的《成渝经济区区域规划》《成渝城市群发展规划》的出台奠定了坚实的基础。

2011年5月，国务院正式批复《成渝经济区区域规划》，这是中国推进新一轮西部大开发战略和实现区域协调发展的重要举措。《成渝经济区域规划》将着力建设打造成渝经济区，把成渝地区建设成为继长三角、珠三角、环渤海之后中国经济的又一重要增长极。根据《成渝经济区域规划》，成渝经济区将建成西部地区重要的经济中心、全国重要的现代产业基地、深化内陆开放的试验区、统筹城乡发展的示范区和长江上游生态安全的保障区。其中，对于成都平原而言，将着力建设成绵乐发展带，形成以成都为中心的具有国际竞争力的产业和城市集聚带。2016年中央城市工作会议提出，在中西部地区培育发展一批城市群、区域性中心城市，把成渝城市群作为五大国家级城市群之一重点发展。2016年3月，国务院发布的《成渝城市群发展规划》明确提出构建“一轴两带、双核三区”、打造7大区域中心城市的空间发展格局，重点建设成渝发展主轴、沿长江和成德绵乐城市带，促进川南、南遂广、达万城镇密集区加快发展，进一步提高空间利用效率。

《成渝城市群发展规划》中特别提到了要提升成都核心功能。以建设国家中心城市为目标，增强成都西部地区重要的经济中心、科技中心、文创中心、对外交往中心和综合交通枢纽功能，加快天府新区和国家自主创新示范区建设，完善对外开放平台，提升参与国际合作竞争层次。充分发挥成都的核心带动功能，加快与德阳、资阳、眉山等周边城市的同城化进程，共同打造带动四川、辐射西南、具有国际影响力的现代化都市圈。由此可见，成德同城化是国家在规划布局成渝城市群发展特别是成都大都市区建设方面做出的重大部署。

二、四川省一系列重大决策部署，为成德同城化提供了政策支撑

四川省委、省政府高度重视成德同城化工作，省委提出实施多点多极支撑、“两化”互动城乡统筹和创新驱动“三大发展战略”，重点发展成都平原城市群，推进成德同城化，加快成德绵一体化发展。省委书记王东明多次就成德同城化工作做出重要批示，要求成德两市共同研究加快推进。2016 年 6 月，中共四川省委书记王东明同志在德阳调研督导稳定经济增长和全面创新改革驱动转型发展时对德阳提出了“要加快和成都的同城化进程”。2016 年 9 月，四川省政府出台了《成都平原经济区“十三五”规划》，指出要“加快成德同城化步伐，在全省率先形成区域一体化发展新格局”，明确提出把成德同城化作为推进成都平原经济区一体化发展的重要抓手先行突破，这必将有利于进一步加快成德同城化进程，有利于我们在更大范围更深层次汇集资源，实现更高水平的发展。

（一）成德同城化有利于深化拓展多点多极支撑发展战略，破解制约区域协同发展的深层次问题，重塑四川经济版图

2016 年，四川省地区生产总值总量 32 680. 5 亿元，成都市实现地区生产总值总量 12 170. 23 亿元，占全省经济总量的 37. 24%。成都“一城独大”的直接后果，是四川发展缺乏强有力的梯级支撑，并最终导致区域发展的严重失衡。而纵观国内外发展，多点多极支撑则是发达国家、地区的普遍特征和经验总结。四川提出实施多点多极支撑发展战略，目的就是要推动四川由单极支撑的发展格局向多点多极支撑的发展格局转变，通过提升首位城市引领与导向的同

时，着力次级突破，夯实县域经济的底部基础，形成首位一马当先、梯次竞相跨越、多点多极共兴、同步全面小康的发展局面。

成德同城化被纳入四川省《成都平原经济区“十三五”发展规划》。2016年9月，德阳市第八次党代会提出了德阳必须围绕加快建设成都国际化大都市北部新城的战略定位，坚持与成都错位发展、融合发展、协同发展的战略路径，借势发力，借机发展，借道赶超，加快补齐发展短板，全面提升综合实力，以大开放促进大融合，以大融合建设大德阳。2017年5月，成都、德阳正式签订《推动成德一体化发展合作备忘录》，标志着成德同城化深入发展取得新突破。

（二）成德同城化有利于深入实施“两化”互动城乡统筹发展战略，构建“四化”[①]同步发展、城乡共同繁荣的新格局

1. 形成具有核心竞争力的现代产业体系

成都、德阳两市将充分发挥两市产业比较优势，努力构建合作共赢、协调发展的区域产业格局。一是根据工业合作安排，将统筹研究两市产业合作规划，依托产业特色优势，整合发展要素资源，促进两市电子信息、装备制造、机械汽车、航空航天、石油化工等先进制造业协作配套联动发展，推动新一代信息技术、新材料、节能环保和生物医药等战略性新兴产业优势互补合作发展，促进两市资源共享、市场共建、产业共性，并建立成德工业经济合作联席会制度。同时还将加强产业合作发展载体建设，在德阳市中江县兴隆、辑庆镇一带，共同建设成德工业园区。发挥市场配置资源作用，以“双转移”为契机，鼓励两市企业相互投资发展，扩大产品

① “四化”指信息化、工业化、城镇化和农业现代化。如果没有特别说明，全书“四化”均为此含义。

制造，发展总部经济，延伸产业链条，提升价值水平，促进食品饮料、轻工纺织、家居鞋业等传统产业转型升级，加速发展。二是促进两市相邻区域土地集中流转、连片开发，发展设施农业，开发观光农业。打造一批科技含量高、生产标准化的无公害农产品生产基地、特色农业基地。推动两市建立现代农业园区，加强农业龙头企业交流合作，鼓励农业企业跨市建立现代化加工基地。加强农业经贸合作交流，以充分整合供销系统资源为切入点，推动农产品无障碍流通，组织农业企业参加两地举办的农业博览会。探索建立合作共享的农产品追溯和质量安全保障体系。建设成都至德阳现代农业种植采摘体验、休闲观光旅游示范带等。三是共同打造成德旅游环线，加强旅游节庆活动的合作，加强成德两地旅游宣传营销合作，打造精品旅游线路，推动成德国际国内旅游共发展。四是加强在物流领域的合作，将协同推进中国西部物流中心和现代物流产业发展，鼓励开展供应链、国际物流和保税物流等合作，加快发展多式联运和甩挂运输，降低物流成本。

2. 着力构建“四位一体”全域城镇体系

进一步完善德阳全域城市总体规划，按照全域市辖区的格局修编城市总体规划，调整土地利用规划，分类推进和重点突破。围绕紧邻成都的城市区域与成都相向发展、中心城区“南进、北优、西扩、东拓”的总体布局，优化升级一环路，加快建设二环路，规划建设连接各个县（市、区）的三环路，构建以“五环多轴”交通干线网络为骨架的大城市框架。加快推进各个县（市、区）城市建设，深入实施“百镇建设行动”，形成“七个一”的城镇标准建设体系。力争到 2020 年，全市城镇化率达到 55% 以上。积极推行“小规模、组团式、微田园、生态化”建设模式，全域全程全力打造一批业兴、家富、人和、村美的幸福美丽新村。

3. 着力形成城乡一体的现代城乡形态

由于城乡二元经济结构和城镇化发展滞后的影响，三农问题并未能得到彻底解决，部分地区的困难群众被现代化发展抛在了后面。要全面建成小康社会，必须打破城乡分割的传统体制，以城带乡，以工促农，以工业化和城市化带动农业现代化，加快形成城乡互补共促、共同发展的新格局。立足于北部新城建设，全域规划德阳未来城乡发展的形态走势，建立覆盖城乡全域的规划体系。加快城镇基础设施向农村延伸、公共服务向农村覆盖，推进现代农业的发展，建设城乡一体的社会保障体系，统筹城乡管理和社会治理，推进城乡基本公共服务均等化。

（三）成德同城化有利于深入实施创新驱动发展战略，构建动力转换接续、发展提质升级的新格局

德阳要把握全面创新改革重大使命，把全面创新改革作为引领“十三五”发展的“一号工程”，把发展基点放在创新上，把创新作为振兴实体经济的制胜法宝，依靠创新驱动打造发展新引擎。

1. 新定位：跳出德阳看德阳，让区位优势更优

德阳是离成都——国家中心城市最近的地级市，但多年来德阳没有共享成都的发展经验，原因是德阳对自身的定位始终摇摆不定，既想借力成都发展，又怕黑洞效应将德阳吞噬掉。自2013年启动成德同城化以来，德阳就将自己摆在全省乃至中国西部进行审视和考量，明确了德阳未来发展的根本定位就是主动融入成都，与南边的天府新区一道，与成都主城区形成“一核两中心”的格局。这一定位符合区域融合发展的大趋势，符合中央和省委关于新时期城市建设发展的战略方向，也与成都提出建设“双核共兴、一城多

市”网络城市群大都市区的目标相契合，有利于将成都市域及周边紧密联系的36个县（市、区）统筹规划、同城发展。

2. 新路径：“六个协同”齐推进，让发展动能更足

成都是四川经济发展的最重要引擎，德阳工业基础、科教人才、城市发展空间也较好，成德一体后将集中全省60%的科研力量、35%的工业经济实体，创造四成以上的经济总量。为此，德阳市委提出了推进区域规划、交通建设、通信设施、城市品质、产业发展、政策机制“六个协同”的发展路径。通过这六个协同的实施，北部新城一定会融入成都的国际化大都市圈，进而与重庆一起构建的成渝经济区将与珠三角、长三角、京津冀形成中国经济发展的第四极，成为中西部最具活力和竞争力的城市群。

3. 新目标：“三高要求”绘蓝图，让综合实力更强

德阳市第八次党代会提出：通过五年的努力，着力打造成为高端化产业创新聚集区域、高素质人才就业聚集基地、高品质宜居宜商人居环境，让全市人民有更多获得感。这“三高”目标涵盖了城市建设发展的三大核心要素，产业是城市的造血体系，人才是城市的创新源泉，环境是城市的综合品质，只有这三个指标都达到高标准和高水平，北部新城的综合实力才会更强，才会成为新的增长极核。

第三节　国内外同城化发展的启迪

一、国外同城化发展模式的启迪

（一）英国大伦敦区的组团生长模式

历史上的英国政体单一，城市长期处于乡镇并存的状态。作为第二权势阶层的大量贵族，通过对国家进行控制，这些地产与村镇组团结构紧密结合，构建了英国人与市民、田园的基础关系。大伦敦区就是由众多城镇发展起来的，构建成了组团式的现代大城市结构。

伦敦在大伦敦区新城规划建设等城市发展活动中，体现了田园城市组团发展的理念，是包容了一千多个村庄的乡村大都市，体现了历史文化的继承与发展。他们认为，自己仍然生活在一群村庄之内，或者是略加改造的乡村环境。伦敦的城市中心不大，围绕中心是密集的乡村组团，不同组团构成一个个大型村落，地铁和郊区铁路则是组团通勤的主要骨架。伦敦中心区是由公园、地理景观、城市道路等合围而成，保持了规模恰当的组团单元。邻里、社区、中心区的个性得以保持独立与联结，人口得以平衡，城市的多样性不再被单一的大型区域抹杀，特色得以生长。混合功能、适于步行的村镇特征在伦敦的现代化教程中也被保留下来，并演变成为多个与自然环境、地铁相互协调的邻里单元与亚区，进而组成更大层级的组团系统。在生态方面，绿带廊道与大型田园斑块作为组团模型的重要组成部分，构建成连续的廊道——斑块体系。

（二）大纽约区的格网规划模式

美国的城市大多数是殖民城市，获得快速有效的建设是其城市建设的主要形态，纽约是典型代表。大纽约区坐拥大纽约都会区的核心地带，包括波士顿、纽约、费城、华盛顿等10座城市，是一座世界级国际化大都市，也是世界第一大经济中心，其地区生产总值于2013年超越东京，位居世界第一。

1806年，纽约将曼哈顿岛规划成具有网格状的城市空间骨架，以应对城市未来的急速发展，这套骨架从总体上可视为一个无限延展的网格区域，承载了纽约200年的发展空间，是纽约得以在20世纪持续高速运转的根本保障。网格型架构更像是房地产或土地代理机构的产物，既具有交通功能，又能调节土地的使用，有效保证了城市在资金与土地调控上的作用，在城市运行上更易于制造可观的、可感的切实成效。随着20世纪小汽车的普及，“网格”规划更加重要，其可延展性的效能，颠覆了传统城市以步行为结构性的基础，公路作为优先的城市基础设施得到推广，汽车网格成为城市的特定生活模式。

（三）大巴黎区商业与艺术之都模式

巴黎大都市圈由巴黎市和埃松、上塞纳、塞纳—马恩、塞纳—圣德尼、瓦尔德马恩、瓦尔德兹、伊夫林7个省组成。全区面积12 072平方千米，人口1 100万，分别占法国总面积和人口的2.2%和18.8%。

1932年，法国通过法律的形式对巴黎以巴黎圣母院为中心、半径35千米之内地区进行整体规划布局。20世纪中期，巴黎政府接连通过了大巴黎圈规划、《巴黎地区国土开发计划》，提出地区均衡发展的观点，降低巴黎中心区密度，基础工业迁出巴黎市中心，并对巴黎中心区土地使用规划做出规定和限制，注重培养中心区高级服务产业，在郊区建立大规模的居住区。1960 年以后，巴黎大都市圈发展的路径由原来以巴黎为中心同心扩散转向建设卫星城。1965 年的城市规划和地区整治战略规划提出，在巴黎外围塞纳河两边轴线上建设 8 座新城（实际建设了 5 座）。卫星城与中心城区统筹规划，在产业、经济、分工上实现互助和补充，并且加强基础设施、文化等多方面的配套设施建设，使中心城区和卫星城的居民享有同样的生活质量。

通过几十年的规划发展，巴黎大都市圈已成为世界著名的经济聚集区，并通过整合资源、优势互补实现了整体利益最大化。目前，巴黎作为中心城市聚集了众多的知名国际企业总部、高级研究机构，并依靠丰富的历史文化遗产、丰厚的旅游资源和时尚的都市文化成为世界经济、商贸、会展、文化、旅游之都。通过基础工业、高密集区人口迁移和周围郊区、卫星城的开发建设，减缓了中心城区居住、环境、交通等压力，也加快了周边农村城镇化进程，在巴黎和新城区 70 多平方千米的周围形成了 2 500 平方千米的卫星城、城镇化郊区。郊区成为工业聚集区，在整个大都市区的工业地位相对稳定，并且形成了合理的专业分工。东部形成化工产业、制药工业区，南部形成航空电子产业区，西郊形成企业工业区。中心城区和副城区、卫星城形成了相互依存、相互促进的良性互动，大范围的农村城镇化、工业化促进人口快速增加，推动了当地产业的合理布局、升级和整体经济的提升。城镇化的发展和扩散一方面缓解了巴黎作为中心城市的压力，为巴黎的进一步发展提供了产业、需求等多方面的支持；另一面巴黎作为商贸、技术研发、金融、文化中心，也为周边地区的工业产业发展提供智力、技术、信息方面的支持，大都市圈产业空间布局和地域合理分工，提升了巴黎地区的国际竞争力和经济活力。

（四）大东京区的功能规划模式

东京都市圈主要指日本东海岸太平洋沿岸城市带，从东京湾的鹿岛开始经千叶、东京、横滨、静冈、名古屋、大阪、神户和长崎，总面积约 10 万平方千米，占日本总面积的 26.5%，人口近 7 000 万，占日本总人口的 61%。东京是世界上人口最多的城市之一，也是日本政治、经济、文化、交通等众多领域的枢纽中心，亦为世界经济发展度与富裕程度最高的都市之一。

第二次世界大战后，日本经济快速发展，经济、人口向太平洋沿岸三大地区集聚，并逐步发展成为以东京为中心的形态，东京大都市圈基本形成。1956 年，日本制定了《首都圈整备法》，这一法律首次明确了以东京为中心、半径 100 千米的首都圈地域范围；确立了首都圈规划体系，主要包括首都圈基本规划、整备规划和事业规划三部分；划定了城市建成区、近郊地带和周边地带三个政策区域；提出了发展卫星城市，防止人口产业过度集中，加强交通、住宅及其他城市基础设施建设，促进东京和周边地区一体化的发展方针。三大都市圈的规划每 10 年左右修订一次。

由于日本是土地私有制的国家，且土地、资源有限，政府在规划与建设中与民间的博弈起主导作用。日本政府以推动立法、制定土地开发规划和出台相关产业政策等方式引导甚至主导城市化发展方向，规划与功能分区十分科学、合理。其城市圈发展不同于欧美国家低密度的发展模式，很注重交通便捷的基础设施建设，构造以集约化产业链为核心的发展模式，优化城市定位分工、调整优化产业结构和促进产业升级来带动整个区域的经济发展。因此，从某种意义上讲，日本的城市化及城市产业发展都是在日本中央和地方政府的规划指导下进行的。从表面看，同我国发展也有一定相似度，但应当指出，日本总体上是在尊重市场行为主体和市场运行规律的前提下，以政府的有效作为来弥补“市场失灵”的。

1999年后，为进一步疏解东京产业与公共服务功能重叠的问题，强化首都地位，激发经济活力，改善住宅环境，在全球化时代展现魅力，日本政府有针对性地提出了首都圈的空间结构规划，表现为围绕中心区的环状布局形式，既疏解中心区的功能，又加强了环上各个地区的联系。另外，主张大区域内进行包括交通、防灾、治理大气污染等各方面的协作战略。在2015年三层环状干线道路建成后，首都圈内的土地利用和交通整合具有显著效果。首都圈内的汽车行驶速度提高10%，因交通产生的氮氧化物、二氧化碳总量降低10%，能减少20万乘轨道交通经过中心区的通勤人口。环状都市轴上的交通量增加，副都心得到长足发展而都市中心的环境负荷降低，都市区的过境交通量减少30%。虽然东京都市圈是世界上人口最密集的区域之一，但是大东京地区的交通井井有条，出行畅通。

二、国内同城化发展实践的启迪

（一）上海都市圈

大上海都市圈的空间结构具有特殊性，呈现出与经济发展相关的内三层与外三层的独特结构。大都市圈所属地区总面积为2.99万平方千米，人口约5 400万，2015年地区生产总值接近7万亿元。特别是上海和苏州、无锡、南通、宁波、嘉兴、舟山等地区构建

“1+6”协同发展后，由于这些地区地缘相近、人缘相亲、经济相容，纳入同城化的通盘考虑，将促进区域协调发展，实现在更大空间下的资源优化配置，服务长三角世界级城市群。

上海大都市圈，首先表现为上海与周边区域实现融合发展，同时，构建以铁路为主导的多种方式的交通网络，形成90分钟交通出行圈，突出同城效应，以加强上海与其他区域的交通设施互联互通。另外，强化浦东国际机场与长三角区域城际铁路网络等对外交通系统的衔接，构建长三角现代化港口群。高速公路形成南京、杭州、南通、宁波、湖州五个主要联系方向，强化沪宁、沪杭、沿江、沪通、沪湖、沿湾、沪甬七条区域综合运输走廊的服务效率，实现与上海都市圈内城市之间90分钟左右可达。在生态环境方面，加强与其他地区的协调，实现共保共治，完善长江口、东海海域、环太湖、环淀山湖、环杭州湾等生态区域的保护。上海是个资源、环境紧约束的特大城市，面向“十三五”发展，上海要做好疏解特大城市非核心功能这篇大文章，这是确保上海经济社会可持续发展的必然选择。在区域功能网络中，发挥上海作为全球网络对区域的辐射带动作用，与周边省市形成布局合理、功能互补、互为支持的网络；加强基础设施统筹，比如，加强浦东国际机场和区域城际铁路的对接，加强上海港和杭州湾沿海、长江下游港口的分工合作，深化江海联运模式等；创新区域治理模式，推动跨界地区规划共同研究编制，建立多元化的区域协调机构和区域协同发展的长效机制，推动跨界地区协同发展，至2040年建成卓越的全球城市，国际经济、金融、贸易、航运、科技创新中心与文化大都市。这也为上海确定了目标愿景——卓越的全球城市，令人向往的创新之城、人文之城、生态之城。

（二）京津冀首都经济圈

京津冀都市圈的概念由京津唐工业基地的概念发展而来，区域发展规划按照“8+2”的模式制定：包括北京、天津两个直辖市和河北省的石家庄、秦皇岛、唐山、廊坊、保定、沧州、张家口、承德8地市。

2015年4月30日中共中央政治局召开会议审议通过了《京津冀协同发展规划纲要》，这成为高层力推的国家级区域规划，其核心就是有序疏解北京非首都功能，调整经济结构和空间结构，走出一条内涵集约发展的新路子，探索出一种人口经济密集地区优化开发与生态环境协同发展的新模式。京津冀城市群协同发展的重点突破口是推动京津冀交通一体化、生态环境保护一体化和产业升级转移一体化等。

中央政府将京津冀协同发展视为探索完善城市群布局和形态、优化开发区域发展提供示范和样板的需要，是实现京津冀优势互补、促进环渤海经济区发展、带动北方腹地发展的需要。京津冀城市群协同发展的战略目标就是实现共同繁荣昌盛，共享蓝天白云，共担发展风险，共建世界都会。通过协同发展，进一步解决京津冀城市群目前面临的区域性重大问题，包括环境污染问题、经济发展问题、生态建设问题、互联互通问题、发展差距问题、公共服务不均衡问题等。进一步化解区域冲突，消除区域剥夺，彼此取长补短，实现优势互补，强化分工合作，将京津冀城市群建成一个具有国际影响力的经济发展共同体和命运共同体。

（三）广佛同城化

广州、佛山两市地处珠江三角洲核心区域，分别是广东省的第一大、第三大城市。两市边界接壤200千米、核心区距离25千米。

两市文化同根同源，自古一家，千百年来，行政区域上虽然分分合合，但是两地居民的自然交流是广佛融合发展的最大动力。为加快广州国家中心城市建设，贯彻落实《珠江三角洲地区改革发展规划纲要（2008—2020年）》中关于“强化广州佛山同城效应”的国家战略要求，2009年3月广州佛山两市签署了《广佛同城化建设合作框架协议》，标志着广佛同城化建设正式启动。广州和佛山两市打破行政壁垒，进行区域一体化建设，以发挥两市产业互补性强、空间紧密、文化相通、人员往来密集的优势，提升广佛发展水平，这对于加快推进珠江三角洲区域经济一体化，携领珠江三角洲地区打造布局合理、功能完善、联系紧密的城市群具有十分重要的意义。

广佛同城化自2003年撤市设区开始启动，以实施交通设施一体化为切入点，以2008年广佛地铁建设为标志，积极稳妥推进城市规划统筹协调、基础设施共建共享、公共事务协作管理的一体化发展格局，提升整体竞争力，至今历时14年。佛山市其间虽遇到诸多障碍与阻力，但他们始终坚持不懈、持之以恒，终于使同城化进入到全面融合、深度推进的发展阶段。2016年佛山市地区生产总值8 630亿元，是广州19 610.94亿元的44%，在全国城市排名第15位。佛山的人均地区生产总值超越北京、上海。广佛两市地区生产总值之和可超越上海的27 466亿元，排名全国第一。

“广佛同城化”现阶段是“双城模式”的同城化，主要是体现“资源共享，错位发展”，也就是城市基础设施不必重复建设，产业发展上各有侧重，并适当形成产业链，优势互补。广州实施“西联”发展战略，注重加强与佛山的联系；佛山实施“东承”发展战略，主动承接广州的辐射。广佛两市之间可以说是没有城郊，城市化率已经达到95%以上。从两地产业的区位上来观察，发现两地的优势产业基本不存在同质化倾向。一是广佛区域内第二产业与第三产业在经济中的比重将趋于平衡，产业的结构比较合理，广州现代服务业比较发达，佛山制造业比较发达。二是从产业技术含量来看，广佛加速融合后，佛山的劳动密集型产业，与广州的知识密集型、资本密集型的产业互补，产业加速向高端化迈进。三是从轻工业与重工业的比重看，近几年广州重工业发展势头猛，而佛山的轻工业有优势，这样，广州既是佛山工业品的消费市场，其石化产业又能为佛山企业提供原材料。因此，经济发展更加协调，产业、经济的叠加效应就更加明显，两地的现代产业体系建设大为提速。

广佛同城化加速后，交通一体化不断加速。由于广州已经基本形成了辐射亚太和全国的海铁空枢纽，因此，佛山通过道路、轨道等的建设，加强与白云机场、广州南站以及南沙港等客货运枢纽的联系，从而实现资源共享。两地还在市内交通、城际交通、电讯、场馆建设等方面加强协调，全面实现无障碍的“同城化”。

广佛同城由于走的是“双城模式”向一体融合过渡的同城化发展路径，既保持了两市行政上的独立性，又在经济上加强了合作，实现了产业共融、利益均沾，打破了行政区划的壁垒，使资源和要素在两地之间自由流动和配置，显现了同城化带来的良好示范效应。一是聚集与辐射效应。广州的第三产业与重型工业与佛山的民营经济、制造业完美组合并优势互补，在两市资源整合后，形成强大的竞争能力，对推进珠三角地区的经济一体化有强大的引领作用。二是协同和放大效应，两市发挥各自的比较优势，可以进一步降低发展成本、减少重复建设、实现规模经济，达到资源共享和错位发展的目标。三是示范和带动效应。珠三角的具有国际竞争能力城市群与泛珠三角的区域协调发展，已经成为我国发展的最强大动力源泉。广佛同城化正是这一区域一体化协调发展的突破口，因此，其发展经验和教训值得其他地区在推进一体化发展进程时进行研究和借鉴。

路径篇

第三章　以规划为引领，科学描绘成德同城化蓝图

实施成德同城化，必须坚持以科学规划为引领，在充分调查研究两市经济、社会、文化、生态等各种要素的基础上，按照区域城市定位和同城化的规律，结合实际情况和主要矛盾，全面编制同城化区域发展规划，以指导空间发展布局、协同发展重点。编制成德同城化区域规划，既是两市政府推进此项工作的重要手段，又是两市政府应履行的职责。

第一节　编制区域规划的意义

区域规划是指在一定地域范围内对国民经济建设和土地利用的总体部署。它是按照国家有关政策，遵照经济发展内在规律，在跨行政区的一定区域范围内，对自然资源的开发利用、用地的配置和划分、工业布局、城镇居民点布局、交通运输设置布局及环境保护等进行科学的规划。同时，区域规划是一个区域比较长远而全面的

发展构想，是描绘区域未来经济建设的蓝图。

一、区域规划的内容

（一）区域经济发展战略

区域经济发展战略包括制定战略依据、战略目标、战略重点、战略措施等。区域发展战略既有经济发展战略，即经济总体发展和部门的、行业的发展战略，也有空间的开发战略。经济总体发展战略通常把发展的指导思想，远景目标和分阶段的目标，产业结构，主导产业，人口控制指标及大体的第一、第二、第三产业的就业构成作为规划的重点。经济部门发展战略主要是规划区内发展的重点部门，大体确定主导产业部门的远景发展目标，明确主导产业部门与其他经济部门之间的关系，提出各部门的重点建设项目。空间开发战略是对上述社会经济发展的内容进行地区摆布或地区配置，以建立合理的地域空间结构。

（二）区域产业布局规划

对三大产业和部门结构、生产发展特点、地区分布状况进行系统的调查研究，对照生产发展的条件，揭示矛盾和问题，确定重点发展的部门与行业重点发展的区域。对规划期内新建的工厂企业，特别是骨干企业，要选址定点，做好工业企业的地域组合。与产业结构紧密相关的土地利用和大型水利工程设施规划，也常常在产业布局规划中一并研究，统筹安排。

（三）区域城镇体系规划

城镇体系规划的具体内容包括：拟定区域城镇化目标和政策；确定规划区的城镇发展战略和总体布局；原则确定各城镇的性质和

发展方向，明确城镇之间的合理分工与联系；原则确定城镇体系的规模结构，各时期城镇的人口发展规模、用地规模和各级中心城镇；原则确定城镇体系的空间结构，尤其是要重视新城镇的出现和行政中心城镇的选点；提出各时期重点发展的城镇或重点发展的城镇，提出近期重点发展城镇的规划建设。

（四）区域基础设施规划

基础设施大体上可分为生产性基础设施和社会性基础设施两大类。生产基础设施是为简略系统的运行直接提供条件，包括交通运输、邮电通信、供水、排水、供电、供热、仓储等设施。社会性基础设施是为了生产力系统的运行间接提供条件，又称为社会服务事业或福利事业设施，包括教育、文化、体育、医疗、园林绿化等方面设施以及科研、商业、旅游等设施。区域规划要求对各种基础设施的现状进行分析，并预测未来各种设施的需求量，确定各种设施的数量、工程项目及地区分布。

（五）区域环境保护和生态建设规划

区域规划中的环境治理和保护的内容主要包括：提出保护大气、水体、生物、土壤的措施，以及防止污染的对策；对保护自然、治理污染、恢复自然生态的重大工程设施进行具体的规划；提出丰富自然景观、美化生活环境的措施，包括工程设施和生物措施等。

二、区域规划的重要性

区域规划是为解决特定区域内的特定问题或达到区域内特定目标而制定和实施的某些战略、思路、布局方案和政策措施。区域规划更多地注重人与自然、资源、环境相协调的关系，更加注重空间布局，更加注重经济发展及其依赖的自然资源条件，更加注重区际协调平衡和联合与协作的关系。同时，由于大部分区域规划时限期比较长，因此，区域规划成为区域经济和社会发展规划以及年度计划的重要基础和依据，是推进不同行政区城市间的联合与协作、促进区域经济协调发展、落实可持续发展战略的重要机制。

（一）制定区域规划是有效配置资源的需要

随着区域经济社会发展，需要不断投入建设交通、通信、电力、水利等城市基础设施。如何在区域内有效平衡各项基础设施建设，避免重复建设与无序建设，并保护好环境，建设宜业、宜居、宜商的营商环境，成了规划设计师和决策人的重大挑战。同时，区域化和全球化是未来经济发展的重要趋势，在我国已经形成了长江三角洲、珠江三角洲、京津冀等联系紧密的经济区域，城市总体规划应当对这一趋势有所准备。成渝经济区正在打造中国经济增长第四极，成德同城化发展规划应当建立合理的区域规划制度与体系，对城市资源、生产要素和产业结构进行协调布局，使之产生最佳的配置效益。

（二）制定区域规划是协调区域发展政策的需要

区域发展中最重要的问题，是行政上互不隶属的行政单位之间在发展中的协调。由于这些单位没有行政上领导与被领导的关系，区域发展的协调必然是相关城市的合作，区域协调发展的目标最终只能是区域的均衡和公平发展。区域发展政策对区域发展的大趋势进行约束，是决定区域发展的指导因素，区域发展政策的具体落实需要通过区域规划的指导作用，依靠其他规划层次来落实。正因为区域规划或区域发展政策依赖各有关城市和部门来执行，具有在政策执行方面的局限性，需要通过制定区域规划增强对政府部门的约束性和指导性。

（三）制定区域规划是被实践证明的有效经验

改革开放以来，全国各地重视运用区域规划的引领作用，在推进区域经济一体化方面收到了明显成效。就四川省而言，自2006年“十一五”规划开始就提出“五大经济区”的构想，通过多年来的实践，于2016年首次发布全省五大经济区“十三五”发展规划，主要包括成都平原经济区、川南经济区、川东北经济区、攀西经济区和川西北生态经济区“十三五”发展规划。五大经济区各具特色又相互协调的发展路径，源于各发展规划瞄准各经济区不同的发展程度和特点，针对性提出相应目标和举措，着力全省经济发展结构优化。

归纳起来，区域规划主要体现了三方面的作用。一是区域规划的科学制定，立足于各地资源优势和主体功能，充分发挥区域经济的比较优势。二是区域规划的科学制定，在全省乃至全国、世界更大的范围内布局和优化资源配置，避免同质化竞争和资源系统性破坏，有利于产业结构转型升级和生态建设。三是区域规划的科学制定，打破了行政区划的界限，按照市场经济的要求，以市场配置资源为基础，贯彻统筹规划、合理分工、互惠互利、共建共享等原则，为协调解决地区间重大问题提供了平台。

第二节　成德同城化区域规划应把握的重点

一、明确发展定位与发展目标

成德同城化的目标是将成德区域建设成为经济繁荣、环境优美、生活便捷的四川省同城化优先发展区，区域合作示范区，成都经济区先进制造业与现代服务业发展高地。

（一）四川省内同城化“优先发展区”

成德两市应兼顾经济与社会全面发展，走集约化、环境友好型、资源节约型的可持续发展道路，实现人与自然的和谐发展，人的全面发展，建设生活便捷的同城化区域。整合两市优势资源，凝聚两市发展共识，争取省级政策资源扶持，发展成为省内全面建设小康社会、率先基本实现现代化的同城化“优先发展区”。

中央城市工作会提出要在中西部地区培育发展一批城市群，成都大都市区作为成渝国家级城市群的核心之一，是优先发展的重点区域。德阳作为成都大都市区北部新城，推进成德同城化，对进一步拓展德阳经济发展空间，实现更高水平的集聚经济，促进区域经济发展，支撑成都建设成为有世界影响力的现代化国际化大都市具有重要意义。成德同城化具有优先发展的条件，是德阳发展的重大机遇、最好平台、最大突破，形成以成都主城区为核心，南有天府新区、北有德阳新城的“一核两中心”格局，必将带动成都平原城市群的发展。

（二）区域合作“示范区”

成德两市应继承和发扬创新精神，在优化产业结构、推动科技创新、加强区域协作、保护生态环境等方面勇于改革与创新，以经济发展带动社会全面发展，以资源整合提升区域整体竞争力，以制度创新增强市场主体活力，以科技创新促进产业转型升级，成为全省区域合作的“示范区”，探索出一批可复制、可推广的经验。

成德同城化发展，两市在科技资源、产业、人才等方面的互补性强，基础设施互联互通水平高，开放步伐基本同步，推进成德整体创建国家自主创新示范区，应重点做好突破行政区划壁垒，实现平台共建、资源共享、政策共用。一是建立两市之间的协同创新机制。成都市将以“创业天府”行动计划、成都国家自主创新示范区、成都科学城为抓手，大力实施知识产权、人才发展、金融支撑、开放合作四大战略，着力强化组织、政策、法治、服务、舆论五大保障；德阳市则围绕建设清洁技术与新能源装备制造业示范城市、中国重大技术装备制造业基地、国家高等职业教育综合改革试验区等，破除制约创新驱动的体制机制障碍，促进科技创新和经济发展的深度融合。二是建立产业之间的协同创新机制。成德拥有高端装备、航空航天、新材料、新能源、电子信息、智能技术、节能环保等战略性新兴产业，许多产品初步形成链条，一些产品正在形成产业联盟，如成都的云计算、物联网、游戏等产业联盟，德阳的燃机、石墨烯、新能源汽车产业联盟。成德同城化，两市能够站在跨市级行政区的角度，统筹考虑产业政策、市场规则、高端产业发展规划的制定，共同推进产业集群、高新区、科技服务聚集区等的建设，推动物流、金融、中介服务机构在区域内的合理分工与协作，将有助于形成多条具有国际竞争力的产业链，推出更多更有价值的示范模式和样本。

（三）成都经济区先进制造业与现代服务业“发展高地”

成都经济区要继续做“大”做“强”，保持经济健康发展和总量持续扩大，加快产业结构提升，建设以先进制造业和现代服务业为主导的产业结构。强化成都经济区对外开放的门户地位和联系国内、国际的枢纽作用，发展成直接带动“成都经济区”乃至四川省的经济“发展高地”。

实施成德同城化战略，德阳将积极承接发达地区产业转移，实现区域优势互补，促进产业转型和结构调整。为了实现资源有效互补和沟通的顺畅，以及快速搭建全产业链，成德两地将构架同城化的综合交通网络，规划构建轨道交通、快速公交、快速路为主题的区域快速交通网。在交通与政策的双支撑下，以高端定位、功能互补、空间一体为目标，德阳制造业全产业链正在快速完善中，一个具有国际竞争力的制造业强市已然显现。此外，在资源共享方面，双方将建立政府采购互惠关系，德阳采购交通工具时将优先考虑产地为成都的产品；建立人力人才资源共享关系，在双方区域内互设职业教育实训基地，开展人力资源互补培训和人才输出，探索共建多元化的职教培训中心；建立多边金融合作关系，促进金融资本与双方企业多边合作和民间资本双向投资，探索共建项目投资引导基金；建立学习交流机制，加强双方人才交流互派，定期组织相互参观考察和学习进修，增强干部推进同城化的意识和综合素能。

二、发展原则和发展策略

（一）发展原则

（1）机制上共建共管，两市边界县（市、区）间以多途径实现共同建设和管理。同城化的背后实际是区域经济的一体化。为推动成都平原城市群的发展，成德正在探索成都的新都区、青白江区和德阳的广汉市的“边界试验区”建设。三地将共同在公共管理、社会保障、流域治理等领域加快创新实验，通过共建试验区取得同城共管的经验予以推广。此外，还采取共建产业园的方式，比如在德阳的中江县，与成都共建“成德工业园”。

（2）时序上先易后难，优先安排推进难度较小的建设活动。同城化是一个长期的互动过程，应分步骤做好规划安排，从现实条件和双方需求入手，优先在道路交通、电信、金融、教育、医疗、商贸物流等领域实施一体化建设。

（3）立项上近期见效，选择近期能见成效的项目重点规划并推进实施。德阳市应借势借力，在产业、服务、资源等方面实现与成都市的错位发展和融合发展。一是东方电气集团、二重集团在新能源、民用航空等方面与成都相关产业加强合作。二是拟定《成都区域旅游合作框架协议》，建立良好的合作机制，共同打造世界旅游目的地。三是交通设施的逐步对接。实施“交通555”发展规划，包括5条快速通道、5条轨道交通、5条高速公路的规划和建设。

（4）效益上互惠共赢，兼顾双方利益，实现共赢。按照经济发展规律，在产业聚集发展到一定程度的时候，产业需要“梯度转移”。一方面，成德要整合两市产业优势，适当扩大产业交集，加强产业内分工，共同打造战略新兴产业，合两地之力共同提升电子、信息、智能制造、航空航天等优势产业的集聚规模。另一方面，两市还应进一步发挥各自的专业优势，提升密切产业间分工，完善区域产业价值链。强化成都在总部、研发、金融和国际交往等方面的生产服务职能，突出德阳在制造业产业链完整、加工能力强的优势，以二重集团等为龙头，发展新技术产业，使成德区域成为引领成渝和西部地区发展的国家级战略产业基地。比如在汽车产业方面，以龙泉为首的成都将形成汽车整车制造产业链，在德阳建设汽车零部件配套产业链，共同打造中国西部大车都。

（二）发展策略

1. 协调空间发展整体格局

协调空间发展整体格局要通过对资源禀赋结构不同、发展需求各异的空间进行主体功能区划分，明确各类主体功能区的发展定位，借助分类管理的主体功能区政策，构造合理的区域空间开发格局，推动成德之间区域经济更加协调、多元化、可持续的发展。成德两市规划合作协议中明确合作的目标为“区域融合、交通一体、设施共享、产业互补、环境齐治”，基本原则为“平等互利、资源共享、先易后难、循序渐进”，逐步促进成德两市规划合作，实现区域内功能的合理分布和资源的优化配置，共同提升成德绵地区作为成渝经济区成都都市圈的核心在中国西部地区的携领功能。成都作为服务高端的主导地位不断强化，分配性和消费性服务功能向德阳扩散。成德两市将以共同构筑世界级旅游休闲目的地、打造国家级战略产业基地、构建内陆领先的多中心都市连绵区、合作形成西部科学发展示范区为发展目标，重点加强旅游业、战略性新兴产业、尖端制造业、特色加工业、现代物流产业合作，着力打造成德新区和大龙门山生态旅游区；加强枢纽型、功能性、网络化重大基础设施建设，构建运行高效便捷、辐射带动力强的一体化综合交通运输体系。

2. 共保区域生态系统

共保区域生态系统要构筑多层次的区域生态体系，促进城镇空间网络化、生态化布局，保障区域生态安全，提高资源利用效率，改善区域生态环境，提升城镇发展质量，重点强化对水环境的综合保护和整治，实现人与自然的和谐发展。一是加大产业政策与能源政策的引导力度，强化污染排放的行政考核，促进经济区产业结构和能源消费结构的战略性转型，从根本上控制和减少区域污染源。二是鼓励发展技术含量高、污染少的先进制造业和现代服务业，鼓励发展环保型产业，限制发展污染大、能耗高的产业，禁止发展达不到环保要求的产业。三是大力发展循环经济，形成再生资源回收、加工、利用的产业链，有效减少废弃物、污染物的排放。四是扩大电力在能源结构中的比重，积极推广使用生物能源、天然气等优质能源，逐步降低煤炭终端消费量。

3. 推进区域产业协作

推进区域产业协作要加强产业互动，两市在保持自身发展特色的前提下，促进资源与生产力的合理配置和区域竞争力的整体提升。构建区域性产业链，培育具有竞争优势的产业集群，重点促进现代服务业提档升级；对产业发展空间进行梳理，重点培育特色精品园区，与区域空间发展结构整合，促进产业空间分布更加高效合理，并进一步通过实施性产业项目带动两市产业联动发展。为对区域产业协作进行更好的引导，应着重从工业、农业、旅游业、金融业等方面开展。

4. 建设区域综合交通体系

建设区域综合交通体系要打破地域界限，统筹规划，强化以高快速路网为骨架的区域交通系统格局。建构区域综合交通体系，实现和完善其跨地区服务的功能，面向未来、合理布局、扬长补短、完善系统，全面提升综合交通服务能力。强化连接两市主要城区互联互通、高效便捷的战略通道，积极推动两市接壤区域骨干道路对接，实现两市交通设施共建共享，共同打造中国西部交通核心枢纽。规划构建同城化的综合交通网络，建设轨道交通、快速公交、快速路为主体的区域快速交通网。一是高标准建设成都德阳两个城市间的城市“主轴线”——成都北延线。二是突出轨道交通耗时短、运力大、速度快、安全、准点、环保等优势，全面对接成都的轨道交通。三是积极做好农村公路的改善和提档升级工作，优化农村路网结构。

5. 协调区域重大市政设施建设

协调区域重大市政设施建设要突破行政界限，按照区域发展与环境、资源相协调的原则，加快市政基础设施建设，提高环境污染治理标准，加强区域市政基础设施的协调，推动设施建设与运营的市场化，有效解决两市政基础设施独立建设和环境污染严重等紧迫问题。2010 年 3 月，成德签署区域环保合作协议，成德正式开启区域联动基础上的“大环保”合作模式，两市间环境共治、生态共保的区域协调和跨区域综合治理机制已经初步形成。在水资源保护上，成都和德阳已正式签署协议，约定探索建立流域水源水质预警协调机制，联合推进水源水质保护；在大气污染防治上，成德政府间区域协作机制已经形成，并将在此基础上增加 PM2. 5 污染防治专项议题，以成都市为区域中心，建立健全区域政府、部门间大气污染防治工作联席会议制度。

6. 调控重点问题区域

调控重点问题区域要根据同城化空间发展总体战略和规划建设要求，将区域内深刻影响长远发展大局的重点问题地区单独列出，有针对性地提出战略性政策引导和综合治理措施，以确保区域整体空间的可持续发展。成德同城化的重点问题在于城乡一体化和全域城镇化，应该做到科学布局、产业合理分布、设施共建共享；通过加强对农村地区城镇发展的调控和引导，形成优势互补、分工协作、良性互动的区域城镇发展格局；并通过强化各城镇经济结构，把区域经济做强做大。

7. 创新体制机制

创新体制机制要从完善区域协调法规、构建区域协调常设机构和完善协调调控政策手段等方面出发，建设保障区域协同发展顺利推进的制度基础。2017 年 5 月 18 日，成都市人民政府、德阳市人民政府签署《推动成德一体化发展合作备忘录》，提出推动政策协同，在就业、工商登记、商标保护等方面为两地市民提供同等的、更好的服务。按照备忘录，两地要共同推进成德协同创新共同体建设。在省上统筹指导下，共同推进建立成德协同创新联席会议制度。为支持成德经济区整体联动，优化经济发展空间格局，促进区域协调发展、协同发展、共同发展，德阳市同成都一样放宽了《国民经济行业分类》以外的新型行业登记，支持成都企业转型落户，为成都迁移至德阳的企业及成都到德阳投资的企业开辟绿色通道，主动服务，推动成德两市加快发展。未来，德阳市还将积极探索建立成德两地跨区域行政审批联席会议机制，学习借鉴成都深化行政审批制度改革和供给侧结构性改革的经验做法，降低市场主体经营成本，为服务创业创新发展做出积极贡献。

第三节 全面编制成德同城化区域规划

成德两市要坚持“顶层设计、规划先行”的理念，把区域规划作为成德同城化的首位工作，按照《成德同城化空间发展规划》编制任务，确定成德一体化发展总体思路、实施重点、保障措施。

一、空间格局一体化

（一）划分空间发展功能区

成德两市要依据空间发展功能区战略，根据不同地区的现状发展条件和资源禀赋差异将两市全域分别划分为限制型、优化型、提升型、扩展型四个发展区。限制性发展区主要规划成都、德阳两市的生态屏障，主要包括龙门山和龙泉山地区，是旅游产业的重点开发区。规划将严格控制该区域内的开发建设，并通过土地政策、财税政策、产业政策等一系列政策引导进行该区域的生态修复工作。优化型发展区注重基本农田的保护和特色农产品开发，城镇布局应在充分体现“城在田中”的基础上，主要规划以现代农业为基础，先进制造业与现代服务业协调发展的统筹城乡、农民就近城镇化的主要区域。规划区域范围包括成都市域西部的彭州、都江堰、郫都、温江、崇州、大邑、邛崃、蒲江、新都西部等以平原为主的地区和什邡、绵竹东部平原地区。提升型发展区重点是优化调整产业结构，提升城市品质，全面增强科技创新、文化引领和综合服务能力，是参与全球分工、区域竞争、建设具有国际竞争优势的大都市区主要载体，集聚辐射西部、影响全国的核心要素和高端职能。规划范围为成都市中心城区、天府新区、新都、青白江、广汉、德阳中心城区和罗江区。扩展型发展区规划主要以制造业为主导，形成产业新城，截留和承接重大产业和人口转移，同时做好产业环保和技术升级改造工作，将以大产业、大园区带动新型城镇化，建设成产城一体、现代宜居的新兴产业城、生态宜居城。规划范围包括金堂和中江东部地区。

（二）明确区域发展空间结构

在推动空间发展功能区形成的基础上，两市分别依托自身区位发展优势，进一步培育形成“一核两中心”和“四轴”的区域空间总体结构。“一核”指以成都主城区为核心，“两中心”指天府新区、德阳新城。三个城区各有区位发展优势，其中成都主城区是国家历史文化名城，国家重要的旅游中心城市，西部的金融、文化、商贸中心；天府新区是以现代制造业为主、高端服务业集聚、宜业宜商宜居的国际化现代新城区；德阳新城是以重大装备制造业和高新技术产业为主导的现代化工业基地，以现代物流、商务会展、职业教育、科技研发、休闲娱乐为支撑的成都经济圈核心增长极之一。四轴主要包括中部城镇提升发展轴、东部产业转移与承接发展轴、西部产业发展轴和龙门山前旅游发展轴。其中，中部以先进制造业和现代服务业发展为主体，发展轴连接罗江区、德阳新城、广汉、新都、青白江、成都主城区、天府新区、双流县和新津县，逐步实现低端制造业和高污染、高耗能产业向外围地区转移或关闭，并注重城市生态环境的提升和公共配套服务设施的完善。东部承接与转移产业发展轴连接中江县城、辑庆—兴隆镇工业园和淮口镇工业园，并延伸至龙简新城和成都第二机场。在做大经济总量、壮大产业基础实力，培育产业新城，截留和承接重大产业和人口转移基础的同时，也做好产业环保和技术升级改造工作，防止能耗过高、污染严重的企业过度集聚。西部以现代农业为基础，先进制造业与现代服务产业协调发展，发展轴连接绵竹城区、什邡县城、彭州城区、郫县、崇州、邛崃。规划将严格控制磷化工产业过度发展，做好环境监测与保护工作。龙门山前旅游发展轴连接龙门山前各级旅游城镇，是以自然风光旅游为主体的旅游产业重点发展区，应重点协调好旅游业发展与生态资源保护两者间的关系。

（三）形成“1+1+8+13+15+N”的五级城镇布局体系

在调控各级城镇等级规模方面，成德形成了“1+1+8+13+15+N”的五级区域城镇布局体系。1个超大城市：成都市中心城区和天府新区，是区域增长中心，在聚合区域核心功能的基础上，辐射带动全省以及更广大地区的发展。1个特大城市：德阳主城区，是区域增长的副中心，在进一步提升高端制造业优势的基础上，突出区域性、专业化服务中心的功能，发挥对周边地区的辐射带动作用。21个地区性中心城镇包括：双流、龙泉驿、新都、青白江、温江、郫都、新津、广汉、彭州、金堂、邛崃、大邑、崇州、蒲江、罗江、什邡、绵竹、中江、辑庆、兴隆镇和淮口镇的城区，是城镇化和先进制造业发展的主要载体，参与区域竞争的主要力量；承接区域人口与功能转移，加快发展汽车、电子信息、新能源新材料等产业集群，为新兴产业提供载体，以大产业、大园区带动新型城镇化；同时也是统筹城乡的重要载体、农民就近城镇化的主要区域，以现代农业为基础，先进制造业与现代服务业协调发展。15个小城镇包括：仓山、金山、汉旺、新市、灵杰、新繁、安德、养马、清泉、濛阳、沙渠、羊安、寿安、西河、石板滩的镇区，是农民就地城镇化的重要载体，引导周边乡镇人口及生产要素集聚，成为区域的就业中心、公共服务中心和交通节点。N个一般镇：如南泉镇、景福镇等一般镇，是镇域的经济、文化、政治中心，应合理控制城镇发展规模，注重生态环境保护，建设宜居、宜业的特色镇区。

（四）提升交界区域城镇能级

提升交界区域城镇能级要在局部地区进行行政区划调整。拟将小汉镇、黄许镇、孝德镇、孝泉镇纳入德阳市中心城区范围，统一进行规划建设，逐步将德阳中心城区培育成为区域增长的副中心。提升中江县辑庆镇、兴隆镇、金堂县淮口镇的城镇能级，以做大经济总量、壮大产业基础实力，建设产业新城，作为区域产业转移与承接的主要承载地。将区域内有条件、发展潜力较好的、生态敏感性较低地区的小城镇提升为小城市，成为农民就地城镇化的重要载体，引导周边乡镇人口及生产要素集聚，成为区域的就业中心、公共服务中心和交通节点。

二、生态保护一体化

一是全域构建“两山两带三片两网”的生态系统结构。“两山”主要是对龙门山生态和龙泉山生态基底的保护，主要通过提升两山生态涵养功能、强化生态修复与水源保护、完善生态补偿和后期管护机制等措施，维护两山的生态环境系统，同时致力于发展生态农业、生态旅游业等生态友好型产业。“两带”主要是对宽度分别不小于4千米和4.5千米的德广生态带和三星堆生态带的保护，该生态带应促进成德走廊式发展，防止城市间蔓延发展。“三片”主要是对包括东部丘陵生态控制片区、龙泉山前生态控制片区、龙门山前生态控制片区的保护。该区域应严格禁止大量散点状工矿企业或农村居民点的开发建设活动；严格控制内部的小城镇与农村新型社区规模。“两网”主要是对建构筑物侵占基础设施防护绿地网和永久性商业开发型建筑物侵水系防护绿地的保护。

二是在互保饮用水源方面，成都市保障德阳市饮用水源人民渠上游成都段水质安全；德阳市保障青白江区饮用水源马棚堰分干渠德阳段水质安全；两市共保金堂饮用水源红旗水库水质安全。

三是两地实施大气污染联防联治制度，建立健全大气污染联防联控会商机制，划定秸秆焚烧禁止区和秸秆焚烧控制区两级联防联控区。秸秆焚烧禁止区严格禁止秸秆露天焚烧，秸秆焚烧控制区内两市环保部门应进行沟通协调，实行错峰燃烧。与此同时，提高环境准入门槛：优化电源结构，支持水电和新能源开发，鼓励热电联产，集中力量建设大型骨干电厂，分批淘汰高耗、低效、重污染的中、小火电机组，提高洁净能源比例；针对区域大气环境有重大影响的建设项目，开展环境影响评价联合会商；限制城市燃料含硫量，限制高硫煤、高硫油的销售和使用。

四是全面规划，统筹建设7座区域性垃圾焚烧发电厂，两市于近期合资在辑庆—兴隆镇建设区域垃圾焚烧发电厂，规划占地100亩（约666 67平方米），设计处理量为每天1 200吨。

三、产业发展一体化

（一）培育大中型精品园区

将28个主要工业园归并至12个工业集中发展区与8个工业集中发展点，发挥园区规模效益，区别化定位，避免园区间同质竞争。实现由区（市）县统筹产业项目审拟，并原则上确保非工业集中发展区（点）的镇、村的产业用地规模在现状基础上不再扩张。逐步将三星堆周边村镇级产业发展用地集中到德阳高新区，将金堂县城区除节能环保产业外的其他类型产业转移至金堂县淮口镇。

（二）推动产业转移与承接

将分步骤、分重点地推进不适合相应空间区位的现状产业门类实现逐步转移，推动中西东三大空间发展轴形成不同的产业类型集聚特色。其中中部产业发展轴将重点做好冶金、建材、化工等产业往东部产业发展轴转移的工作，逐步淘汰造纸等高污染行业，重点发展先进制造业与现代服务业，打造成为先进制造业和现代服务业发展轴；西部产业发展轴将来重点做好建材、化工等产业往东部产业发展轴转移的工作，重点扶持特色农产品加工等生态型产业，并积极培育先进制造业和现代服务业；东部产业发展轴将重点做好中、西部地区产业转移与承接工作，在东部地区形成新的产业集聚走廊，同时对建材、化工、冶金等承接产业进行技术升级改造，避免造成环境破坏。

（三）培育五大工业产业集群

以市场为主导，配合政府制定专门化的产业集群政策，两市实现工业分工互补，形成产业集群，实现产业链化分层，避免同质竞争。培育电子信息、食品加工、汽车及装备制造、家具建材及航空航天五大工业产业集群。电子信息方面：成都承担通信、光电显示与集成电路制造，德阳经开区与旌阳工业园主要承担通信电缆，光缆和工控设备制造，绵竹、中江县、淮口镇等工业园主要承担电子零部件制造业，共同培育电子信息产业集群；食品加工方面：依托绵竹酒业制造、什邡烟草、彭州的中药材，以及两市共有的特色农产品加工业，培育食品加工产业集群；汽车及装备制造方面：成都经开区承担生活用车制造与整车装配，德阳经开区承担电动汽车、农用车整车装备制造，大型专用、通用机械设备整装制造，新青工业园、旌阳工业园、罗江工业园、中江工业园、辑庆—兴隆成德工业园、新繁工业园、什邡工业园、灵杰工业园、淮口工业园和后备工业园等主要承担机械零部件、智能设备、承轴设备和模具制造，共同培育汽车及装备制造业产业集群；家具建材方面：依托成都中心城区、德阳中心城区发展家具研发设计业，依托中部建材家居产业东移，在淮口镇工业园、辑庆—兴隆、中江工业园扶持发展家居建材产业集群；航空航天方面：成都高新区承担大型航空锻件制造，德阳高新区承担整机设计、发动机制造，新青工业园承担航空航天设备制造，共同打造航空航天产业集群。

（四）培育服务业集聚区

打造区域服务业中轴线，培育德阳亭江新区、旌东新区现代服务业集聚区，广汉三星堆现代服务业集聚区，青白江现代物流业集聚区，新都商贸服务业集聚区，成都中心城、天府新城现代服务业集聚区七大现代服务业集聚区。在两市辖区内形成现代服务业的关联互动，构建分工协作体系，共创集群品牌，避免同质竞争。现代金融业产业集群方面：成都依托中心城区和天府新区金融总部商务区承担区域性金融总部和高端金融中介服务职能；在德阳亭江新区合资建设服务两市的金融后台基地与人才培训基地；鼓励成都市属和境内外金融企业在德阳设立金融分支机构；实现两地同一银行系统内免收手续费；以“蓉城卡”和“天府通”卡为载体，实现成都德阳“城际金融一卡通”。现代物流产业集群方面：两市共建以成都青白江物流园区和德阳黄许物流园区为主体的成德一体化运作的综合保税区，共建内陆开放高地。文化创意产业集群方面：成都依托都江堰承担文化旅游、演艺娱乐和工业设计等职能；依托成都中心城区和天府新城文化创意产业集聚区承担动漫游戏、软件、会展广告、网络传媒和数字视听等职能；广汉依托三星堆文化创意产业集聚区承担文化旅游、演艺娱乐和工业设计等职能；德阳依托亭江新区、东山片区承担工艺设计和文化旅游职能。商贸会展产业集群方面：成都依托西部博览城、天府新城会展中心等承担区域性、综合类大型会展承办地职能；依托西部新城文化旅游会展中心和龙潭文化创意会展中心等承担区域性、专业类大型会展承办地职能；依托新青商贸业集中发展区承担区域性大型专业商品市场批发基地、营销总部和专业论坛基地等职能；德阳依托旌阳新区承担地区型、专业类会展职能和地区型商品市场批发基地职能。

（五）促进现代农业交流与合作

一是在成都彭州、德阳什邡先行试点，促进两市相邻区域土地集中流转、两市共同实行连片开发，发展设施农业，开发观光农业。打造一批科技含量高、生产标准化的无公害农产品生产基地、特色农业基地，推动两市建立现代农业园区。二是加强农业龙头企业交流合作。出台相应专项政策，鼓励农业经贸合作交流，以充分整合供销系统资源为切入点，推动农产品无障碍流通。

（六）旅游资源整合

目前两市主要构建"三带六廊三中心"的旅游业发展总体结构。"三带"包括龙门山自然风光旅游发展带、中部文化旅游发展带、龙泉山都市休闲旅游发展带。"六廊"包括古蜀文明国际旅游廊道，主要依托北星干线—天星大道；灾后重建与地震遗址旅游廊道，主要依托龙门山前旅游通道；自然景观旅游廊道，主要依托龙门山前旅游快速通道；三国文化廊道，主要依托成绵高速；文人故里廊道，主要依托成绵高速复线；都市休闲旅游廊道，主要依托龙泉山前旅游快速通道。"三中心"包括建设都江堰、金沙、三星堆三大旅游接待中心，逐步实现旅游通票制与旅游接待信息联网工作。

四、基础设施一体化

（一）区域水体建设

一是实现污水集中处理后排放，加快城镇生活污水处理厂建设，完善城镇排水管网，加快专业化、社会化集中处理处置设施建设步伐；实现各区、（市）、县下辖各镇污水集中处理后排放，至2030年，实现城镇生活污水处理率达95%以上，目前重点建设向阳镇的生活、生产污水集中排放系统。二是划分两市主要城市排水受纳水体，逐步搬迁不符合要求的现状排水口，将广汉市污水排放口转移至鸭子河，新都、青白江移至毗河，两市共保金堂取水口水质安全。三是协调区域给水设施，青白江区与广汉市合资共建青白江水厂，选址于青白江区境内。近期，两市组成联合工作小组，进一步共同论证规划水厂规模、容量与建设标准等相关问题；远期，规划将成都水六厂给水管网延伸至广汉市区和德阳中心城区，实现成德两市中部城镇密集地区主要城镇间给水管网对接，使区域内城镇间主要给水厂互为备用水源，共同保障区域内的给水安全。

（二）区域廊道、电力、油气建设

廊道方面：依据“复合利用、保障安全、节约用地”的基本原则，避开城区建设区域性基础设施走廊。结合成德交界地区“两山两带三片两网”的生态系统结构，主要选取绕城高速防护绿地、第二绕城高速防护绿地、第三绕城高速防护绿地、成绵高速复线防护绿地和龙泉山生态发展片区，建设区域性市政设施廊道，解决区域性市政设施走线问题。

电力方面：加快500kV区域输电网络建设，提高区域电力网络安全保障水平，采取网络化建设，以统一调配的方式连接绵竹变电站、彭州变电站、新都变电站、德阳第二变电站和谭家湾变电站，构建区域500kV高压电力双环，利用区域市政设施廊道布局500kV高压电力环线线位。合资扩建紫坪铺水电站和金堂火电站，作为区域共享型的调峰电源。

油气方面：建设区域天然气门站和天然气集输站两种燃气储气设施，强化管网调配能力，逐步实现燃气储气设施区域共享，通过区域调配达到区域燃气资源合理配置。建设区域天然气长输管线，高压输气干线安全防护距离在成德两市城市建设用地区域内保障单侧50米。主要利用绕城高速、第二绕城高速两侧绿化防护距离建设什邡市—广汉市—青白江区—龙泉驿区—双流县的区域输油管廊和区域输气管廊。

第四章　以交通、通信设施等互联互通为基础，构建成德同城化相融空间平台

第一节　打造成德综合立体交通体系

成德同城，交通先行。要紧密围绕成都作为国家中心城市和四川省首位城市的城市定位，着眼于建设成都大都市区发展需要，着眼于德阳融入成都发展的需要，全面构建两市互联互通的基础设施，共同打造中国西部一体化综合交通体系，为成德同城化提供良好的发展条件。

一、区域交通一体化是成德同城化的重要基础

（一）区域交通一体化的内涵和特点

区域交通一体化，是指按照区域经济发展总体目标，打破行政界线、部门界线、地域界线，将区域内所有的交通资源（交通工具、交通设施、交通信息）进行统一规划、统一管理、统一组织、

统一调配，以达到区域交通运输系统的整体优化和协调发展，以便最充分地利用交通资源和最好地满足各种交通需求，提高区域交通运输总体效益和服务水平的动态过程[①]。

区域交通一体化的特点：一是交通一体化是以区域经济一体化为依托和载体，其发展思路、规划和目标应与区域一体化的相关内容相吻合。二是区域一体化交通体系不是几种运输方式简单的汇总和叠加，而是区域内各种运输方式按照一体化交通运输体系结构和特点进行组合，具有全局性、整体性和创新性的交通运输综合体。三是交通一体化的内容主要有六个方面，即规划一体化、建设一体化、政策一体化、市场一体化、管理一体化、信息一体化。四是区域一体化交通体系体现了协调性的特点，即交通运输体系与区域经济的发展相协调，各种运输方式之间的发展相协调。五是区域一体化交通体系具有全程性、连续性和无缝化的特点。

（二）区域交通一体化和区域经济一体化的关系

1. 区域交通一体化是区域经济一体化下资源配置的客观要求

区域经济一体化已经成为我国乃至世界经济发展的潮流和必然趋势。区域一体化发展的目标是经济一体化发展，实现经济快速增长，打造区域性的经济增长极。在经济一体化发展过程中，各种基础设施一体化发展是前提与条件，其中交通一体化发展更是众多基础设施发展中最为关键和最需要迫切优先发展的方面。只有交通实现了一体化，才能保证经济发展所需要的生产要素的流动畅通，实现产品和生产要素大容量、高频次、多层次和无障碍的流动，才能满足区域经济发展对交通运输的需求。

---

① 王培宏，贺国光. 交通一体化：综合运输的发展方向［J］. 综合运输，2003（10）：10-11.

2. 区域交通一体化是实现区域经济快速发展的保障和支撑

交通运输业作为国民经济的基础产业和先导产业，是区域经济快速发展的保障和支撑体系。一体化的区域交通运输体系可以缩短区域经济体间的空间和时间距离，提高运输服务的质量和效率，降低运输成本，促进相互间的经济交流，更好地发挥核心城市的极化作用和点辐射效应，带动地区分工和合作，促进城市圈域经济的培育和区域经济的协调发展。交通运输的一体化有利于消除行政和地域壁垒，充分发挥交通运输对区域经济的推动和线辐射作用，催生市场、资源、劳动力和资金的一体化，形成以城市为核心、以交通网络为载体、点线结合的、跨行政区域的、多种产业的一体化区域经济联合体。

3. 区域交通一体化是实现交通运输与区域经济协调发展的必要条件

虽然我国交通运输业有了跨越式的发展，但是区域交通运输发展中仍然存在一些突出矛盾。例如：交通规划不统一，交通网络布局不合理，交通运输资源分布不均衡，交通运输方式不够多样化，交通运输管理部门分割、职责不清，地区之间交通衔接不紧密等。这会限制区域内的合理分工和产业结构的优化升级，阻碍了区域一体化进一步深化。因此，交通一体化成为区域一体化进程中交通运输发展的主动选择。首先，区域一体化交通运输体系可以通过加强交通运输与区域规划的协调，从整体上实现区域运输结构和空间布局的优化。区域一体化交通运输体系按照区域发展总体目标，打破发展中的地域和市场壁垒，通过合理的分工协作，充分发挥各种运输方式的比较优势，提升区域交通运输体系的整体效益，更好地满足区域经济发展的需要。其次，一体化交通运输体系通过资源整合和集约化发展，可以充分优化资源配置，最大限度提高交通运输体系的效率，减少资源占用、能源消耗和环境污染，更有利于实现交通运输和区域的可持续发展。

（三）成德交通一体化的意义

成德交通一体化发展，意味着在四川省交通发展总体规划的框架下，根据两市的情况和经济一体化发展的要求，统一规划、统一管理、统一组织、统一调配，构建适应区域经济一体化发展的综合交通体系，实现成德两市的交通资源优化配置、交通基础设施无缝对接、交通建设步调一致、交通运输协同合作、交通管理政策统一，从而实现整个区域交通资源配置与管理服务水平的最优化，促进区域交通现代化与区域交通的可持续发展，支撑和引导成德两市区域经济的一体化发展。

二、成德交通一体化建设的进展情况

（一）签订了推动成德交通一体化建设的相关协议

2013 年，成都市政府和德阳市政府签订了《成都德阳同城化发展框架协议》，通过规划、工业经济、交通、教育等八个领域的合作事项，成德两市将在交通连接方面加快推进同城化发展。协议指出，要“强化连接两市主要城区互联互通、高效便捷的战略通道，积极推动两市接壤区域骨干道路建设，实现两市交通设施共建共享，共同打造中国西部交通核心枢纽”。

2017 年 5 月，成都市政府和德阳市政府签订的《推动成德一体化发展合作备忘录》提出：要以全面创新改革试验和建设天府新区、天府国际机场、天府国际空港新城为契机，以推动发展规划、交通建设、通信设施、城市品质、产业布局和政策联动等“六个协同”为重点，力争到 2020 年，基本实现成德两市在发展规划、交通建设方面高度协同，初步构建科学的成德一体化发展空间格局，共同打造西部综合交通通信枢纽。同时，还签订了《关于共建中欧班列德阳现代物流港的合作意向协议》和《关于共建成都国际铁路港口岸产业合作区的合作意向协议》。

根据合作协议，明确了两市“加快交通互联互通”的近期目标：一是加快公路建设一体化发展步伐。加快推进成都—德阳北沿线建设；全力配合四川省交通厅开展成绵高速扩容工程前期工作；进一步研究并抓紧编制中江县至天府国际机场快速通道规划，择时启动建设。二是推进轨道交通互通。做好成都至德阳轨道交通规划，开展前期研究，待时成熟后择时启动建设；积极推动成彭快铁向北延伸相关规划研究工作。三是协同实施道路畅通工程。推进金堂赵家至淮口段路基及桥隧桥涵工程建设，实现中金快速通道全线建成通车；同步实施货运大道延伸至“二绕”三星堆互通项目；启动 G108 国道成都段新都境内约 3 千米的双向四车道扩能改造工程，同步启动德阳段扩能改造，确保全线扩能改造顺利完成；向省上争取支持，全面清理完善成都连接德阳的交通标示标牌。四是推进成德铁路公交化运营。力争实现两市之间成绵乐客专高峰时段发车间隔控制在 30 分钟以内，研究宝成铁路成德段公交化运营改造方案，会同成都铁路局，争取中国铁路总局的支持。五是推进成都国际物流港专线建设。共同争取成都铁路局支持，规划并争取建设成都（青白江）国际铁路港至德阳（广汉）高新区专用线，并积极主动建设。

（二）成德一体化交通建设工作不断推进

成德同城化启动以来，德阳借鉴学习广佛同城化的经验，积极推动“交通协同”，对接成都主城区和天府新区城市规划，全方位全领域推进成德同城化发展。自2016年年底开始，德阳市开展了新一轮交通大会战，计划建设重大交通项目54个，三年总投资超过1 200亿元，主要以“五环多轴”为统揽，建立对外“555”成德交通网络（5条高速、5条快速通道、5条轨道）、对内“221”市域交通网络（市域范围内每个县、市、区至少有2条高速公路，市到各县、市、区有2条快速干道和1条轨道交通），形成德阳到成都、中心城区到县城、乡镇到城区3个“半小时经济圈”。新一轮交通建设大会战，主要以新建高速公路、新建城市干道、新建轨道交通“三新”为主，是现代全域综合快速交通体系的标志，目前推进工作总体有力，已取得了阶段性成效。

1. 公路建设一体化发展步伐加快

（1）天府大道北延线。天府大道北延线起于成都人民北路二环路口，经北星大道、成德大道，于新都军屯镇半边堰附近折向东北进入德阳境内，经三星堆遗址旁、南丰镇、跨越石亭江后，接入德阳西二环，经长江西路进入中心城区。路线全长约68千米，其中成都境内34千米，德阳境内34千米，全线采取轨道交通与公路复合建设。近期建设双向八车道加四个辅道，远期按双向十六车道加四个辅道形式布设。该项目按城市干道功能定位，全线不设红绿灯，全方位改造平交道口，同步配套建设其他市政基础设施，同时规划轨道交通。天府大道以天府广场为中心、南到眉山仁寿北达德阳，全长150千米，将超过伦敦、纽约、东京等大都市圈，成为世界上最长的城市主轴，将串联起天府国际金融中心、天府创新中心、兴隆湖生态区、四川美术馆、四川科技馆、三星堆博物馆、青白江国际物流园区以及美国、德国、澳大利亚等驻蓉总领馆，直达天府新区和德阳新城。天府大道北延线计划三年建成，总投资 123.8 亿元，不仅是成德同城化的标志性工程，而且也将成为成都、德阳两个城市间的主轴线。该项目对于成德同城化发展意义十分重大，届时将形成以成都主城区为核心，南有天府新区、北有德阳新城的“一核两中心”格局。

目前，天府大道北延线初设单位于 2017 年 4 月 20 日正式进场开展设计工作，目前 80 米征地红线图已完成，平面线形和主要交叉道口方案等已确定，地勘完成 50%；项目工可专题要件编制单位招标工作已完成；招商准备工作正抓紧进行，正起草投资合作协议和设计施工总承包合同格式，收集主要投资人基本情况，并为各投资人风控分析准备投融资资料。

（2）成德绵高速扩容工程。成绵高速作为四川省“一条线”经济的交通干线，于 1998 年 12 月 21 日通车，起于成都市三合场，经新都、青白江、广汉、德阳，止于绵阳磨家，全长 92.4 千米，是国家高速公路网首都放射线 G5 京昆高速公路（北京至昆明）在四川境内的一段，且是四川北向出川（至陕西）大通道的组成部分。该高速公路路基宽度约 24 米，设计行车速度 100 千米/小时，为全封闭、全立交、四车道高速公路。随着经济飞速发展，区域内交通量快速增加，交通需求缺口不断增长。根据测算，2050 年成德两地公路高峰小时交通量将达到 4.6 万 pcu/d，而目前两地公路交通供给为 1.6 万 pcu/d，交通需求缺口达到 3 万 pcu/d。因此，必须要完善成德高速公路网络，扩建现有公路体系，扩大交通量，以满足“成、德、绵”通道内未来大量交通需求，加强区域经济联系。

目前，成绵高速扩容由省交通厅公路规划勘察设计研究院开展工程可行性研究，已形成工可研究初步成果，成都至德阳段按双向八车道建设。目前成都境内沿成金青快速通道高架方案已基本确定，德阳境内设计推荐方案中“二绕”至广汉连山段以及德阳城区过境段具体路线走向及建设方案仍在进一步对接和稳定之中。

（3）天府国际机场第二快速通道。天府国际机场将建设成为全国第四大航空枢纽港，实现强化国际人员往来、物流集散、中转服务等综合服务功能，成为与北上广相呼应，贯通南北、连接东西，在全球范围内面向欧洲、南亚、中东和中亚的空中门户，构筑“空中丝绸之路”的综合交通枢纽。按照计划，2020 年前，成都天府国际机场周边交通网线将联网成片，形成立体综合交通运输体系。德阳至成都天府国际机场第二快速通道的建设，是实现成德互联互通的重要基础设施项目，将进一步推动成德协同发展。德阳至天府国际机场第二快速通道项目全长约 90 千米，拟建里程约 16 千米，德阳境新建约 13.5 千米。项目路线走向初步方案为德阳境内起于庐山南路，经八角井、连山镇至松林镇；成都境内接金堂县金堂大道，经金简黄快速通道至天府国际机场。目前金简黄快速通道由成都市交投开展前期工作，金堂境内高板镇至赵家镇及赵镇至官仓镇已建成通车，赵家镇至赵镇已开工建设；德阳市境内路段正开展前期工作。

2. 轨道交通互联互通正在推进

（1）成都至德阳轨道交通规划。根据成都市“北改”“东进”战略部署，轨道交通方面成都北向的 40 号（德阳）线、23 号线、36 号线及东向的 24 号线、38 号线均已纳入成都市城市轨道交通线网远景规划。目前，德阳市已优先启动天府大道北延线轨道（40 号线）方案研究工作，并于 3 月 24 日通过竞争性谈判确定中铁二院工程集团有限责任公司为天府大道北延轨道交通方案研究报告编制单位，正组织编制单位加快推进编制工作。

（2）成彭快铁向北延伸至什邡、绵竹。成彭快铁已纳入成都枢纽既有线铁路资源公交化运营改造方案中。目前，绵竹市政府正在牵头研究成彭快铁延伸至什邡、绵竹方案。

（3）推进成德铁路公交化运营。一是成绵乐城际铁路成德段公交化运营。2016年，德阳市积极争取成都铁路局、成都市人民政府支持，于9月23日与成都铁路局、成都市人民政府签订了《成都至德阳动车公交化运营合作协议》，初步实现了成绵乐城际铁路成德段公交化运行。目前，成都至德阳日开行动车达25对，平均发车间隔约30分钟，最快27分钟便可由德阳抵达成都，列车平均上座率约75%，节假日期间列车上座率达90%。下一步还将进一步优化运营班次，适时增加运行列车对数，力争实现十多分钟的发车间隔目标。二是宝成铁路公交化运营。宝成铁路成德段公交化运营已纳入成都枢纽既有线铁路资源公交化运营改造方案，并得到中国铁路总公司支持，目前正抓紧研究和论证运营方案。

（4）推进成都国际铁路港专用线建设。成都口岸物流办已启动规划建设青白江国际物流港铁路专用线方案研究。为配合青白江国际物流港，德阳市正全面研究和论证对接成都北上地铁1号线、3号线、11号线、14号线、18号线以及宝成铁路公交化运营；促进青白江国际物流港专用线延伸至德阳高新区。

3. 协同实施道路畅通工程

（1）中金快速通道。德阳境内已全线通车，金堂境内隧道已贯通，目前金堂正在实施路基路面施工，确保2017年年底形成通车能力。

（2）G108国道德阳段、成德大道和旌江干线提档升级工程。

为全面提升成德同城既有干线公路的通行能力，畅通成德核心区城市内部交通联系，德阳已将 G108 国道、成德大道和旌江干线提档升级工程纳入前期研究。

（3）清理完善成都至德阳交通标志牌，增加“德阳”方向以及德阳旅游景点的指示内容。经前期排查，计划在 G108 国道、北新干线、成金青快速通道以及成都三环路上共计更换交通标志牌 25 块，主要增加“德阳”方向以及德阳旅游景点的指示内容。其中，三条国省干线上计划更换 12 块，截至目前，已全部更换完毕；三环路上计划更换 13 块，截至目前更换了 2 块。三环路上剩余 11 块还未更换的标志牌目前正在按照成都市交警支队、成都市路桥公司提出的审查意见，对施工设计图、造价预算以及需更换标识牌的版面内容进行修改，修改完成后，抓紧制作安装，力争尽快完成。

三、成德交通一体化建设应重视的问题

目前，成德交通一体化得到了两市政府的高度重视，但也不应忽视研究解决多年来由于行政体制原因造成的问题。比如，各自的交通建设目标、重点项目、发展结构及建设进程有不一致性，整个经济区统一的交通一体化发展规划还没有形成，因而就可能造成交通基础设施建设的重复浪费、技术标准不一、建设进程参差不齐等问题；各种交通方式仍然分属不同的管理机构，管理主体众多，部门分割、职能交叉、权责不清的现象仍然存在，缺少一体化管理；城市交通与城际交通混行、关键交通节点压力大等交通矛盾日益凸显，亟待完善市域综合交通体系；市县之间交通条件不佳，现有单一的公路供给模式，亟待向市域快速轨道、快速路等快速市域走廊

交通方式转变，以促进全域城镇化；德阳市对外客货运枢纽间周转、衔接不足，亟待统筹协调公路网与轨道网衔接；现有公共交通仅为常规公交，服务无法满足居民出行需求，难以支撑新型城市空间拓展，亟待引入城市轨道交通以引导城市空间发展，提升城市品质；没有形成与大数据信息时代相一致的智能交通一体化，成德经济区整个区域的交通管理信息网络还没有构架起来，依托互联网的信息共享平台还没有建立起来；交通一体化建设发展的瓶颈问题就是资金问题，没有形成适应成德一体化发展的交通建设投融资环境和机制，迫切需要创新投融资模式，完善多元化、多层次投资机制，拓展投融资渠道，提高投融资管理和宏观调控能力，建立债务风险防控机制，以解决制约交通一体化发展的资金问题。

鉴于以上分析，成德一体化下交通综合体系的构建应遵循以下思路：一是加快发展，在发展中不断进行结构优化；二是要充分发挥各种运输方式的优势发展综合运输网络系统；三是多种运输方式共存互补的思想建设综合运输大通道；四是较高起点进行干线基础设施规划与建设加快交通运输现代化；五是可持续发展和需求管理的新理念建设综合运输体系；六是干支协调和区域协调的发展思想完善综合运输网络布局；七是政策、规划和体制管理的统一性实现运输"一体化"；八是积极推进交通运输信息化、智能化的进程发展集约型交通；九是宏观调控和市场化相结合的思想实现资源的合理配置。具体实施中，可以通过以下几个方面推进。

（一）借鉴国内外区域交通一体化建设的有益经验

推进成德交通一体化建设，我们要借鉴美国纽约都市圈、日本东京都市圈、珠江三角洲经济区等在交通一体化取得的有益经验，为我所用。

1. 必须注重综合交通网的合理布局和共同发展

从国内外著名都市圈交通一体化的发展轨迹看，这些发达国家和地区都市圈的交通运输体系布局，都紧扣都市圈结构，呈现出包括中心城区、市域、对外交通等内在的多圈层结构，注重综合交通运输体系建设，高速公路、高速铁路、地方铁路、地铁、轻轨以及民航、海运都能够进行合理布局，齐头并进、共同发展，充分发挥了综合交通网的规模效应。

2. 必须注重区域交通一体化协调发展，制定出完整、系统、缜密的区域交通运输发展规划

成熟的都市圈区域交通规划都体现出以区域经济发展引领交通运输走向，以交通运输发展促进区域开发的核心理念。因此，在制定区域交通运输发展规划时，一是要注重区域内各城市之间交通发展规划的统一协调，珠三角都市圈交通一体化虽然已经起步，但是其内部城市间各自为政的交通发展规划，以及相互之间交通基础设施建设的重复竞争，已经对其交通一体化发展形成了制约。二是强调区域内各种交通运输方式的结构协调。无论是铁路交通系统、海空港交通系统，还是公路交通系统，应统一规划布局，相互之间应协调发展，形成联运链条。

3. 必须大力发展城际间快速轨道交通

区域经济一体化区域内部城市与城市之间、城乡之间以及区域内外之间的经济和社会深度融合，这种深度融合的直接体现就是相互之间的人流与物流的空间大范围、高密度位移。因此紧紧依靠现有的铁路系统满足不了这种大范围、高密度的位移，高速公路网络又不能实现与城市内部公共交通系统直接衔接，只有大力发展城际间快速轨道交通，才能满足一体化的需求。日本的新干线以及伦敦

的一体化交通发展模式都体现了高速铁路的优势，他们都依靠良好的城际交通基础设施一体化建设，推动了城市群的发展。①

4. 实行大交通管理体制，采用带有一体化性质和职能的管理机制和机构来保证整个系统运行的顺畅和高效

美国是大交通运输管理的代表。1966 年美国就将原来分散在商务部、财政部等八个部、委，三个局、处的交通管理职能和相关事务集中，实现了对全国交通运输事务的综合管理。纽约都市圈的联合交通运输局就明显带有运输一体化管理的性质和特点。都市圈交通一体化对综合交通运输管理的要求更高，要从体制机制上努力构建大交通管理模式，构筑与综合交通运输体系建设相适应的体制框架，从根本上解决制约社会经济和运输生产力发展的体制性障碍和区域中心城市交通管理主体众多、部门分割、职能交叉等问题。②

（二）加强规划引领，完善成德交通一体化发展规划

制定出统领全域交通一体化发展的中长期发展规划，保证交通一体化的发展速度、质量、结构化及交通设施空间布局与经济区的经济发展速度、结构、城市空间布局和经济圈层发展保持高度一致，才能在整个经济区的发展过程中，充分发挥交通一体化对经济发展的推动与支撑作用，才能促进整个经济区的协调统一发展。因此，应由成都、德阳市政府牵头，会同两市交通、规划部门，不断完善规划体系，引领交通运输行业发展，指导重大建设项目研究、城市公共交通规划专项等专项规划研究，积极关注交通热点问题，推进重大项目实施。

① 崔功豪. 都市区规划—地域空间规划的新趋势［J］. 国外城市规划，2001(5).
② 许庆明. 我国东部沿海地区城市化进程中的问题和对策［J］. 经济地理，2001(5).

1. 总体规划

在“成德同城化”与“全域城镇化”两化背景下，努力实现“三个统筹”，即统筹成德同城发展、统筹区域一体发展、统筹交通与城市协调发展，全面推进“五环多轴”（见图4-1）“成德一体”“综合全域快速”交通体系建设，构建“成德无缝对接、市域一体、全域覆盖、快速通达的高标准、多通道、多方式、多层次”的全域综合路网体系，以助推“一核两中心”的总体格局与全域城镇形成。

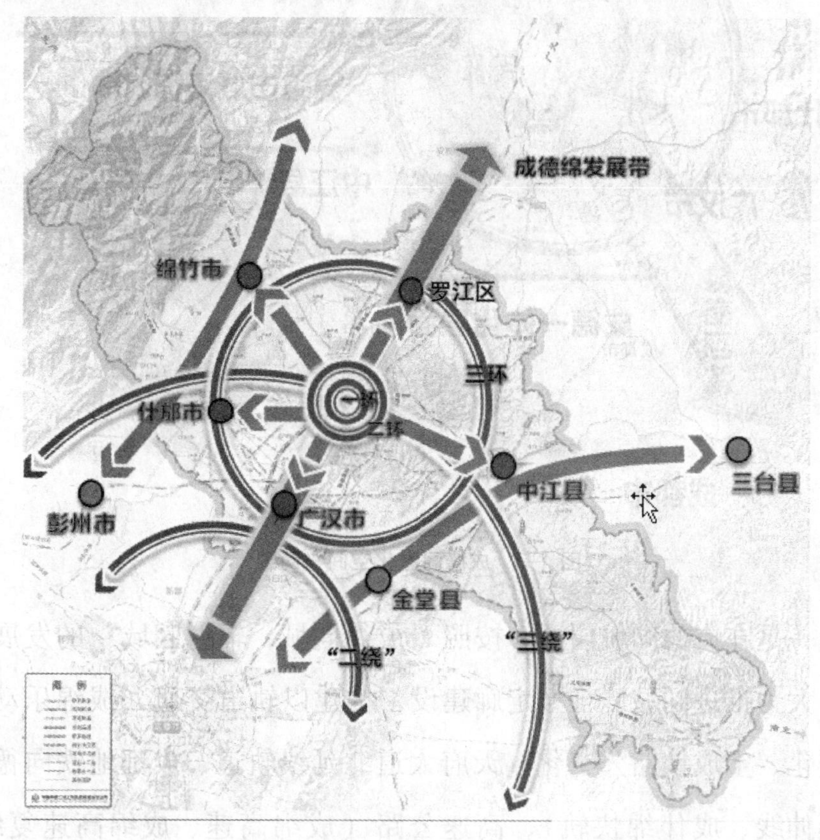

图4-1　“五环多轴”综合交通体系图

2. 具体规划

从成德同城、德阳市域以及中心城区三个层面，以公路路网规划为基础，结合未来轨道交通发展趋势，构建综合交通体系和成德间、市域范围内半小时交通服务圈（见图 4-2）。德阳到成都半小时内到达；德阳市区到县（市、区）半小时内到达；全市 80%以上乡镇到县（市、区）半小时内到达。

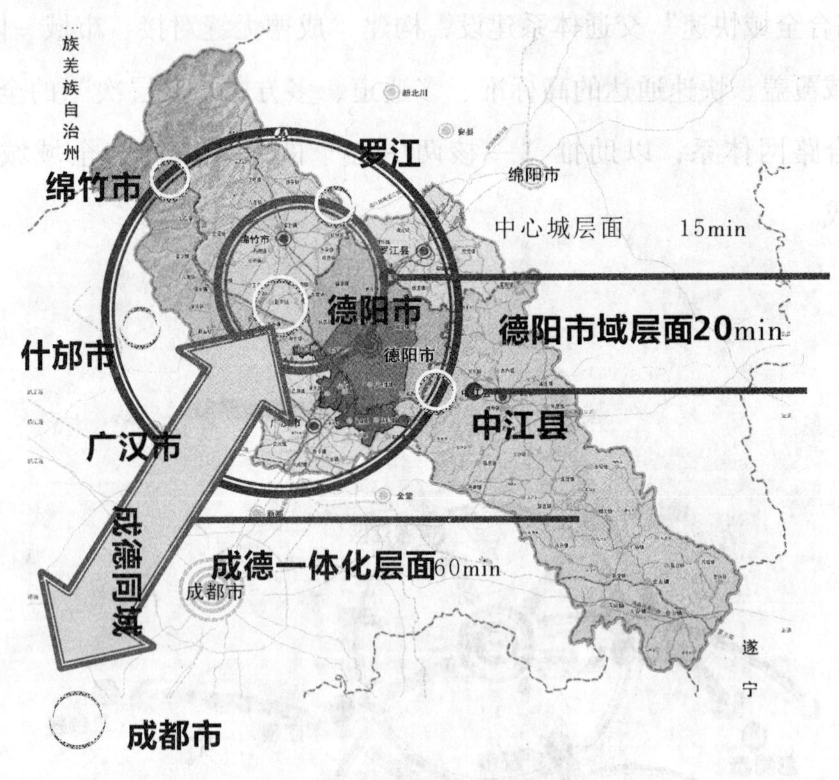

图 4-2 成德同城化空间布局图

一是在成德同城层面，按照“成德同城，辐射区域”的发展战略，大力推进同城复合型走廊建设，构建以轨道交通（成绵乐动车公交化、宝成铁路公交化、天府大道北延线轨道、成都地铁向德阳的延伸线、成什绵快轨）、高速公路（成绵高速、成绵高速复线、成都“二绕”城高速、成都经济区环线高速、成德绵高速扩容）、城市快速路（天府大道北延线、成德大道、旌江干线、国道 108、德阳至成都天府国际机场道路）等为骨架的“五轨五高五快”网络系统，以促进成德一体化。规划和建设“三条高速、三条快通”：德茂高速、德遂高速、绵中高速及德茂快速通道、罗绵快速通道和中金快速通道的对外综合交通体系。

二是在德阳市域层面，按照“统筹协调，全域一体”的发展目标，强化市域发展走廊，总体形成“五环”（对外的成都“二绕”与“三绕”，对内的一环、二环和三环快速路）、“多轴”（德广、德什、德绵、德罗、德中至少 2 条以上快速通道发展轴）综合交通路网格局，实现德阳四级城镇体系路网全域覆盖，助推全域城镇化发展。规划和形成每个县（市、区）至少有 2 条高速公路、市到县（市、区）至少有 2 条快速干道和 1 条轨道交通的综合交通体系。同时，对接成都轨道交通远景规划，制定市域轨道交通规划，以实现轨道引领城市发展。

三是在中心城区层面，按照“低碳集约，轨道引领”的发展思路，优先发展绿色环保交通，构建以城市轨道交通、公共交通、慢行系统等为主体，多种交通方式协调发展的城市交通体系。

四是具体实施层面，2017—2019 年，德阳市计划分续建、新开工、前期工作三个批次，三年陆续启动超过 1 200 亿元（每年 400 亿左右）的交通重点项目建设。2017 年确保完成交通建设投资 140 亿元，为德阳市经济发展和稳增长做出积极贡献。至 2020 年，高速公路总里程突破 450 千米，普通国省道二级以上里程提升至 1 000 千米。

（三）建立和完善交通决策协调机制

区域内交通部门建立各市交通局长定期联席会议制度，共同协商行业发展重大事宜，形成会议纪要；要建立相关业务部门沟通机制，畅通沟通渠道，加强各层面的信息交流，并联合成立交通一体化推进专门协调机构，协调、落实局长联席会议确定的各项工作任务，以确保交通一体化工作的有效推进。

通过建立成德一体化交通决策和协调机制，加强交通运输建设与管理的跨区域、跨行业的统筹、协调能力。统筹规划和建设跨区域的重大基础设施，协调跨区域运输管理服务；协调交通发展与城市建设和产业发展的关系，统筹交通运输各方式的建设，推动市域交通运输的综合化、一体化发展。实现区域一体化交通运输体系六个一体化，即规划一体化、建设一体化、政策一体化、市场一体化、管理一体化、信息一体化的平台。从根本上解除行政区划、行业界限以及运输方式对交通运输一体化发展的束缚，弥补各自为政、条块分割、缺乏综合统一与有效协调的缺陷。

（四）加快交通运输系统智能化建设，建立综合交通信息管理和服务平台

20世纪90年代开始，智能交通系统已经在西方发达国家得到了广泛的应用。目前，我国北京、上海、深圳已经稳步开展智能交通系统的构建工作，相比之下，成德一体化的相关建设尚处于起步阶段。成德交通运输体系的智能化建设应从以下几点着力：第一，明确智能一体化交通运输的发展目标，加强发展规划和制度建设。第二，更多运用先进的工具、科学的技术和现代化的管理手段，提高交通基础设施建设的智能化水平。第三，打造成德共享综合交通信息服务平台，构建综合运输智能交通的基本框架，适应大数据时代要求，建立云数据处理中心。融合区域内交通直管部门的业务系统，推进交通软硬件的集约化管理，实现业务协同、数据共享，降低运营维护成本，提高运行效率。第四，建立成德一体化交通综合物流平台，实现货运仓储与配送的数字化操控。整合各种交通运输

方式的客货流通信息，建设大数据交通运输信息中心，将智慧交通运输平台与客运站、货运站、机场、港口、物流园区进行有效对接，降低区域内外的运输成本，提高运输效益。

（五）建立协调、绿色的交通运输体系，促进区域经济可持续发展

党的十五大以后，可持续发展被确定为现代化建设的一项核心战略。经济建设的可持续发展需要交通建设的可持续发展作为前提，建立起符合经济社会可持续发展总体要求的协调、绿色的交通运输体系。

（1）可持续的交通运输体系要突出协调发展。一是交通运输与区域经济发展的协调性。交通运输一体化的发展要与区域经济的整体规划、增长速度、产业结构、城乡结构相协调，既满足当前需要，又要考虑适度超前。二是交通运输体系内部结构的协调性。区域交通运输体系在建设过程中应当本着“综合效益最大、综合成本最小、资源利用最优”的原则，统筹优化交通运输资源，充分发挥各自优势，加强相互间的衔接和配合，建立互联高效、优势互补、协调发展、系统优化的一体化交通运输体系。三是发展速度和发展质量的协调性。要由单纯追求数量扩张的粗放型发展向注重社会效益、资源节约、环境保护的集约型发展转变。因此，交通运输业成为实施节能减排战略的重点领域之一。

（2）可持续的交通运输体系要实现绿色低碳发展。为此，需着重做好以下几方面内容：一是在交通建设方面，要大力提高土地等自然资源的利用效率，减少对资源的浪费和环境的污染。二是在交通管理方面，要充分落实公交优先发展战略，加快城际轨道和城市轨道建设，要在机动车生产与使用中更多地应用新能源和清洁能

源，尽快淘汰那些污染严重、能源消耗量大的交通设施。三是在运营管理方面，加快城市机动车的油改气工作进程，制定出防治机动车污染的低碳交通法律法规和政策制度，完善交通运营过程中的绿色低碳监测考核与监督管理，加快发展绿色货运和现代物流，提升运营管理的专业化和标准化。

第二节　推进现代通信设施建设

21世纪，世界进入了互联网时代。随着新一代信息技术的发展，特别是物联网技术趋于成熟，人类社会开始步入以网络为支撑、以人类智慧驱动发展的智慧时代。通信信息网络基础设施已成为重要的公共基础设施，正在发展成为继水、电、气、交通之后的第五大城市公共基础设施。加强和完善通信网络基础设施建设，是实现信息化社会的关键。

成德统筹规划两市现代通信基础设施，协同推进通信信息网络基础设施建设，意义重大：有利于推动两地产业结构调整和工业转型升级，促进工业化和信息化深度融合；有利于推进两地的城乡一体化建设，实现基本公共信息服务均等化；有利于带动新一代信息技术推广应用，培育两地的战略性新兴产业；有利于发挥信息通信业在经济社会发展中的基础性、先导性和战略性作用，加快成都德阳两地经济发展，提升成德区域经济的竞争力，为成德同城化建设提供重要保障。

一、成德现代通信基础设施建设现状分析

（一）成都市信息基础设施建设现状

成都市作为中国西部国际化大都市，是中国西南地区的经济、科技、商贸、金融中心和交通枢纽。近年来，成都市坚持“四化同步”“两化融合”的发展战略，信息基础设施承载能力显著提升，信息化应用逐步深入，信息产业加快发展，发展环境不断完善，全市经济和社会信息化发展水平在西部地区领先地位进一步得到巩固。成都西部通信枢纽能力迈上新台阶，获批国家三网融合试点城市、“宽带中国”示范城市、下一代互联网示范城市，建成国家级互联网骨干直联点，通信能力全面提升。全面推进无线网络基础工程建设，通过无线基站、Wi-Fi 热点等建设，实现城市公共场所无线宽带网络的全覆盖，网络规模位居中西部第一、全国副省级城市第二。电子政务基础支撑体系不断完善，形成了由电子政务外网、政府集中机房、政务云计算中心、政务数据存储与灾备中心、CA 认证中心等共同构成的较为完善的电子政务基础支撑体系，市级部门及区（市）县 100%接入电子政务外网，信息基础设施的集约效应已初步显现。

（1）开通国际直达专用数据链路，建成国家级互联网骨干直联点，城域网服务能力不断提升，向省外辐射的光缆通达方向达到 8 个，拥有干线出省光缆 30 条，直联点网间带宽已达 270Gbps（吉比特/秒），城域网出口总带宽超过 3 600Gbps，通信能力得到全面提升。

（2）行政村光纤到户覆盖率已达 99.1%，家庭宽带普及率超过 85%，家庭住宅光纤到户覆盖率超过 97%，家庭宽带用户超过 480

万户，光网用户平均接入速率超过30M（兆），光纤网络用户覆盖率、光纤宽带用户数、平均用户接入带宽均排名全国副省级城市第一。

（3）无线城市建设快速加快发展。目前建成的4G基站超过3万个，4G网络基本实现城乡全覆盖，4G用户总数达660万户，网络规模中西部第一，在国内领先。

（4）三网融合深入推进。信息消费业务进一步丰富，全市家庭融合业务用户近300万户，四川电信率先开通IPTV 4K超高清直播商用，成为全球首家实现4K超高清直播商用的运营商。

（5）电子政务基础支撑体系不断完善。启动实施核心主干设备、电子政务外网、政务网站IPv6改造，局部形成支撑下一代互联网的网络环境。政务云平台持续升级扩容、优化完善，在用CPU核5 800个、内存17TB、存储420TB，已有市级部门150多个应用系统在线运行。数据存储与灾备系统形成了本地生产中心、本地备份中心、异地备份中心等两地三中心体系，已为全市19个部门，65个重要信息系统提供700TB集中存储和系统灾备空间。视频云平台接入全市所有市级部门、工业集中区以及城管、防汛、气象等专业部门，全市统一的视频会议系统终端达到150套，提高了协同办公效率。完成800M（兆）数字集群应急通信系统三期工程建设，实现应急通信网全面覆盖主城区、各区县、主要景区等，应急通信保障能力增强。

（二）德阳市信息基础设施建设现状

近年来，德阳市通信业紧紧抓住西部大开发和四川省建设西部经济发展高地的重大战略机遇，夯实基础，迸发信息化发展新动力，贯穿创新发展、协调发展、绿色发展、开放发展、共享发展“五大发展理念”，争当四川省通信业发展排头兵。经过多年的努力，不断夯实无线宽带网络基础设施，逐步实现了无线宽带网络服务全市覆盖，建成了无缝衔接的无线城市；落实推进“宽带中国”战略，加快实施“光进铜退”，打造了高速泛在的光网城市；新兴技术初具规模、互联网与产业融合加速，夯实基础，顶层设计，搭建了高效运转的智慧城市。伴随着德阳市经济发展转型升级，通信业正从支撑经济发展向引领经济发展转变，提升经济可持续发展动力，为实现次级突破、建设区域中心大城市、打造成德同城化的战略目标贡献了突出力量。

在2016中国“互联网+”峰会上，《中国“互联网+”指数（2016）》报告出炉，德阳跻身2016中国“互联网+”总指数城市百强榜单，排名第六十位，在省内城市排名中仅次于成都。与此同时，在会上公布的“互联网+智慧城市”全国城市排名中，德阳更是冲到第十三位。

1. 通信业规模不断扩大，转型升级效果明显

“十二五”期间，德阳市通信业发展规模不断扩大，2015年，电信业务总量达到46.98亿元，完成固定资产投资9.8亿元，完成电信业务收入20.96亿元，移动业务收入16.42亿元，与人口接近的资阳、巴中、遂宁等相比，处于明显的优势地位（见图4-3）。

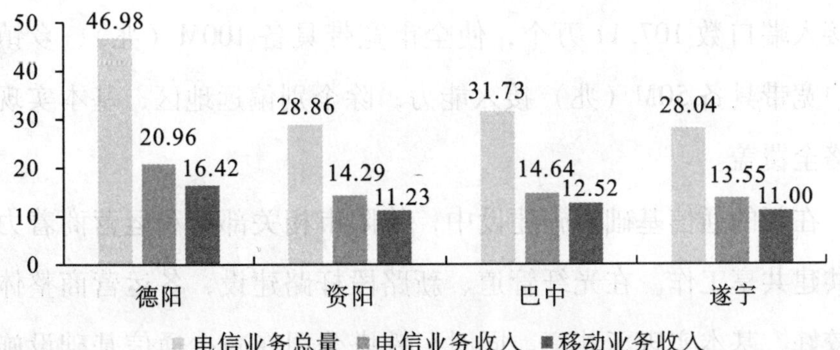

图4-3　2015年年底德阳市电信业务发展对标分析图

德阳市电话用户数量持续增长，电话用户数达到 359 万户，其中，移动电话用户数达到 305. 03 万户，全省排名第七，物联网用户数 13. 55 万户；家庭宽带接入用户数 58. 84 万户，全省排名第四，移动互联网用户数 237. 44 万户，全省排名第七。

2015 年 1~12 月，非话语收入完成 15. 03 亿元，占电信业务总收入的比重由 2014 年同期的 53%提高到 71. 71%，全省排名第四，移动互联网用户数由 2014 年年底的 218. 45 万户增长至 237. 44 万户，增长接近 9 个百分点，转型升级效果突出。

2. 加强通信基础设施建设，基础通信能力显著增强

围绕无线城市建设，德阳市信息化基础设施建设和服务能力得到大幅度提升，截至 2015 年年底，移动电话普及率达到 86. 88%，高于全省平均水平，移动宽带用户普及率 50. 43%，实现 3G 网络城区和干线覆盖率 100%，城区和学校 WIFI 全覆盖。

“十二五”期间，德阳市积极响应中央政府“宽带中国”战略，进行了全面的宽带推进和光纤改造工作，对原有的传统 LAN 网络进行 FTTH 升级，采用目前最先进的 GPON 网络标准，紧追扶贫攻坚，填补整个宽带建设没有覆盖和缺少信息化支撑的区域，投入大量资源。经过几年的努力，家庭宽带接入用户普及率达到 41. 58%，宽带接入端口数 107. 11 万个，使全市宽带具备 100M（兆）、乡镇单用户宽带具备 50M（兆）接入能力，除个别偏远地区，基本实现了网络全覆盖。

在新的通信基础设施建设中，德阳市相关部门和运营商着力推进共建共享工作。在光纤管道、新路段杆路建设，各运营商整体配合较好，基本实现了共享。同时，铁塔公司在减少通信基础设施重复建设、提高通信基础设施利用率、加强公用移动通信铁塔站址设

置管理、维护移动通信用户和移动通信运营商等发面也发挥了重要作用。

3. 全面推进智慧城市建设，拓展通信服务能力

德阳市在智慧城市、新技术发展应用方面也一直走在全省前列。近些年，德阳市转变通信业发展战略，将信息化规划改为智慧城市规划，信息化发展实现突破、升级，在推动实施“互联网+”、智慧城市、物联网、云计算、大数据等领域的发展进程中为通信行业带来了广阔的潜在市场。

加强互联网产业与传统行业的升级融合，全市在“互联网+”制造、农业、能源、金融、民生服务、电子商务、物流、交通、文化、旅游、创新创业、政务、夯实发展基础 13 个方面已实现重要突破。

研究云计算中心在德阳市智慧城市建设工作中的地位和作用，编制云计算中心项目规划，拟定技术方案、资金筹措方案和实施方案，推动德阳云计算中心建设。德阳市政府已与山东浪潮、腾讯、京东等签订战略合作协议。目前，交换平台和系统逐步迁移和上线，整个云计算平台分为两大方向，第一块对社会服务，通过网站、平台开放给公众，第二块属于电子政务内部系统，不公开对外，需要较高的信息安全保护要求。

积极推动大数据技术应用，德阳移动率先将大数据技术应用于人流管控、旅游开发和招商引资等方面，为市委、市政府掌握地市经济发展情况，在公共管理方面的决策制定等方面提供新参考、新依据、新视角。

4. 强化网络信息安全，不断增强安全保障能力

加强卫星通信系统建设，提升应急通信能力，提供移动办公、

移动执法、视频监控、公共服务等业务的移动通信网络的接入服务，集成包括3G移动宽带、短信、微信、位置服务等移动通信资源，对各种接入进行统一管理，明确移动智能政务的网络安全、身份认证、运行监管责任，推动信息化平台建设和新技术、新产品的应用，推动整个领域做好整个信息技术防范系统。基础运营商配备发电机、抢险保障车辆、应急通信车、卫星电话等应急通信设备，大力铺设传输网络，实现德阳市各城区、乡镇、主要行政村、人口集聚点、干道及高速公路达到全网覆盖，全面提升网络保障能力。推进实名登记工作，不断强化问责机制，将实名登记工作落实情况与各层级责任人工作挂钩，建立以经济处罚为主、行政问责结合的处罚机制，从市、县、网格三个层面采用自查、暗访、不定时抽查等多种方式持续监控实名制落实强化，为垃圾短信治理、电信诈骗防范、避免被不法分子利用等工作奠定了良好的基础。

二、成德同城在通信融合方面需解决的问题

为进一步深化成德通信一体化，推动成德“通信设施”协同，着力加快成都市建设国家中心城市、德阳市建设成都国家中心城市北部新城步伐，助推成都平原经济区加快发展成为中西部最具发展活力的区域，成都德阳两市在未来的规划建设中，应进一步紧密合作，统筹规划，着力解决好以下几个方面的问题：

（1）固定电话并网升级，共享028区号，实现区号同城、资费同城。

（2）移动电话实现资费同城化。

（3）统筹“宽带中国”战略在成都、德阳两市的建设规划，协

同推进相关项目的落地实施。

（4）协同推进智慧城市和电子政务建设，统一标准，实现两市数字融合共享。

三、解决问题的方法和途径

（一）成德两市共同努力，并会同电信运营商一道，争取实现成德通信一体化

由于历史原因，在上一轮成都市固网升级扩容时，德阳市没有并入成都固话网统一使用028区号，而是继续独立使用0838区号。成都德阳两地使用固话通信要加拨长途区号，并收取长途电话费；移动电话通信也会产生长途电话费和漫游费用，给两市群众之间通信带来诸多不变。

早在2013年8月，成德两地签署的《成都德阳同城化发展框架协议》，明确两地将从产业协作联动、市场融合一体、公共服务互享等方面入手，加快一体化建设。2017年5月，成德两地共同签署了《成德通信一体化工作备忘录》《成德通信资费一体化合作备忘录》，将通信一体化提上日程。备忘录提出，在目前还没改变固定电话长途区号及现有网络结构和拨号方式的情况下，实现成德资费一体化，即取消成德两市间移动电话通话漫游费和长途通话费、区间费，以及固定电话长途通话费、区间费，执行本地网资费标准计费。该项工作已于2017年5月启动，并在2017年7月1日正式执行。

通信资费一体化，是实现成德通信并网、“028”区号共用的基础。目前，德阳市经信委等部门正积极与省通信管理局、成都市经

信委对接，推进“028”区号共用工作。三大运营商也正紧锣密鼓地进行最后阶段的系统升级改造。“0838”变身“028”，不仅仅是数字的改变。根据成德双方签订的《推动一体化合作发展备忘录》协议，成德将以推动发展规划、交通建设、通信设施、城市品质、产业布局和政策联动“六个协同”为重点，着力加快建设成都市建设全面创新发展理念的国家中心城市、德阳市建设成都国家中心城市北部新城。在此背景下，区号共用标志着成德两市结合将更为紧密，将进一步促进成德两市的工业化与信息化融合，使双方经济、信息交流更加畅通、便捷，促进信息、资金、人力等要素资源集聚，为“六个协同”助力。从2017年7月1日起，市民们已经享受到成德两地通信资费一体化带来的实惠，手机和固话都将执行本地网资费标准计费，取消漫游费与长途电话费、区间费。

（二）统筹规划成都、德阳两市的“宽带网络”建设，积极推进相关项目落地实施，实现网络基础设施协同发展

按照两市签署的《成德通信一体化工作备忘录》要求，两市政府及相关部门，要保障“宽带中国”战略在成都、德阳两市落地实施，对通信基础设施建设、宽带和4G发展在用地、选址、用电、环评、赔补方面依法依规给予政策上的支持和协调。推进当地通信基础设施建设专项规划编制工作，并将通信规划相关内容纳入城乡建设发展规划。按照《四川省推进宽带基础设施建设重点工作方案(2016—2017年)》的相关要求，组织推进在宽带基础设施建设当地的实施，建立市级督察协调机制，加强督促指导。支持国家和省光纤到户建设标准的落地实施；加快既有住宅建筑光纤到户改造，为光纤到户改造工程提供政策支持，解决“入场难”的问题。实现城乡光网和4G全覆盖，支撑“互联网+”、两化融合等信息化建设。

（三）协同推进智慧城市和电子政务建设，统一标准，实现两市数字融合

（1）统筹规划两市信息基础设施，推进基础通信网、无线宽带网、应急指挥通信网、数字电视网等基础设施的融合。

（2）深化两市电子政务应用与信息资源整合，积极建设同城化信息交换与共享平台，强化统一的电子政务、电子网络、电子社区信息标准和规范建设，加强国家数字家庭和数字电视应用示范。

（3）加强信息安全保障体系和网络信任体系的建设与管理，建立统一的数字证书认证体系。

（4）统筹推动物联网、云计算、大数据等新一代信息技术创新应用，推进城市管理智能化、精细化、人性化“三化”建设，共建成德智慧城市。大力推进信息资源跨区域共建共享，搭建覆盖范围全面、互通互联的感知网络，优先建好面向市民的教育、文化、交通、旅游、社会保障、生活服务等民生服务智能应用系统，提升城市公共服务能力。

第五章 以产业协同为核心，深化成德经济融合发展

成德同城化的根基在于实现两地的经济协同发展，而区域的经济协同发展，是建立在区域产业之间协同发展的基础之上的。因此，大力推进成德两地之间的产业协同，是深化成德经济融合发展、推进成德同城化的必然要求。

第一节 成都与德阳的发展现状分析

一、成德两市经济发展现状

（一）主要经济指标方面

2016 年成都市全市实现地区生产总值 12 170.2 亿元，按常住人口计算，人均地区生产总值 76 960 元。一般公共预算收入 1 175.4 亿元，社会消费品零售总额 5 647.4 亿元，全年固定资产投资完成 8 370.5 亿元，城镇居民人均可支配收入 35 902 元，农村居民人均

可支配收入 18 605 元，增长 9. 4%。

2016 年德阳市全年实现地区生产总值 1 752. 5 亿元，约为成都市的 14. 4%；人均地区生产总值 49 835 元，约为成都的 64. 75%；一般公共预算收入 100. 1 亿元，仅相当于成都市的 8. 5%左右；社会消费品零售总额 698. 8 亿元，约为成都的 12. 37%；全年完成全社会固定资产投资 1 125. 1 亿元，不足成都的 15%；城镇居民人均可支配收入 29 159 元，农村居民人均可支配收入 13 951 元。

（二）城市竞争力方面

2017 年 6 月，中国社会科学院财经战略研究院与经济日报共同发布《中国城市竞争力报告 No. 15》，报告包含了城市综合经济竞争力指数、宜居竞争力指数、可持续竞争力指数三方面的数据，对 2016 年中国 294 个城市的综合经济竞争力和 289 个城市的宜居竞争力、可持续竞争力进行了实证研究。

根据该报告发布的数据，成都市综合经济竞争力在西南地区具有明显优势。2016 年成都市综合经济竞争力在全国排名第 15 位，其中一个分项指标即全球联系的排名成功跻身前十，为第 7 位。除省会成都之外，四川其他城市的综合经济竞争力排名都在 100 名之外。其中，德阳市是四川省综合经济竞争力排名第二的城市，2016 年其综合经济竞争力排名为 114 名，与成都市第 15 位的排名相比，落后 99 名。综合经济竞争力分项指标排名情况如表 5-1 所示，成德两市除综合效率竞争力及硬件环境两项指标差距较小之外，在综合增量竞争力、企业本体、当地要素、当地需求、软件环境和全球联系等指标的排名差距都较大。

表 5-1　　2016 年成德两市综合经济竞争力及分项排名

综合经济竞争力			综合增量竞争力	综合效率竞争力	企业本体	当地要素	当地需求	软件环境	硬件环境	全球联系
城市	全国排名	全省排名	全国排名	全国排名	全国排名	全国排名	全国排名	全国排名	全国排名	全国排名
成都	15	1	8	27	60	7	9	30	175	7
德阳	114	2	135	92	135	103	103	118	227	109

可持续竞争力指标方面，成都市综合可持续竞争力在近三年稳步提升，2016 年全国排名第 13 位，比 2014 年上升 5 位，尤其知识城市竞争力和信息城市竞争力具有明显优势，全国排名分别为第 11 位和第 8 位。德阳市的综合经济竞争力和可持续竞争力持平，均为第 114 位，在全省排名第三，仅次于成都和绵阳。分项指标方面，德阳市的和谐城市竞争力较强，在全国排名第 26 位，比成都市的该项排名靠前 150 多名。成德两市的可持续竞争力其余分项指标排名情况见表 5-2。

表 5-2　　2016 年成德两市可持续竞争力及其分项排名

可持续竞争力			知识城市竞争力	和谐城市竞争力	生态城市竞争力	文化城市竞争力	全域城市竞争力	信息城市竞争力
城市	全国排名	全省排名	全国排名	全国排名	全国排名	全国排名	全国排名	全国排名
成都	13	1	11	180	26	21	34	8
德阳	114	3	107	26	111	239	126	81

从宜居竞争力指标来看，成都市的宜居竞争力全国排名第 23 位，全省排名第 1，德阳市全国排名第 147 位，全省排名第 7 位。分项指标方面，《中国城市竞争力报告 No. 15》数据显示，四川省整体教育环境落后于全国水平，只有成都、绵阳、雅安、南充、攀

枝花、泸州、德阳 7 个城市的优质教育环境竞争力列入前 200 名以内；成德两市的绿色生态环境、便捷基础设施排名相当；德阳市在安全社会环境和舒适居住环境两项指标方面优于成都市；其余指标排名成都市则具有明显优势，尤其是优质教育环境指标和健康医疗环境两项指标，见表 5-3。

表 5-3 2016 年成德两市宜居竞争力及其分项排名

宜居竞争力			优质教育环境	健康医疗环境	安全社会环境	绿色生态环境	舒适居住环境	便捷基础设施	活跃经济环境
城市	全国排名	全省排名	全国排名	全国排名	全国排名	全国排名	全国排名	全国排名	全国排名
成都	23	1	13	5	209	118	257	259	34
德阳	147	7	163	153	69	108	110	255	97

综合以上分析，成都市在城市综合经济竞争力、宜居竞争力和可持续竞争力三方面总体优于德阳市。其中，全球联系、知识城市竞争力、信息城市竞争力、优质教育环境、健康医疗环境 5 个分项指标在全国排名前 20。德阳市的综合经济竞争力和可持续竞争力持平，全国排名均为第 114 位，宜居竞争力排名与前两项相比相对靠后，在全国排名 147 位。虽然德阳市在城市综合经济竞争力、宜居竞争力、可持续竞争力三项的总指标排名落后于成都，但在和谐城市竞争力、安全社会环境、舒适居住环境三个分项指标的竞争力则优于成都市，具有比较优势。

二、成德产业发展现状

近年来，面对复杂严峻的宏观经济形势，成德两市认真贯彻落实中央和省委决策部署，积极推进各项改革，加快结构调整，产业结构取得了明显的改善。2012—2016 年，成德两市的产业结构呈现出相同的变化趋势，即第一、第二产业在地区生产总值中所占比重逐渐降低，第三产业比重不断上升。其中，成都市第一产业在地区生产总值中所占比重从 4.3%降低到 3.9%，德阳市的该值则从 14.6%降低为 12.5%；成都市第二产业在地区生产总值中所占比重从 46.6%降低到 43%，德阳市的该值从 60.2%降低到 55.7%；成都市第三产业在地区生产总值中比值从 49.7%提高到 53.1%，德阳市的该值从 25.2%提高到 31.8%。

虽然成德两市产业结构呈现出相同的变化趋势，但深入分析，两地的产业发展还存在较大的差异。

差异主要存在于两方面：一是与全省、全国产业结构平均水平相比，成德两市的相对差距不同。2016 年，全国三大产业的产业结构平均水平为 8.6∶39.8∶51.6，四川省产业结构平均水平为 12∶42.6∶45.4，成都市的产业结构为 3.9∶43∶53.1。对比可以发现，成都市第三产业在地区生产总值中的比重超过了第二产业，且高于全省、全国水平。而对比德阳市与四川省、全国的产业结构，可以看出，德阳市第三产业在地区生产总值中的占比既低于全省平均水平也大大低于全国平均水平，且第三产业占比还未超过第二产业。因此，从产业结构的角度来讲，成都市的产业结构是优于全国和全省平均水平的，而德阳市的产业结构则明显低于全国、全省平均水平和成都市产业发展水平的。二是两市主导产业不同。成都自古便是中国西南地区的金融和商贸重镇，第三产业起步早，发展快。随着西部大开发、“一带一路”、长江经济带、四川多点多级支撑发展战略的深入实施以及工业化、城镇化、信息化的深入发展，成都作为中心城市的首位度不断提高，辐射范围逐渐扩大，服务对象和服务水平日益国际化，城市服务功能获得了很大发展，逐步从面向区域的服务中心向面向全国、全球的服务枢纽转变，第三产业发展呈现出“服务主导、科技主导”的高端化趋势的特征。2016 年，第三产业对经济的贡献率最大，达到了 53.1%。事实上，成都市第三产业在地区生产总值中的占比从 2013 年起就超过 50%，且增长势头良好，2016 年第三产业的增速高达 9%。因此，第三产业已成为成都市当之无愧的主导产业。《成都市服务业发展 2025 规划》提出了到 2025 年把成都建成高端服务功能集聚、辐射带动作用明显的全国服务业核心城市以及全市服务业实现增加值 1.7 万亿元左右的目标。届时，成都市第三产业对经济增长和就业的带动效应将更加突出，主导产业的地位将更加不可替代。而德阳从建市之初的定位就是工业城市，虽然近年来工业在地区生产总值中占比有所下降，但 2016 年德阳市第二产业在地区生产总值中所占比重仍高出第三产业 23.9 个百分点之多，主导产业的地位非常稳固。

第二节　成德产业协同发展的条件

自成德同城化实施以来，成都、德阳两地都把此项工作纳入各自重要工作日程，共同谋划、共同研究、共同推进。对于成德产业协同而言，需要把握和利用好协同发展的有利条件，妥善应对和化解不利条件，从而推动成德产业快速发展、高效发展、转型发展。

一、成德产业协同发展的有利条件

成德同城化实施以来，产业协同已取得了一些初步的成果，为后续发展奠定了坚实基础。

一是成德工业园建设取得明显成效，建成面积 7 平方千米，聚集规模以上工业企业 60 多家，2016 年，实现工业总产值 34 亿元，成为推动成德同城化的重要引擎。

二是 2016 年 12 月，成都与德阳签署合作共建农村产权交易市场战略合作协议，标志着成都、德阳在加快成德同城化进程中迈出了重要一步。目前，成都农交所德阳分所注册资金、办公场地、主要管理人员等均已落实到位，工商登记、场地装修、人员招聘等各项筹建工作正在有序开展，争取尽快挂牌运营。成都农交所德阳分所罗江工作站已于 2017 年 7 月 31 日正式启动，标志着德阳市农村产权规范流转工作正式向县乡一级延伸拓展，有利于农村产权流转的进一步活化，为下一步罗江区支农扶农惠农工作的全面开展奠定了基础。

三是 2017 年 5 月德阳经开区和成都经开区签署了《中国大车都成德配套产业园合作协议》。该协议的签订，将进一步深化成德产业合作，有助于双方本着互帮互助、合作共建、互融互补、合作共赢的原则，共同打造中国西部重要汽车零部件产业集群。

四是成都高新区和德阳高新区成功签署合作框架协议。协议的主要内容包括加强园区职能部门的互动交流、加强两地综保区协作发展、加强产业互补合作、联合推进项目协作、开展科技创新合作、共创良好发展环境等七方面的内容。协议的签订对两大园区之间实现管理互动、产业互补、项目协作、协同创新、企业互助将起到良好的推动作用。

五是成德共建——中欧班列德阳现代物流港已顺利开通启运。2017 年 6 月 30 日，中欧班列德阳现代物流港开通，同时签订了《关于共建中欧班列德阳现代物流港的合作意向协议》和《关于共建成都国际铁路港口岸产业合作区的合作意向协议》。中欧班列德阳现代物流港作为德阳打造的“十三五”物流重点项目，以铁路港为依托，以公铁联运为基础，建成后将成为成铁局管区第三大货运港口。该铁路港的开通，不仅改变了德阳现代物流格局，也缩短了德阳与世界的距离，为德阳全方位融入“一带一路”倡议创造了有利条件，从而让更多的“德阳造”“四川造”走向世界。

二、成德产业协同发展的不利因素

成德产业协同发展的不利因素主要体现在成德两市经济实力的巨大差距。2016 年，成都市第三产业增加值和一般预算公共收入两项指标都高达德阳的 11 倍之多，地区生产总值是德阳的 6.94 倍，经济整体实力远超德阳，人均地区生产总值是德阳的 1.54 倍；城镇居民人均可支配收入、农村居民人均可支配收入及人均固定资产投资三项指标，成都市的水平都是德阳的 1 倍多（见表 5-4）。可见，成都作为四川省的首位城市，经济优势非常显著。这些明显的差距，将极大影响成德两地财政政策、收入分配政策、产业发展政策等经济社会政策的统一实施，特别是对依赖公共财政的基本公共服务的跨市提供、同质共享形成极大制约，也极大地影响到两地一些需要较大资金投入的共建项目的推进。

表 5-4　　2016 年成德两市主要经济指标

经济指标	成都	德阳	成都是德阳的倍数
地区生产总值	12 170.2 亿元	1 752.5 亿元	6.94
人均地区生产总值	76 960 元	49 835 元	1.54
第一产业增加值	474.9 亿元	219.5 亿元	2.16
第二产业增加值	5 232.0 亿元	976.4 亿元	5.36
第三产业增加值	6 463.3 亿元	556.5 亿元	11.61
一般公共预算收入	1 175.4 亿元	100.1 亿元	11.74
城镇居民人均可支配收入	35 902 元	29 159 元	1.23
农村居民人均可支配收入	18 605 元	13 951 元	1.33
人均固定资产投资	52 585.1 元	31 963.1 元	1.65

影响成德产业协同发展的不利因素除了经济实力的巨大差距之外，两市在综合实力、行政级别、政策供给、城市知名度、吸引力等方面的差距也不同程度影响和制约着两市产业协同的发展。

第三节　成德产业协同发展的路径

一、立足实际，科学规划布局

深入推进成德产业协同发展，科学规划产业布局非常重要。

产业空间布局方面，德阳规划在市域打造“一核十五园”的产业布局，促进产业集聚发展，推动“一区多园”模式，统筹市域工业园区用地。一核指德阳市中心城区，十五园是指德阳市域范围内主要的工业园区。加强石亭江、绵远河等区域河流沿岸规划管控，严禁在河流上游布置污染性产业，逐步引导沿岸产业绿色发展。

具体产业分工方面，规划中心城区重点强化生产服务、研发创新、商业金融、公共服务等高端功能，通过高新技术、生产研发等现代制造业与服务业引领周边县市发展，其中东部片区以国际健康谷为重点，打造“城市新名片”，主要功能为现代教育、医疗卫生、健康养生、旅游休闲、运动康体；西部片区以科技创新产业为主导，打造“城市新引擎”，主要功能为科技创新、工业制造、商务商业等；南部片区提升打造城市门户形象，主要功能为装备制造、产业创新、文化商贸等；北部片区依托高铁德阳站建设新兴商务功能区，主要功能为商务服务、现代商业；中部片区积极推动城区提档升级，发展综合服务功能。

各个县（市、区）职能定位方面，广汉职能定位为成都大都市圈重要枢纽节点、生态优越的古蜀文明圣地、具有国际影响力的旅游目的地、智能制造和现代农业基地；罗江职能定位为德阳副中心城市、国家级高职教育综合改革实验区北区、弘扬三国文化为特色的省级历史文化名城和山水园林城市；绵竹职能定位为四川省历史文化名城、工贸、旅游和生态宜居城市；什邡职能定位为成都大都市区重要的现代化工业城市；中江职能定位为成都大都市区重要的工业基地与重点配套协作基地、成都周边电子产业带节点、县域名特优农产品流通、集散中心，中药产业制造基地、农副产品加工基地。

除以上总体规划布局之外，德阳市坚持互利共赢的发展理念，编制完成了《德阳市“十三五”服务业发展规划》等产业规划，还将编制《德阳市现代物流业中长期发展规划（2017—2021 年）》《德阳市“十三五”旅游业发展规划》等针对具体产业发展的规划，为成德产业长远协同发展提供了全面、科学的顶层设计。

二、坚持融合发展，实现优势互补

（一）积极融入成都对外开放战略布局，扩大德阳市对外开放发展水平

当前，作为“一带一路”、长江经济带和自贸区的战略交汇点，成都努力从经济、科技创新、对外交往、人文资源和交通运输等多方面融入并支撑这两大战略；在建设国家中心城市的目标引领下，加快建设西部对外交往中心，加强对内、对外双向开放，全面提升国际交往便利度和交流合作紧密度；作为四川自由贸易试验区的主要区域，大力复制推广自贸区先进经验，出台一系列简政放权、事中事后监管体系建设、优化法治环境、提升利用外资水平、创新国际产能合作、畅通国际开放通道等方面的政策；作为全球重要的电子信息产业基地、国家新型工业产业化基地和国家新能源、新材料产业基地，已建立中韩、中德、中法以及中古等国际产业合作园区。

德阳市可大力借鉴成都对外开放有关政策，积极融入成都对外开放战略，以德阳经济技术开发区和德阳高新区为主体，积极复制推广自贸区经验，为企业创建优良的对外开放环境和平台，更好实现以开放促发展，推动德阳市对外开放水平再上新台阶。

（二）广泛借鉴成都市在信息城市建设的先进经验，大力推进德阳市信息城市建设

信息城市，是拥有先进的交通和通信工具，使物质、知识、思想、信息能够自由交流和交换的城市。包括企业生产信息化、居民社会生活信息化以及政府服务信息化等具体内容。成都市一直高度

重视信息城市建设，积累了丰富的实践经验，取得了良好的成绩，信息城市竞争力长期保持在全国前20名。为了进一步加强德阳市信息城市建设，增强市民的获得感，使市民之间交流更加便捷、出行更加方便、政府服务更加高效，可广泛借鉴成都市在信息基础设施建设和交通基础设施建设等方面的经验。

（三）充分利用德阳市在和谐城市、安全社会环境、舒适居住环境方面的资源和比较优势，加快发展旅游业

旅游业是朝阳产业，资源消耗低，带动系数大，就业机会多，综合效益好。它与100多个行业高度关联，经济撬动系数高，堪称带动服务业发展的龙头产业。德阳旅游资源丰富、文化厚重、形态多元、基础较好。2016年德阳市实现旅游收入190.11亿元、增长22.1%，在地区生产总值中的占比超过10%，呈现出良好的发展势头，而且仍有很大的发展空间。

1. 着力打造多样化旅游产品

一是重点发展古蜀文化旅游，深入挖掘和激活德阳“古蜀之源”的文化底蕴。以广汉三星堆等文化旅游资源为载体进行大手笔深度创意开发，打造世界级文化旅游体验新名片。二是大力发展民俗文化旅游。以绵竹年画村、旌阳德孝城等为主要载体，纵向延伸年画产业链，搭建民俗文化众创空间，打造中国民俗体验的新招牌。三是创新发展工业文化创意旅游。充分利用闲置工厂、仓储用房等存量空间，发展文化创意产业，推动产业转型升级，打造川内乃至西部有影响力的文化创意旅游基地。加快德国院子建设，努力将其打造成集文化艺术、生活体验、休闲度假、现代科技应用与体验等服务于一体的综合性生活文化艺术产业园。四是积极发展特色乡村旅游。加强环龙门山乡村旅游带开发，鼓励罗江发展特色运动

赛事，什邡发展高端度假庄园，绵竹发展特色民宿，打造高端乡趣的旅游度假带。

2. 加强重点旅游项目开发力度

抓住成德同城化战略实施的大好机遇，积极融入成都世界旅游目的地建设，构建“一城两带五区”的旅游发展格局。不断完善德阳城市中心区旅游功能，主动融入川西北旅游环线，积极推进山水宜居、宜业、宜游全域旅游城市建设，打造环旌湖4A级景区，构建大德阳旅游目的地城市。加快龙门山、龙泉山沿山旅游带生态旅游项目的开发建设，推进红峡谷—钟鼎寺、九龙山—麓棠山省级旅游度假区的创建，开发建设蓥华山、云湖森林公园、龙泉山的松林、西眉湖等旅游度假区，打造山水休闲度假产品，开展低碳、健康的生态旅游。积极推进三星堆古蜀文化旅游区、白马关户外运动体验旅游区、生态度假旅游区、德孝文化旅游区、城市观光休闲旅游区建设。

3. 完善旅游产业要素功能

完善要素体系，健全综合功能，提升行业竞争力，构建具有现代服务业特征的大旅游产业体系。围绕旅游中心城市和核心旅游区，优化旅游住宿设施的空间布局，形成以集散中心城市为重点、各个区域广泛分布的住宿结构。深度开发地方饮食文化，着力打造系列美食节庆活动，大力培育美食品牌，建设多元化、满足多层次的绿色餐饮体系，重点挖掘地方特色浓郁的风味小吃和美食菜品，形成强大的餐饮旅游吸引力。开发一批具有浓郁地方特色的旅游商品、名优土特产品，形成三星堆、三国、绵竹年画等旅游商品系列，增加旅游商品销售在旅游收入中的份额。同时，加强美食与民俗节日的融合。借助广汉保保节、双东民俗文化赏花节、德阳文庙仿古祭祀等活动大力推广特色美食，提高德阳美食的知名度。

（四）加强边界地区融合发展

从广佛同城实践看，边界地区先行一体化是推进同城发展的优先路径。成德同城可突出边界合作优先思路，加快推进广汉—青白江、什邡—彭州、中江—金堂等重点接壤县（市、区）、乡镇的合作发展。结合成德两市主要接壤地区产业发展规划（见表5-5），加强成德边界地区融合发展，一是全力支持广汉打造成德同城示范区。广汉作为成德同城的桥头堡，依托德阳高新技术开发区、综合保税区，与青白江探索建设现代制造业与现代物流业协同发展的边界试验区。二是大力支持什邡建设成德同城重要节点城市。支持什邡主动对接彭州、融入成都，通过文化创意、人文历史建设，注入艺术性城市新元素，打造成德同城特色精品城市。三是积极支持中江打造成德工业园。通过管理创新破解园区发展上的瓶颈制约，支持成德工业园申报建设省级开发区。

表5-5 成德两市主要接壤地区产业发展规划

地区	产业发展规划、定位
青白江	主要产业园：①成都先进材料产业园，发展先进材料、智能装备；②成都国际铁路港临港服务业集聚区，发展现代物流（铁路）、口岸服务、加工贸易、跨境贸易
广汉	智能制造和现代农业基地
彭州	主要产业园：①成都航空动力产业园，发展航天航空、生物医药；②成都绿色化工产业园，发展绿色化工；③彭州龙门山山地旅游集聚区，主要发展文化旅游、音乐文创、运动休闲
什邡	现代化工业城市
金堂	主要产业园：①成都通用航空服务集聚区，主要发展通用航空服务业；②天府水城文旅康养集聚区，主要发展旅游康养、体育赛事、教育培训
中江	中江职能定位为成都大都市圈重要的工业基地与重点配套协作基地、成都周边电子产业带节点、县域名特优农产品流通、集散中心，中药产业制造基地、农副产品加工基地

三、加强自身产业发展，缩小差距，增强同城化发展合力

同城化发展模式，从本质上来讲，是一种以强带弱模式，即一个经济高度发达的核心城市或首位城市带动与其空间距离最近或较近的次一级城市共同发展的模式。但是，如果两个城市在经济发展等方面的差距过大，也将必然影响同城化的推进进度和实施效果。因此，深入推进成德产业协同发展，一方面要强化协同融合发展，另一方面还要强化自身发展，做到双轮驱动、双向发力。其中强化自身产业发展是重中之重。具体来讲，就是要不断提升德阳市传统产业、新型产业、服务业、现代农业的发展水平，从而全面提升德阳市产业发展水平和综合实力，拉近与成都的差距，才能增强同城化发展的合力，实现经济在更高水平的融合发展。

（一）拓展传统产业转型发展空间

德阳建市30多年来，传统产业对经济社会发展起了巨大的推动作用，可以说，德阳市经济发展是高度依赖传统产业的。而且，根据德阳市经济发展现状，传统产业在今后的相当长时期内将依然是促进经济持续发展的重要支撑。当前，机械、食品、化工三大传统产业占全市工业经济比重达70%以上，但这些传统产业普遍存在后续发展动力不足的问题，因此，急需通过转型升级来拓展发展空间，增强发展动力。

1. 积极践行创新发展理念，增强转型动力

创新是一个国家和民族进步的灵魂。践行创新发展理念，要从以下几方面着手：一是要以增强产业自主创新能力为中心，大力推进原始创新、集成创新和引进消化吸收再创新，突破关键核心技

术。二是加快构建以企业为主体、政产学研用结合的技术创新体系，建立一批由企业、科研院所和高校共同参与的产业创新战略联盟，支持创新战略联盟承担重大研发任务，攻克一批关键核心技术，研制一批重大装备和关键产品。三是面向全行业整合资源，健全和完善基础研究和共性技术研发体制机制，支持建设一批产业技术开发平台和技术创新服务平台，促进创新成果转化。四是鼓励企业加强产业链上下游创新合作，提升企业协同创新能力，支持企业真正成为技术创新的主体。五是坚持以科技创新为核心，同时协调推进理论创新、管理创新、商业模式创新、组织创新和体制机制创新等。六是通过全面创新改革，在政策、机制和体制等方面开展先行先试，激发工业创新转型活力，紧紧抓住国家将德阳市列入全面创新改革试验区的重大机遇，围绕创建国家装备技术智能制造产业基地这一目标，着力探索以促进装备技术智能制造为重点的产业创新发展的政策机制和新模式。坚持简政放权，深化工业领域的行政事项改革，构建有利于产业创新发展的政策环境，激发企业发展活力，促进德阳市传统优势产业转型升级。

2. 加强产业集聚，大力提升外部经济

产业集聚，有利于企业生产所需的资金、劳动力、原材料等生产要素在同一空间内的供给增加，从而有助于降低整个产业的平均生产成本，提高该空间领域内相关产业的竞争力。

加强产业集聚要做到：一是强化区域布局的统筹协调。充分发挥德阳市现有园区的产业基础、产业优势、资源禀赋，建设一批“智慧园区”“循环园区”“特色园区”“产城融合园区”，形成布局科学、特色鲜明、资源高效利用、生态环境良好的产业发展格局。二是政策向园区合理倾斜和资源向园区优先配置，加大对园区的政策支持，推进财政税收、专项扶持等向园区产业、项目、企业倾斜，在土地、资金、人才等要素上实现优先配置，加快园区闲置用地的清理力度，提高土地利用效率。三是加强区域合作，加快成德工业园、德阿产业园建设，推进罗江与绵阳高新区的合作，实现优势互补、共建共享，促进产业由“块状经济”向以产业链为纽带、资源要素集聚的现代产业集群升级。四是加强对各地高新园区在精准招商、项目引进等方面的指导，帮助各地依托园区建立产业联盟、培育龙头企业、打造知名品牌，提升产业集聚力、辐射力和竞争力。

3. 完善产业链条，增强协作配套能力

随着区域竞争的加剧，过去的单个企业之间的竞争，已经在很大程度上转变为今天产业价值链之间的竞争。产业链和产业集群是提高产业竞争力的基础和关键。因此，仅仅强调加工制造等生产环节是行不通的，还必须依靠统筹市场调研、研究开发、加工制造、经营管理、采购环节、信息整合、市场开拓等各个价值增长环节。根据经济学中的微笑曲线理论，附加值（利润）更多体现在两端，即研发和销售，处于中间环节的制造附加值（利润）最低（如图5-1 所示）。因此，完善产业链条，不仅有助于拓展产业发展空间，同时也能提升产业盈利水平。

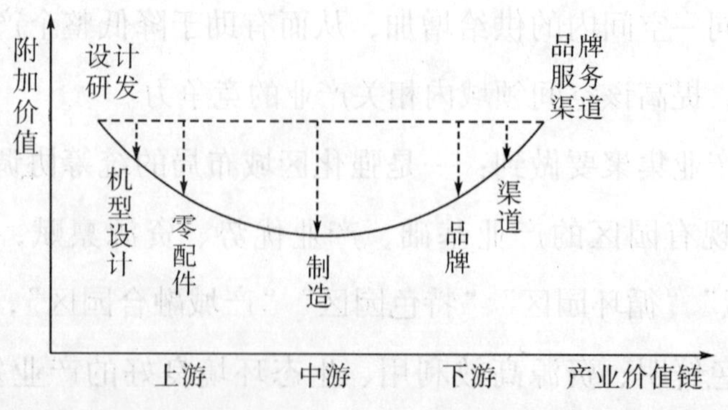

图 5-1 微笑曲线

完善产业链，可从以下六方面着手：

一是积极培育产业短板项目。支持龙头企业发起整合本市同业企业以及境内外科研院所资源，抱团组建实体研发机构，紧盯产业链空白点，实施重大技术专项科研攻关，开发、转化产业短板项目。

二是从单纯加工链条向产品研发、品牌营销等生产性服务发展；从制造业与现代信息技术和现代服务业等产业融合的角度去寻找转型升级的有效途径；从单个企业的生产体系向产业战略联盟和行业规划标准合作转变，去谋求更大的市场空间。

三是大力推进以优势企业为主体的联合兼并重组，鼓励优势企业整合生产要素、上下游产品和市场渠道，集聚优质资源，进一步加快传统产业升级改造步伐。

四是引导企业加大技术投入和研发投入。鼓励企业不断引进国外先进技术和生产工艺，加大设备改造，优化延伸产业链条，提升产业发展的档次。同时加强与知名高校和科研院所的合作，集中力量突破核心技术，推动产业向精细化和高附加值方向发展，打造优质品牌。

五是强化产业链招商。产业链招商是指围绕一个产业的主导产品及与之配套的原材料、辅料、零部件和包装件等产品来吸引投资，谋求共同发展，形成倍增效应，以增强产品、企业、产业乃至整个地区综合竞争力的一种招商方式。实施产业链招商就是要从单一项目招商向形成产业完整链招商转变，根据国家的产业政策及德阳市产业发展现状，全面分析现有产业链发展面临的机遇、挑战、优势与劣势，围绕德阳市支柱产业、优势产业、龙头企业和优势产品制定产业链发展规划，推出产业链招商项目，以加速现有产业的链条延伸、补缺，做大规模，做优配套。具体来讲，就是重点围绕二重、东电、东汽等重点装备企业实施产业链配套招商，围绕航空与燃机、新能源汽车等高新产业实施产业链招商，围绕石墨烯、铝-空燃料动力电池等高新材料产品构建完整产业链招商。

六是加快转型融合。找准不同产业链的结合点和互补性，推广“项目共建”“基地共建”等运作模式，建设一批军民融合、化医融合和传统产业与“互联网+”深度融合的产业示范区，加快不同产业之间的技术融合与扩散，提高产业关联度和产品附加值，在更大范围内延伸产业链、形成产业共享互融经济圈。

4. 加强政策制度保障，减轻转型压力和阻力

（1）建立健全促进工业转型的体制机制。围绕推进工业转型升级的重点任务，建立市、县（区）和市级有关部门共同参与的领导组织机构，实现统筹协调、上下联动的推进机制，在产业科技创新、兼并重组、招商投资、对外合作等重点领域健全完善相关推进政策和创新机制。

（2）转变传统的资源配置方式，释放转型活力。切实改变政府主导公共资源配置的运作模式，大力推进市场化改革，破除行政垄断、行业垄断、地方垄断，促进资源要素向最具成长空间和发展潜力的传统产业倾斜配置，使土地等稀缺公共资源真正成为推动传统产业转型升级的杠杆。

（3）构建多元化融资体系。加大财政对基础性、战略性传统产业项目的投入，帮助传统产业争取国家及省内更多科技创新和技术改造资金，健全“政府投入为主导、企业投入为主体、金融投入为支撑”的多元化投融资体系，解决传统产业转型过程中资金需求“短、频、急”等问题。完善和落实重大装备首台（套）认定、奖

励和保险补偿政策，制定融资租赁、投资基金、会展平台、EPC、合同能源管理、第三方治理等产融结合资金支持政策。

（4）培养适用性研发与技术人才。建立高端人才引进机制和专业人才培养计划，支持各地根据自身产业发展重点和转型方向，加强与省内外特别是成都知名高校的合作，采取定向培养等方式，有针对性地发展与区域产业契合度高的应用型专业，为企业培养和输送适用型研发与技术人才，补齐传统产业转型发展中的“人才短板”。

5. 分类推进去产能，为传统产业转型升级拓展空间

德阳市《促进经济稳定增长和提质增效推进供给侧结构性改革十八条政策措施》提出，“坚持‘企业主体、政府推动、市场引导、依法处置’原则，淘汰落后产能和引导产能退出。支持和组织企业申报项目，争取省淘汰落后和过剩产能专项资金支持。有序关停工艺装备落后、产品质量不合格、能耗及排放不达标的化工、水泥、钢铁、煤炭、造纸等落后产能企业。支持产能过剩企业‘走出去’发展，承揽大型工业、能源、交通、矿产资源开发等项目，输出技术、装备、产品、标准和服务。”

通过淘汰一批产能落后、效益低下的企业，为那些基础条件好、转型空间大、发展后劲足的传统产业腾挪出更多的土地空间，从而有助于这些企业做大做强。

（二）培育新兴产业创新动能

新兴产业是指随着新的科研成果和新兴技术的发明、应用而出现的新的部门和行业，主要包括因电子、信息、生物医药、新材料、新能源、海洋、空间等新技术的发展而产生和发展起来的一系列新兴产业部门。在经济新常态下，新兴产业有利于满足社会日益

增加的物质文化需求，创造出更多的有效供给。

近年来德阳市准确把握国内外产业转型升级趋势，走高端切入的工业化道路，新兴产业发展不断取得新突破：以核电、太阳能、潮汐发电、燃料电池等为重点的新能源装备制造业持续壮大；新材料、医药等新兴产业加速发展；2016 年战略性新兴产业强势上扬，提高 11.8 个百分点。

1. 加快创新创业平台建设

科技创新能促进生产要素质量的提高和劳动生产率的提升，带来产出数量的增加和产出质量的提高，从而更好地对传统产业进行革新。而良好的科技创新平台，将大大推动科技创新多出成果、出好成果。

德阳市已建立起四川省战略新兴产业联盟、四川省石墨烯产业技术创新联盟、国家重点实验室、国家级企业技术中心、省级企业技术中心、市级企业技术中心等多个创新平台。其中，四川省战略新兴产业联盟成立于 2014 年，是四川省战略新兴产业的第一家联盟。该联盟由东汽牵头，整合东方电气集团中央研究院、中科院成都分院、中国第二重型机械集团公司、四川成发航空科技股份有限公司等其余 22 家联盟成员单位资源，共同开展燃气机共性技术、关键核心技术研究。该联盟的成立，加快了 5 万千瓦重型燃机研发项目的研发进程。四川省石墨烯产业技术创新联盟，已有 30 多家企业加入，着力打造石墨烯先导示范基地，推进 10 个领域的应用技术研发，已形成年产 30 吨石墨烯粉体产能，开发出导热硅胶垫、硅碳负极材料等应用产品。

创业平台方面，德阳市已建成科技服务业发展促进中心、跨境电商产业孵化中心、海峡两岸青年创业园、全面创新（国际）领军人才服务中心、中德工业4.0创新工场、中国科协创新驱动科技成果转化服务德阳分中心、大学生众创空间、科技企业孵化器等多个创业服务平台。

在以上现有平台的基础上，积极加强创新创业平台的成德合作共建，共同推动创新创业服务中心、科技服务体系以及公共技术服务平台建设方面的交流合作，积极开展科技资源共享和信息交流，共同推动高新技术产业化基地产学研联盟、高新技术研究院等创新组织的交流合作；积极开展创新创业活动互动，在举办“菁蓉汇”系列活动和打造“雒创汇”创新创业品牌等方面加强交流合作，激发双方两地创新创业活力。

通过以上举措，促进政策、资金、信息、市场、人才和技术等科技创新资源的交流与整合，将大大加强企业之间、企业和科研机构之间的科技合作，也有利于促进科研成果转化，从而增加企业创新发展动能。

2. 大力实施智能制造工程

抓住新一轮产业变革和信息化发展趋势，加快推进以智能制造为主攻方向的两化深度融合，以实现重大产品和成套装备的智能化为突破口，以建设数字化车间和智能工厂为切入点，加快提升制造业产品、装备及生产、管理、服务的智能化水平。加快工业云、工业大数据、物联网的建设，发展基于互联网的众包设计、柔性制造、个性化定制、智慧物流等“互联网+制造”的新型制造模式。加快智能装备和产品、智能化管理、智能服务等方面的示范项目建设，选择有条件的园区、行业和企业在数字化车间、智能工厂、智能装备和智能装置等方面开展智能制造试点示范，总结经验和模式在全行业推广。

（1）核能装备产业。依托中国第二重型机械集团公司“新一代核岛关键铸锻件及主设备开发”、德阳台海核能装备有限公司“核电设备扩能项目”，大力推动三代核电 AP1000 及 CAP1400 等核岛、常规岛、管道、辅助设备的研制和产业化，加强超临界压水堆等四代核能系统研发。攻关核电安全关键技术及设备，围绕第三、第四代核燃料元件制造技术研究，建立核燃料组件自主产业化体系。加强核级和非核级管材、泵、阀、电气设备等核电配套设备产业发展。依托与中科院高能物理所合作，培育核医疗、核辐照等非动力核装备制造和技术产业，建立非动力核技术产业孵化园。

（2）新能源汽车产业。以广汉牧甫锂动力材料有限公司、德阳威旭锂电科技有限责任公司、德阳烯碳科技有限公司等企业为主体，依托广汉牧甫锂动力材料有限公司“年产 10 000 吨磷酸铁锂、10 000 吨磷酸铁前驱体项目”、德阳威旭锂电科技有限责任公司“年产 3 000 吨高性能磷酸铁锂正极材料生产线建设项目”，充分发挥在新能源汽车材料领域的技术优势，大力发展电极材料、电解液和隔膜等高端电池材料。依托四川禧丹佛锂电有限公司“10 亿安时纳米锂电池及材料生产项目”、德阳东深新能源科技有限公司“大功率铝-空金属燃料电池项目”，充分整合资源，加大关键技术攻关，大力发展新能源汽车动力电池产业。积极引进整车制造企业，打造新能源汽车整车及零部件组装产业集群。

（3）新材料产业

支持重点企业围绕石墨烯、高分子复合材料、碳纤维、金属新材料的运用，开发新产品，打造完整的产业链。依托德阳烯碳科技有限公司“石墨烯粉体产业化项目”等大力提升功能新材料的研发水平，壮大产业规模，打造石墨烯产业园；依托四川安费尔高分子材料科技有限公司“年产 3 000 吨聚苯硫醚细旦短纤维项目”等做强高分子复合材料产业；依托广汉市天成不锈钢制品有限公司“40 万吨/年不锈钢深加工项目”、四川有色金源粉冶材料有限公司“高端镍基合金粉末的产业化项目”等，培育有色金属新材料产业，打造不锈钢循环经济产业园。

(4) 节能环保产业。抓住国家节能减排示范城市机遇，立足德阳市现有产业基础和资源环境条件，加快节能环保重点项目建设，提升节能环保技术及其装备制造水平，推动资源综合利用跨越发展，为构建西部领先的资源节约型和环境友好型城市提供坚实的技术和产业基础。通过四川大爱建材有限公司、泰山石膏（四川）有限公司、四川绵竹三佳饲料有限责任公司等企业在磷石膏综合利用方面取得的成效，将德阳市打造成全省资源综合利用的示范窗口。依托四川亚明照明有限公司“高亮度 LED 照明产业基地（二期建设）”、德阳市恒达灯具制造有限公司“LED 节能灯组产业化项目”等，大力发展节能环保装备制造产业，建设西部领先的节能环保装备制造基地。

3. 强化新兴产业产业投资

围绕发展潜力大、带动性强的高端装备、新材料、新能源汽车等新兴领域，立足现有企业和产业基础，引进和建设一批重大高新技术产业项目，实施产业链升级工程，促进新兴产业发展和高新技术产业化，加快推进高端产业规模发展壮大。着力优化投资结构，引导社会资金和要素投向新技术、新工艺、新流程、新装备、新材料的运用和推广，在新兴产业领域实施一批重大技术改造项目，加强中小企业技术改造力度，逐步提高技术改造投资在工业投资中的比重。按照“储备一批、建设一批、投产一批”的思路，重点加快

“东汽重型燃气轮机自主研发项目”“石墨烯粉体产业化项目”“中电科特种通用飞机应用系统产业化建设”“海尔（广汉）创新产业园项目”“汉舟电气高能镍碳超级电容电池生产基地合作项目”等产业关联度高、示范带动性好、市场潜力大的项目开工建设。同时，健全项目管理体制和服务体系，加大对新兴产业项目的支持和引导、促进项目早完工、早投产。

（三）提升服务业创新发展水平

近年来，德阳市服务业取得较好发展，不管是服务业增加值总量还是其在地区生产总值中所占比重都在不断增加。2016 年服务业增加值为 556.5 亿元，是 2010 年（236.15 亿元）的 2.35 倍多，在地区生产总值中占比为 31.8%，比 2010 年高出 11.1 个百分点，但相对国内服务业发达地区、其他产业以及经济发展趋势而言，仍是全市经济社会发展的薄弱环节和“短板”。一是发展水平较低。2016 年德阳市服务业增加值占地区生产总值的比重相对往年有所增加，但比全国、全省分别低 19.8 和 13.6 个百分点。二是产业层次不高。传统服务业占比太高，现代服务业比重明显偏低，尤其是一些新兴、高端服务业基本处于空白。三是竞争力不强。服务业龙头企业少，缺乏引擎项目带动，特色服务业发展不足，服务业高级管理人才和技术人才缺乏，创新能力不强。四是产业融合不够。服务业与第一、第二产业的融合互动明显不足，一方面支撑制造业发展的物流、科研、会展、咨询等生产性服务业发展滞后，另一方面农村服务业发展也相对不足。因此，大力提升服务业创新发展水平，推动德阳市服务业向更高层次发展十分必要。

1. 加快发展生产性服务业，实现产业转型跨越

（1）重点发展现代物流业。

现代物流业是指原材料、产成品从起点至终点及相关信息有效流动的全过程。发展现代物流业是企业降低成本，提高经济运行质量和效益的有效途径，也是提供就业岗位、缓解就业压力的重要手段。加快德阳市物流业发展，可从以下几个方面着手：

一是大力推进物流园区建设。重点推动中欧班列德阳现代物流港、成都国际铁路港口岸产业合作区建设，将其打造成为“一带一路”沿线国家现代物流网络的重要节点，大力发展口岸经济。积极推动各县域物流园区建设，重点打造北新国际商贸物流城、广汉天旭物流基地、什邡马祖物流中心、绵竹德阿产业园物流仓储中心、中江辑庆—兴隆物流园、罗江现代公路物流港等物流服务点，打造全域物流服务网络。

二是着力培育物流骨干企业。加大对 3A 级以上物流企业培育力度，优先支持本地二重万路、华荣大件、中大运业等大件运输企业做大做强，成为具有核心业务竞争力的大件物流企业。同时，继续跟踪引进一批国内外知名物流企业落户德阳，并在相关政策和资金上给予重点支持。

三是加快物流信息化建设。加强北斗导航、物联网、云计算、大数据等先进信息技术在物流领域的应用。加快企业物流信息系统建设，发挥核心物流企业的整合能力，打通物流信息链，实现物流信息全程可追踪。建立市级物流公共信息平台，通过推行统一的数据和接口标准，促进专业物流信息、公共物流信息的互联互通，实现省、市、县三级物流公共信息平台的对接和资源共享。

（2）有序发展金融服务业。

一是建设成都金融中心副中心。主动融入成都西部金融中心，利用临近成都的区位优势，吸引更多的金融资源支持德阳市发展；积极推动德阳优质企业借助成都平台发行企业债券；引导、鼓励两市金融机构跨市互设分支机构，积极加强两地银行机构网点资金结算合作，实现两地“通存通兑免手续费”和“一卡通”；建立金融信息和资源共享机制，不断提升金融合作层次与规模。

二是构建多层次金融服务体系。积极推动银行业创新发展。结合德阳市的产业特点和资源优势，鼓励银行机构加强金融产品创新和服务方式创新；推动保险业健康良好发展，健全商业保险与社会保险的衔接合作机制，全面提升保险对经济社会发展的保障水平；推动德阳市金融机构利用信托支付、云计算以及搜索引擎等互联网工具，实现资金融通支付和信息中介等互联网金融业务加快发展。

三是不断优化金融发展环境。加强城乡信用体系建设，开展好“信用企业”“信用乡镇”“信用村”和“信用农户”等的创建和评定工作，加强金融消费者权益保护，严厉打击金融违法行为，维护良好的经济金融秩序。

（3）大力发展电子商务。

一是加快发展特色跨境电子商务。充分利用“一带一路”沿线国家改善基础设施建设及现代化工程机械设备的重大需求，依托综合保税区申报筹建和四川省获批第三批自贸区的契机，打造特色行业跨境电子商务。引导具有外贸业务的传统企业积极开展跨境电子商务，支持宏华、特变电工等制造企业运用电子商务开拓国际市场，参与全球市场竞争，挖掘一批有竞争优势的优质产品。加强德阳企业与国内知名跨境电商平台合作，不断优化跨境物流、仓储、支付及境外服务等环节，实现跨境电子商务的突破性发展。

二是扩大工业企业电子商务应用。根据德阳支柱产业和优势产业的自身特征，积极推动装备制造、新材料、生物医药等行业领域电子商务的快速发展，加快建设产业链核心交易平台，大力推动中小型工业企业电子商务的应用。

三是扶持发展农村电子商务。推动农产品电子商务交易平台与农村经济融合发展，推进粮经复合产业基地、现代农业示范区、无公害农产品生产基地等农产品生产基地实体经济向线上发展。进一步完善优质农产品信息网，使其成为农产品信息汇集、供需对接和价格发布的平台，同时积极推进与四川农产品电子商务平台及流通信息公共服务平台的协作，促进规模以上涉农流通企业和大型农产品批发市场电子商务的应用。积极推进猕猴桃、贵妃枣、中江柚、白芍、丹参等优势农产品建设线上农产品特色馆，扶持农民通过第三方电子商务交易平台销售农产品，打造一批农村电子商务示范企业、示范网点。

四是推进民生性电子商务发展。利用微信公众平台，开展预约挂号、发布医疗信息等医疗服务，促进卫生服务电子商务化；结合移动电子商务发展热点，推进水电气、通信费、公交卡等居民日常生活公共消费移动应用；支持社区商业、物业和家政服务等中小企业利用电子商务服务社区，方便居民生活。

(4) 积极发展信息服务业。

一是大力发展信息产业。加快技术与产业发展、城市管理、生活服务等的全面融合，推进软件核心研发与信息技术产业持续发展；积极发展大数据和云计算服务，依托德阳经开区浪潮智慧大数据和德阳装备制造工业云等项目，大力发展大数据和云计算服务，加快推动生产供应、制造与流通服务的信息化、数据化、智能化进程。

二是推进智慧城市建设。大力推动“互联网+”工程，推动互联网与工业制造、农业、节能减排、金融、教育、医疗、电子商务、文化、旅游、物流、交通、环保、政务、创新创业等领域的融合，提升城市公共服务能力。

三是推动互联网小镇建设。积极响应四川省住建厅推动的“天府互联网小镇”行动计划，以古镇古街、旅游新村、创客基地、大学校园为重点遴选项目，打造一批互联网小镇。

四是加快重要部门的信息化建设，建立联合信息化平台。重点推进政务共享、行政审批、数据开放、信用体系、社会综合治理等信息系统建设，提高政务服务透明度及业务办理效率。着力推进互联网与产业融合，鼓励互联网创新，建设招商、农业、文化旅游等智慧信息平台。

（5）培育发展商务服务业。

一是大力发展特色会展。围绕德阳重大装备制造、食品、通用航空、医药等优势产业，积极开展区域合作，进一步做好会展等品牌的策划创立和培育包装工作，联合举办大型国际会展，塑造一批会展品牌，培育一批会展企业，打造成都平原经济区会展经济重要节点城市。

二是打造集聚发展载体。促进全市商务办公向楼宇、总部基地集聚，大力发展希望城、五洲广场等商务办公集聚区，提升中心城区商务服务水平。积极推动亭江新区中央创新区、德阳高新区“一湖六岛”等基础设施建设，打造引领德阳未来的高科技办公集聚区。

三是培育商务服务人才。引进一批涉及企业管理、科技信息、法律服务、广告策划、营销策划、商务培训、管理咨询、财务会计等领域的高素质专业人才，大力提升德阳商务服务的专业性。有目标、有计划、多途径、多层次地开展商务人才自主培育工作，与政府、行业协会、高校和大型专业商务服务机构开展广泛交流与合作，形成多元化的商务人才培育机制。

2. 提升发展生活性服务业，促进消费结构升级

（1）大力发展现代商贸业。

一是优化城乡商贸体系，提升整体商贸能级。推动中心城市商业优化升级，创新建设智慧商圈，提升核心商圈的商业能级和消费水平。推动广汉、什邡、绵竹、中江、罗江建设不同能级的商贸区域，突出差异化发展特色。打造一批各具特色的专业市场，提升专业市场的能级和辐射范围。大力发展社区商业，加快改造和新建一批标准化农贸市场。

二是在满足区域居民生活需求的基础上，引导各县域特色化发展。推动广汉建设以专业市场群为特色的区域商贸中心，以四川国际健康产业城和四川北新国际机械城等为主要依托，大力发展专业市场，形成大型专业市场集群，举办大型国际会展，扩大国内外影响力；推动中江建设以农产品商贸为特色的区域商贸中心，利用中江农业大县的农业资源和特色农产品优势，大力推进特色农产品市场建设，加快农产品品牌打造；推动罗江建设户外运动休闲特色商业区，以白马关旅游集聚区为依托，大力发展乡村旅游商业和赛事商业，打造区域特色赛事旅游商贸品牌；推动绵竹建设民俗乡村特色旅游商业区，以年画村和沿山乡村旅游资源为载体，大力发展民俗商业和旅游商业，提高绵竹民俗文化知名度；推动什邡建设高端

乡趣旅游商业区，以半山隐庐酒店、东方雪茄庄园、半山公社、红豆村 132 爱情公园、“水乡禾丰·快乐白鱼”等项目为载体，着力发展高端民宿、休闲度假民宿等旅游商贸，打造高端乡趣旅游品牌。

三是打造一批有影响力的专业市场。围绕机械、医药、食品等优势产业，加快四川恒大国际建材城三期、四川国际医药健康城、北新国际商贸物流城等大型专业市场建设；大力支持中心城区恒大建材、五金机电、家具广场等专业市场扩大经营规模和建设，推进传统商品市场向现代流通业态转型；推动各县市根据自身需要发展家具、五金机电、汽车、农产品、再生资源等专业市场；继续支持京东商城德阳馆建设，鼓励德阳更多优势知名企业加入这个平台，并通过平台扩大德阳优质产品在国内外的知名度和影响力，促使德阳本地产品快速拓展市场，加快推进产业转型升级。

四是大力发展社区商业。推动社区便民配送店、社区商业中心、社区连锁超市、便利店、修理服务网点、电商配送点、电商线下店、生鲜超市、品牌连锁店、早餐店、便民菜店、洗浴、洗染、家电维修、美容美发、代收代缴等商业便民基本服务进入社区，形成多功能社区生活服务平台。

（2）完善发展健康养老服务业。

一是健全养老服务体系。全面建设以居家为基础、社区为依托、机构为支撑，功能完善、规模适度、覆盖城乡的养老服务体系。全面加强居家养老服务，加大居家养老服务企业和社会组织的培育与扶持力度，建立居家养老服务支持长效机制；加快发展社区养老服务，落实城镇社区、居住（小）区配建养老设施，加快城乡社区老年日间照料中心建设，加强农村养老服务设施建设；大力推进养老机构建设，推进民办养老机构新增床位数，开展公办养老机构试点。

二是促进医疗和养老融合发展。推动医疗卫生资源进入养老机构、社区和居民家庭。支持有条件的养老机构设置医疗机构。医疗机构要积极支持和发展养老服务，有条件的二级以上综合医院应开设老年病科，增加老年病床数量。鼓励医疗机构转型或增设老年护理机构。支持社会力量举办护理院、康复医院。整合卫生、民政等项目资金，通过市场运作方式引入社会资本，建设大型医养综合体项目。

三是加强健康养老与旅游、文化、运动等的融合。一方面，利用龙门山绵竹和什邡的气候优势，加强养老养生项目建设，开展避暑休闲康养、山地旅游康养。另一方面，重点打造德阳锦绣天府国际健康谷，大力发展旅游康养、文化康养、运动康养等多元化康养产品，将德阳建成四川特色康养基地。

(四）促进现代农业提质增效

1. 优化种植业结构

通过优选粮食品种，在不降低粮食总产量的前提下，适度减少粮食作物播种面积，为经济作物腾出更多的种植空间，促进农民增收。在这方面，德阳市已取得初步成效。2017 年上半年，全市小春粮食播面积 147.26 万亩（约 981.73 平方千米），比 2016 年减少 1.41 万亩（约 9.4 平方千米），预计亩增产 5 千克。油菜播面积 90.16 万亩（约 601.07 平方千米），减少 1.51 万亩（约 10.07 平方千米），亩增产 2 千克，油菜籽总产 16.84 万吨，与 2016 年基本持平。全市菜、果、菌、药、瓜、花、茶等经济作物总面积达 184.98 万亩（约 1 233.2 平方千米），同比增加 1.55 万亩（约 10.33 平方千米），总产值达到87.51亿元，增加2.91亿元，增长3.43%，全市农民人均在经济作物上增收103.8元。

2. 调整养殖业结构

随着收入的增长，消费者对畜、禽、鱼等肉类食品的质量要求不断提高，同时肉类食品的消费结构也在不断发生变化，猪肉的消费有所下降，牛羊肉、鱼虾蟹等需求呈增长趋势。为了适应市场需求的变化，需要在稳定生猪养殖数量、提高生猪品质的同时，适度增加牛、羊等家禽，鱼、虾、蟹等生鲜食品的养殖规模。2017年上半年，全市生猪出栏165.38万头，其中优质生猪出栏100万头，同比增长5%，牛出栏5.29万头，同比增长3%；羊出栏11.91万只，同比增长2%。全市水产品总量达到2.46万吨，新增稻渔综合种养面积5 000亩（约3.33平方千米）。

3. 提升农业基础设施水平

农业基础设施是农业良好发展的基础，加强农业基础设施建设有利于农业的提质增效。提升农业基础设施水平，就是要不断完善高标准农田规划，继续加强田间生产道路、山坪塘、蓄水池、提灌站、渠堰、机耕道等农田水利基础设施建设，妥善解决农业生产用水。

4. 加强农业基地和园区建设

目前，德阳市已初步建成旌阳区黄许镇西甜瓜示范园、旌阳区莲藕生产示范片、罗江区万安镇天马山早熟梨示范园区、罗江区蟠龙镇宝峰山贵妃枣示范园、广汉市兴隆镇天台村现代农业示范园、广汉市大学生生态农业创业创新园、中江丹参规范化种植示范片、中江白芍规范化种植示范片、中江食用菌标准化示范片、绵竹市猕猴桃产业创业创新园区、绵竹梨树生产示范片、绵竹枇杷生产示范片 12 个农业产业园区。

加强以上农业基地和园区建设，一是以“一带一路”倡议为契机，加强与沿线国家的合作，以企业和项目为依托，搭建农业国际交流合作平台，其中重点建设中新猕猴桃产业合作示范园、中荷蔬菜花卉产业园等，积极与以色列等农业发达国家合作，引进节水农业等新技术、新设备，建设农业高新技术示范区。二是创新园区经营模式。创新农业生产经营组织是推进现代农业建设的核心和基础，要坚持和完善农村基本经营制度，培育新型经营主体，发展多种形式的规模经营，构建集约化、专业化、组织化、社会化相结合的新型农业经营体系。三是强化园区功能定位。一方面，逐步实现特色产业化发展经营，实现主导产业特色化发展，利用规模化、信息化、产业化实现经济效益发展，增强服务性基础设施建设，准确把握功能定位，完善园区功能体系。另一方面，突出区域发展重点，实现“提质增效”，引导园区聚焦特色、优化结构、提升水平、形成规模，加快建设一批高效农业核心产业基地和农业特色园区。

5. 加强农业经营组织体系化建设

目前，要加强对专业大户、家庭农场和农民专业合作社的培育，促进土地向种田能手集中，扩大生产规模，提高种地效益。继续推动家庭农场市级示范场建设，组织推荐符合条件的市级家庭农场申报家庭农场省级示范场。在全市工商登记注册的 3 091 家农民合作社和 734 家家庭农场中，选取一批实力较强的进行重点支持和培养，鼓励其用现代化产业经营模式的理念和组织发展农业，把农业产前、产中、产后紧密地衔接在一起，形成“产、供、销”一体化和农业产业化的综合体，增强社会责任，提升辐射带动能力，促进经济发展。

6. 实施农产品品牌化战略

一是加强农产品品牌认证。以"三品一标"为依托，鼓励农业龙头企业、农民专业合作社等市场主体开展农产品认证工作，大宗农产品要通过无公害农产品或绿色食品认证；有条件的产品要通过有机食品认证；具有独特的自然生态环境和历史人文因素的农产品，要积极开展地理标志认证；具有一定品牌效应，市场竞争力及社会影响力较大的农产品，要开展名牌农产品认证。目前，德阳市通过认证的无公害农产品 348 个，国家绿色食品认证 35 个，有机农产品认证 24 个，地理标志保护登记 3 个。2017 年预计发展无公害农产品 30 个。

二是加强农产品标准化生产。推行全过程标准化生产，通过制定市级各产业各主要品种标准化生产规程，在企业、基地、合作社、家庭农场、生产大户中进行全面推广。

三是加强农产品质量安全监管。通过深入开展农资打假执法检查、农药质量监督抽查、农产品监督抽检、农产品质量安全监测、加强农产品质量安全检验检测体系认证和能力建设、深化省级农产品质量安全监管示范县创建、鼓励农产品入驻省级农产品质量安全追溯信息平台等方式，提高农产品质量安全水平，增强农产品的市场竞争力。

7. 大力发展绿色生态农业

发展绿色生态农业，就是要坚持农业发展与生态环境保护并重，协调推进农业结构布局、资源利用和生态环境修复、保护和提升，实现农业发展、资源保护、生态环境建设三位一体。

一是积极实施化肥农药减施工程，大力推广测土配方施肥技术，引导农户根据土壤地力科学施肥、精准施肥，以降低化肥的浪费以及过量使用化肥造成土地硬化的危害。

二是进一步推广种养结合的生态农业模式。全面推进农业农村污染防治，实施种养结合循环农业示范工程。修订和完善全市畜禽宜养区、限养区和禁养区，大力推广应用生态循环种养殖模式和种养结合循环生态养殖技术，即通过加强畜牧业与蔬菜、水果、粮食种植业的结合，有效减少畜禽养殖业的污染排放以及由此造成的空气、水体等环境污染问题。同时利用种养结合优势，发展绿色畜牧业和有机农业。

三是制定扶持政策，在资金、项目、技术、信息等方面给予生态农业发展更多的支持，引导和鼓励生态农业规模化发展。

8. 加强新型职业农民培育，促进农业生产经营现代化

要就地培养更多爱农业、懂技术、善经营的新型职业农民。随着农村劳动力大量向第二、第三产业转移以及新生代农民工对土地的陌生，留守农村的劳动力呈现出总量相对不足、整体素质偏低、结构不尽合理等问题。培育新型职业农民有助于解决“谁来种地”的现实难题，更能解决“怎样种地”的深层问题。

加强职业农民培育，就是通过采取课堂讲授和田间学校等多元化培训方式，通过建立 QQ 群、微信群等交流平台，把农业专家、技术人员和学员吸纳入群，建立起专家与学员、学员与学员之间的多向信息交流网络，及时发布和分享农业扶持政策、农产品市场信息、农业生产技术、经营管理经验等，随时提供各项指导服务，培育一批经过专业技术认证、具有一定科学文化素质、掌握现代农业生产技能且具备一定经营管理能力，以农业生产、经营或服务作为主要职业，以农业收入作为主要生活来源的农业从业人员。

第六章　以提升城市品质为亮点，共建成德优质都市生活圈

城市品质指城市的品位和质量，体现在城市风貌、城市功能、城市环境、城市人文等多方面。城市品质不在规模大小，而取决于城市规划设计水平、城市建设水平和城市管理水平，取决于宜居宜业宜商的环境质量。向成都看齐，对标成都，提升德阳城市品质，是成德同城化的必然要求，是德阳融入成都的必经之路。

第一节　大力推进德阳城市提档升级工程

一、实施城市提档升级工程的重大意义与基本思路

（一）实施城市提档升级工程是提升城市品质的重要途径

德阳经济排名一直处于全省前列，但城市建设和服务业发展却一直是短板。近年来，德阳在优化城乡空间结构、增强城镇功能、推进新型城镇化等方面取得了进展，但与成都相比、与德阳在全省

的经济地位比还存在相当大的差距。第一，德阳建市历史短，主城区是在依托原德阳县城关镇建立和发展起来的，起点底、底子薄、欠账多。原来市区面积只有几平方千米，仅有四条主街道；跨越城区的绵远河只有一座大桥；为避免城区拥堵，相当长时间内二重、东电都不敢同时选择在星期天休息。第二，城市规划和建设档次低。德阳的城市规模和建设标准，起初是按照30万人口的中小城市标准来规划和建设的，但随着德阳经济社会的发展和百万人口规模的成都北部新城的发展定位，现有城市的弊端日益凸显。例如德阳城区全是平面交通，没有立交桥；主城区最主要的交通干道也只有双向四车道，有人形象地比喻：德阳城市是一个奥拓车的底盘，现在要装奥迪车的轿子，城市建设亟须提档升级。第三，德阳中心城区人口集聚能力不强，户籍人口多于常住人口，人口净流出态势尤为明显。多年来主城区仅有一个市辖区，而县域经济相对发达，人口分布相对分散，在一定程度上制约了德阳中心城市的扩张和人口的聚集。同时，也导致金融、商业服务业、旅游等产业发展较慢。第四，城市特色不突出，吸引力不强，虽然城市规划建设在快速推进，但总显得小家碧玉，没有都市气息，理念不新，建设标准不高。例如德阳有获得“中国人居环境范例奖”的旌湖两岸，但交通功能、景观效果、实用功能和文化内涵，以及安全设施等方面亟须改造；城市近郊的东湖山公园有山有水，但配套设施陈旧，水体利用不合理；有我国最大的城市现代石刻艺术雕塑群，但石刻表面风化，腐蚀变黑，地基沉降，石材断裂……这些是缺陷，也是遗憾。为此，德阳要想实现更好发展，必须加强与成都对接，从城市建设、城市品位、产业发展、人文环境等各方面全面提升城市品质。

城市提档升级是提升城市品质的重要途径，是推进成德同城化的重要内容，是德阳城市规划、建设、管理的精准定位和正确决策，是提高人民群众幸福指数、提升德阳吸引力和核心竞争力的重大战略举措。德阳在建设成都北部新城的过程中，一定要把提高城市品质作为一项重要任务，大力实施“城市提档升级行动”，全方位改善城市功能和城市面貌。

（二）实施城市提档升级工程是推进成德同城化进程的客观需要

德阳要对标成都，主动配合，积极跟进，并进行相应的调整和升级。2016 年以来，全市各级和相关职能部门进一步统一思想，提高认识，加大投入，精心组织，强力推进，城市提档升级取得了显著成效，城市品质得到极大提升。实施城市提档升级工程就是改造现有空间，赋予新的机能，提高城市承载力、吸引力、影响力，让城市更美好，把德阳建成让本地人乐居和自豪，让外地人震撼和向往的城市。

第一，高起点规划助推城市提档升级。抓好城市空间布局工程，紧紧围绕城市定位，大力推进全域城镇化，构筑以中心城区为核心、卫星县城为骨干、卫星镇为节点、幸福美丽新村为基础的“四位一体”的全域城镇体系。

第二，高标准建设助推城市提档升级。抓好综合交通建设工程，把交通建设作为城市建设的优先战略，启动建设互联互通的城市干道、快速通道、高速公路和轨道交通，构建“五环多轴”的综合交通体系。

第三，高水平管理助推城市提档升级。按照优化城市环境、完善城市功能、塑造城市特色、提升城市档次的思路，围绕彰显城市功能、彰显城市形象、彰显城市品质、彰显城市价值“四个彰显”的核心要求，大力推进旧城改造、城市环境改造、综合管廊改造

“三大改造”工程，加快实施一批城市绿化、美化、亮化、净化“四化”工程，完善城市配套服务设施规划，塑造城市的空间环境和城市特色，凸显城市个性，建设宜居宜业的幸福城市、阳光洋气的美丽城市、管理规范的智慧城市、“会呼吸、有弹性”的海绵城市和全国文明城市，努力打造魅力德阳。

（三）实施城市提档升级工程的基本思路

一是推进城市空间转型升级。学习运用世界先进城市的规划理念，加强城市发展的规划引领，促进由单中心向组团式发展的转变。构建以中心城区为核心、卫星县城为骨干、卫星镇为节点、幸福美丽新村为基础的“四位一体”全域城镇体系，形成规范有序、高效畅通、生态宜居、疏密有度、错落有致的城市空间秩序。加大与成都的快速交通通道建设和空间联系，提高合作水平，实现共同发展。

二是推进城市生态转型升级。坚持绿色发展、绿色繁荣的城市转型之路，建设宜居德阳。加强城市绿地、水系规划建设，合理确定城市生态空间最低比重，防止过度开发。高度重视环境保护和治理工作，努力让市民喝干净的水、呼吸清新的空气、吃安全的食品、享受良好的环境。以对历史高度负责的态度，加强城市文化建设，充分展现城市的文化气息和人文气质。

三是推进城市管理转型升级。加强城市规划、建设、管理职能的协调衔接，完善城市综合管理体系，理顺城市管理体制机制。运用先进科学技术提高城市运行效率和智慧化程度，推动城市管理精细化、规范化、科学化。加强和改善基层治理，积极推行网格化管理服务。引导广大市民讲道德、重诚信，遵纪守法，提高综合素质，提升城市文明程度。

四是加大统筹城乡发展力度。以工促农、以城带乡，促进现代城市和现代农村和谐相融、协调发展。破除城乡二元分割体制机制障碍，形成城镇功能配套、产业支撑有力、社会保障健全、城乡差距缩小的经济社会一体化发展新格局。

根据以上思路，德阳市城市提档升级为城市地标、德阳记忆绘制了美好的蓝图：依傍东山，以华强沟水库、旌阳水库、梨花湖、东湖、玄珠湖等五大湖区森林公园整体规划建设为依托，大力实施“锦绣天府国际健康谷”建设。规划面积 466 平方千米，以绿色健康产业为主导，聚焦教育科研、医疗康养、“万国农舍”、文化体育、休闲旅游、总部经济六大特色功能，打造生产空间低碳高效、生活空间绿色宜居、生态空间山清水秀，产、城、景、人和谐共融的美丽中国示范区。对照国家 5A 级景区标准，实施从钱塘江路大桥至柳梢堰闸桥、总长度约 15 千米的旌湖两岸升级改造，打造“现代版清明上河图”，建设属于德阳人民自己的美丽城市客厅，同时以最新水系景观打造理念，全新规划建设石亭江及两岸景区。在城市南北，规划新建集生态修复、康体娱乐、休闲观鸟于一体的生态湿地公园。对现有广场公园进行改造，将文庙广场打造为全国旅游城市名片、城市旅游目的地和国学文化教育基地，将石刻公园打造为创意性体验式城市公园、生态养生乐园和文化教育基地。

按照“全开放、全参与、全进入”的理念，重点突出以人为核心的城市发展导向，推进全域美化、亮化、净化、绿化，不仅在中心城区，中江、广汉等辖区县（市）也全面推开。

二、德阳提档升级工程实施情况

2016 年以来，为推进成德同城化，德阳城区先后完成了对彩虹桥的美化改造，以及长江路、庐山路、凯江路、泰山路等道路示范段的改造，对城市 3 万多株行道树进行修枝剪叶，城市面貌焕然一新。2017 年，城区计划实施旌湖两岸、五大湖森林公园、南大门等 24 个城市改造工程，着力打造中心城市文化地标。市区 14 条 35 米以上的主干道改造包含板块改造、梳理绿化、人行道铺装更换、路灯更换、增加文化小品、城市家具和环卫设施等。开工建设成绵高速德阳南收费站南移工程，提升德阳门户品质，对石刻公园和文庙广场进行改造。提档升级工程实施以来，市民们普遍认为，德阳市区的道路变宽了，街道变亮了，综合管线下地了，出行更畅了，大城市的味道更浓了。

德阳的城市提档升级工程不仅涉及德阳市区，也延伸到了各个县（市、区）。全市城市提档升级项目共 276 个，总投资 656 亿元，年度计划投资 128 亿元。截至 2017 年 5 月，完成投资 25 亿元，完成投资任务的 19.5%。

（一）续建项目推进情况

全市城市提档升级项目中续建项目共 77 个，总投资 73 亿元，年度计划投资 27 亿元。截至目前完成投资 15 亿元，占计划投资的 55.6%；其中 51 个项目计划年内竣工，竣工率 66%。德阳市区光亮工程一期，龙泉山路至东一环、泰山路至华山路、珠江路至长江路、旌阳庐山街头公园、旌阳百合公园提升改造，广汉市区东西大街改造、什邡市区中心广场提档升级等项目将于年内建成并投入使用。

（二）新开工项目推进情况

全市城市提档升级项目中计划新开工项目 199 个，总投资 583 亿元，年度计划投资 101 亿元。截至目前已开工项目 15 个，开工率为 8%，完成投资 10 亿元，占计划投资的 10%。其中广汉市区中山大道改造、绵竹市区道路提升改造、中江县城城市黑臭水体整治、罗江区景乐路改造工程等项目相继开工建设。

（三）各县（市、区）项目推进情况

旌阳区：城市提档升级项目共 65 个，总投资 69 亿元，年度计划投资 17 亿元，目前完成投资 1 亿元，占投资计划的 6%。其中新开工项目 1 个。

广汉市：城市提档升级项目共 39 个，总投资 37 亿元，年度计划投资 18 亿元，目前完成投资 1 亿元，占投资计划的 5%。其中新开工项目 3 个。

什邡市：城市提档升级项目共 61 个，总投资 45 亿元，年度计划投资 11 亿元，目前完成投资 7 亿元，占投资计划的 64%。其中新开工项目 1 个。

绵竹市：城市提档升级项目共 12 个，总投资 42 亿元，年度计划投资 17 亿元，目前完成投资 2 亿元，占投资计划的 12%。其中新开工项目 3 个。

中江县：城市提档升级项目共 26 个，总投资 87 亿元，年度计划投资 15 亿元，目前完成投资 1 亿元，占投资计划的 7%。其中新开工项目 4 个。

德阳罗江区：城市提档升级项目共 23 个，总投资 9 亿元，年度计划投资6 亿元，目前完成投资 1 亿元，占投资计划的 17%。其中新开工项目2个。

德阳经济开发区：城市提档升级项目共12个，总投资22亿元，年度计划投资4亿元，目前完成投资1亿元，占投资计划的25%。其中新开工项目1个。

德阳高新区：城市提档升级项目共5个，总投资286亿元，年度计划投资14亿元。

市本级：城市提档升级项目共33个，总投资59亿元，年度计划投资26亿元，目前完成投资1亿元，占投资计划的4%。

（四）省市重点项目中城市提档升级项目推进情况

德阳市发改委将单个或部分打捆总投资超过5 000万元的项目列入了省、市重点项目计划。列为省市重点的130个项目中有25个城市提档升级项目，总投资737亿元，年度计划投资140亿元，其中德阳五大湖区生态修复工程、德阳市区城市提档升级、城市地下综合管廊、德阳高新区基础设施（一期）工程4个项目进入省重点项目计划。

全市25个城市提档升级项目已完成投资32亿元，占计划投资的21%。其中续建项目9个，总投资457亿元，年度投资计划95亿元，已经完成投资25亿元，占计划投资的26%；计划新开工项目12个，总投资252亿元，年度投资计划54亿元，已开工4个，开工率33%，完成投资7亿元，占计划投资的12%；储备项目5个，总投资39亿元。

三、采取有效措施，扎实推进城市提档升级工程

综观各县（市、区）和市本级城市提档升级项目，总体情况较

好，但仍然还面临一些问题和困难。比如，前期规划设计起点较低。县（市、区）和主城区个别提档升级项目欠缺与成都同质同标的设计和建设标准，绿化、美化、亮化、净化档次较低、标准不高；拆迁压力大，既有补偿诉求普遍偏高难以承受的负重，又有影响社会和谐稳定的重大压力，实际操作中不得不慎之又慎。为此，德阳应继续坚持向成都看齐、与成都同标，切实做好城市提档升级项目推进工作，使德阳城市绿化、美化、亮化、净化达到一个新的水平。

（一）积极作为，做好服务

一要更新观念。牢固树立城市建设管理“大德阳”思想，把思想和行动统一到市委、市政府成德同城化的大思路、大发展、大战略上，打牢思想基础，全力推进城市提档升级项目建设。

二要包装好项目。城市提档升级环环相扣，市、县（市、区）之间，各县（市、区）之间既各具特色，又互为补充，通盘做好项目策划、储备和包装尤为重要。要认真抓好项目策划包装、立项审批、资金筹措、建设模式等每一个环节，对项目进行全方位的辅导和设计，及时协调各种问题和困难，全力促进项目落地和建设。

三要强力推进项目。继续建立和完善项目“一表申请”“一窗进出”“一诺即办”“秘书服务”，市级领导联系重点项目“清单制”“一个项目、一位领导、一个机制、一套班子、一抓到底”“五个一”等机制，全力推进项目建设。做好“项目秘书”工作，全程跟踪、服务项目建设。采取“一月一分析会、一季一会商会、半年一小结会、年终一考评会”的“三会一评”等方式，使项目建设“督办制”落到实处。相关部门要加强项目全程监理督导，严格按相关程序和规定做好立项审批、招标投标等工作，确保项目建设效率和质量，确保每个项目都是“阳光工程”。

（二）抢抓机遇，全力推进

目前，城市建设的资金筹集和还款方式虽然受到国家和省相关规定的诸多制约和限制，但德阳市作为全国全面创新改革试验区、全国市政基础设施 PPP 试点市、全国首个健康信用管理示范市、全国韧性城市等试点城市，拥有创新试点、创新发展的重大机遇。必须紧紧抓住这些机遇，全力争取各项政策，推进城市提档升级工作。

一是积极申报国家发改委 PPP 项目库。作为全国传统基础设施 PPP 项目的管理部门，国家发改委 2016 年年底已经开始建设传统基础设施 PPP 项目库，入库项目将优先享受中央和省预算内资金补助。德阳要紧紧抓住国家发改委和住建部的“全国市政基础设施 PPP 试点市”的机遇，积极包装好国家发改委 PPP 入库项目。各县（市、区）、德阳经开区、德阳高新区也要组织专门力量，认真筛选、包装项目，使德阳市市政基础设施项目建设的主要通道发挥更大作用。

二是积极对接和争取国家、省相关资金和优惠政策。2016 年，德阳已经梳理出 761 项对接中央和省的资金和优惠政策。国家“十三五”165 个重大专项已经出台，全省正在收集储备项目，德阳必须抢抓机遇，切实做好项目的申报、争取工作。

三是主动适应资本市场化。德阳已经成功争取到全省政府存量资产 PPP 试点市，省发改委已经组织川投航信 PPP 基金来德阳进行摸底和对接。德阳市本级已经建立了 40 亿元的市政基础设施建设基金，各地要通过引导基金放大现有财力，做好财政资金的“乘法”，多渠道利用社会资金，积极筹集项目建设资金。在 2016 年国务院对地方债务进行大督查后，国家发改委对德阳有关项目建设开通了直通车。德阳应抓住机遇，积极包装项目，通过发行企业债、项目债等方式筹集项目资金。

（三）抓住重点，稳妥推进

征地拆迁工作是困扰城市提档升级的一大难题，也是工作重点。实际工作中，要认真区别处理合理诉求和漫天要价的诉求，找准主要矛盾和矛盾焦点，制定科学周全的应对措施，耐心细致地做好思想正面疏导、引导工作，及时化解各种矛盾和纠纷，确保社会和谐稳定，使城市提档升级工作健康有序推进。

第二节　保护生态环境，建设美丽德阳

一、保护生态环境的重大意义

绿色发展是经济社会永续发展的必要条件，也是人民群众追求美好生活的重要体现。党的十八大以来，以习近平同志为核心的党中央高瞻远瞩，把绿色发展上升为经济社会发展的基本理念，为绿色发展指明了前进方向。中共四川省委十届八次全会提出，要把推进绿色发展融入实施“三大发展战略”、推进“两个跨越”的各方面和全过程，做出了《中共四川省委关于推进绿色发展建设美丽四川的决定》。

德阳作为全省重要工业城市，高度重视生态文明建设，在省委、省政府的坚强领导下，以最严厉的举措防治污染，坚决淘汰落后产能，在推进绿色发展、改善环境质量上取得显著成效。但是生

态环境仍面临不小压力，工业污染问题突出，大气、水、土壤等环境污染问题依然存在，能源资源约束趋紧，节能减排任务艰巨。加快转变发展方式、调整优化经济结构，着力推进绿色发展、循环发展、低碳发展，已成为刻不容缓的重大历史任务。推进绿色发展、建设美丽德阳，是落实“五位一体”总体布局和“四个全面”战略布局，践行新发展理念的重要举措，是奋力实现“五个走在前列”和“一高两率先”的内在要求，是增进民生福祉的必由路径，对德阳加快迈入转型发展快车道、全面建成小康社会意义重大。

践行绿色发展理念，就必须贯彻节约资源和保护环境的基本国策，坚持“绿水青山就是金山银山”，把推进绿色发展融入经济建设、政治建设、文化建设、社会建设各方面和全过程，融入全面创新改革和成德同城化两个“一号工程”，着力建设资源节约型、环境友好型社会，着力完善生态制度、维护生态安全，着力打造天蓝地绿、山清水秀的美丽德阳。

德阳市委、市政府将推进绿色发展、建设美丽德阳作为落实“五位一体”总体布局和“四个全面”战略布局，践行新发展理念的重要举措，高度重视生态文明建设和体制改革，环境保护的认识高度、推进力度、时间深度前所未有。

绿色发展列入五大发展理念，环境保护战略地位得到进一步加强。党的十八大把生态文明建设纳入“五位一体”总体布局，融入经济建设、政治建设、文化建设、社会建设各方面和全过程。推进绿色发展、建设美丽德阳，是实现“五个走在前列”和“一高两率先”的内在要求，是关系德阳全面创新改革和成德同城化两个“一号工程”顺利推进的一个重要理念。

环境保护成为全社会的高度共识。当前，“推进生态文明建设、加快改善环境质量”的思想认识高度统一，政府环保投入力度、企业环境守法意识、公众和社会组织参与和监督环境保护的积极性都在迅速提高，保护环境的合力显著增强，“社会共治”模式为加快解决复杂环境问题创造了有利条件。

二、德阳生态建设和环境保护的状况

（一）取得的成效

多年来，德阳市加强“生态德阳”建设，着力建设资源节约型、环境友好型社会，以推进节能减排、削减主要污染物排放量、生态保护和创建、防范环境风险为着力点，以能力建设、环境宣教为保障，环境保护工作取得成效。以“十二五”期间为例，环境保护与生态建设规划实施总体情况较好，约束性指标全部完成。主要污染物减排方面，2015 年，德阳市化学需氧量、氨氮、二氧化硫和氮氧化物排放量分别为 5. 20 万吨、0. 58 万吨、1. 96 万吨和 2. 14 万吨，比 2010 年分别下降 12. 77%、9. 98%、21. 27%和 2. 13%。

(1) 生态文明建设扎实推进。转方式调结构取得实质突破，2016 年德阳服务业增加值比重达 28. 4%，资源能源利用效率明显提高，单位 GDP 能耗累积下降 21. 6%，工业增加值用水量累计下降 62. 8%，特色产业发展更加扎实，装备制造业实力不断增强，新型先导性服务业发展加快，旅游业逐步成长为新的经济增长点。成功争取国家资源综合利用“双百工程”示范基地，入选国家节能减排财政政策综合示范城市。推进德阳经济技术开发区实施生态化、循环化改造，创建省级生态工业园区。扎实推进生态文明体制改革，制订《德阳市生态文明体制改革工作方案》。

（2）环境污染治理不断加强。以节能减排示范市为载体，落实污染减排措施，淘汰落后产能企业 142 家，涉及水泥、化工、造纸等行业产能 902.8 万吨，强制性清洁生产审核企业 40 家。实施城市饮用水水源保护区规范化建设，开展地下水环境保护基础调查和评估，加强农村饮水安全保障，解决 57 万人饮水安全问题。全面实施沱江流域“德阳成都控制单元”水污染综合整治，推进沱江流域重点项目建设。建立“河道禁养”长效管理机制。完成 12 个行政村环境连片整治，对 44 家规模化畜禽养殖场（小区）进行污染治理。落实大气污染防治行动计划，淘汰燃煤锅炉 74 台（套），划定中心城区高污染燃料禁燃区，强化建筑工地和道路交通扬尘控制措施，完成 239 座加油站和储油库油气回收治理，累计淘汰“黄标车”和老旧汽车 2.37 万辆，建成机动车尾气环保检测线 17 条，核发新注册机动车环保标志近 4 万张，加大秸秆综合利用。开展大气环境质量应急攻坚专项行动，印发并实施《德阳市大气重污染应急预案》和《德阳市实施人工增雨影响天气作业减轻大气污染工作方案》，实施人工增雨 4 次，积极防范重污染天气，启动重污染天气预警预报试点。

（3）生态保护与创建成效显著。启动生态保护红线划定工作。开展绿化全市行动，完成 32.9 万亩（约 220 平方千米）营造林，15 万亩（约 100 平方千米）低效林改造，林木覆盖率提高到 40.8%，森林覆盖率达到 24.2%，治理水土流失面积 644.75 平方千米，建设 6 551 千米农田水利渠系。生态创建不断推进，先后获得国家园林城市和国家森林城市荣誉称号，成功创建省级环境保护模范城市；成功创建罗江区、旌阳区 2 个省级生态县（市、区），建成 7 个国家级生态乡镇，52 个省级生态乡镇，11 个省级生态村，

343 市级生态村。

（4）环境监管能力明显提升。“十二五”期间，完成市县两级环境监测站建设和环境监察机构标准化建设，环境信息化水平大幅提升。建成德阳市环境空气数据业务（发布）平台，进一步严格环境监管和执法。制定并出台突发环境事件应急预案，定期开展应急演练。

随着创新驱动带动经济内涵式增长，全要素生产率贡献大幅提高，将推动污染物排放强度持续下降，污染治理技术和能力的不断提升，环境压力有望有所减轻。

（二）存在的主要问题

德阳市辖区面积小，人口密度大。随着经济社会发展和工业化、城镇化水平的提高，资源环境约束不断加大。

一是土地的制约。2016 年，四川人口密度为 170 人/平方千米，德阳为 664 人/平方千米。德阳市人均耕地只有 0.94 亩（约 626.67 平方米），人均耕地不到全国平均水平 1.4 亩（约 933.33 平方米）的 70%，低于全省平均水平。随着成德同城化的推进和全市城镇化水平不断提高，基础设施建设的力度将不断加大，对土地的需求量加大；德阳市产业规模扩大和结构优化对用地的压力越来越大；社会主义新农村建设的不断推进，对用地保障提出了新的要求。但德阳市人多地少、后备耕地资源不足，可作为建设用地的空间与农业生产、生活空间重叠度高，土地供给压力将越来越大。

二是水资源缺乏。四川地处长江上游，水资源相对丰富，人均水资源高于全国平均水平。但是四川水资源在地域上的分布很不均匀，甘孜藏族自治州、阿坝藏族羌族自治州、凉山彝族自治州三州人口占全省人口总数的 7%，水资源占全省水资源量的 58%，土地面积占全省的61.3%，其他18个市（州）人口占全省的93%，水资源量仅占全省水资源量的42%，土地面积占38.7%。目前，四川省水资源人均拥有量低于国际公认1 750立方米用水紧张线的有11个市。德阳人均拥有水资源850立方米，仅为世界人均水资源量8 840立方米的9.6%，仅为全国、全省人均水资源拥有量的38.4%、29%，是四川严重缺水地区。

德阳水资源在时空上分布不均，形成区域性缺水和季节性缺水，受到本地水资源的限制，其用水主要依赖都江堰引水的调节，供水安全受到威胁。加之近年来由于城市发展使得水污染加重、污水处理能力不足，很多农业用水没有采取节水措施导致浪费较多等，也加剧了德阳地区水资源的紧张，制约了工业化和城镇化的发展。有关资料表明，2015年，德阳地表水的总磷和氨氮超标情况严重，受水资源匮乏等多种因素影响，全市70%以上的河段已无环境容量，16.7%的水体为劣V类水体，流域性污染形势严峻。环境空气颗粒物污染突出，NO_2呈上升趋势，臭氧污染逐步显现，先天盆地地形和大气扩散条件不足，大气环境质量持续改善难度加大。土壤环境质量底数摸查不清，部分耕地土壤存在无机有机复合超标情况，市内涉重金属、涉危化品的工业园区和企业分布广数量多，强酸、氯碱、磷氨等重点风险企业的污染状况不容忽视。随着成德同城化的发展，城市快速扩张将会大量挤占生态空间，污染负荷加大，生态环境压力仍将长期累积。

三是环境约束日益加剧，发展空间受限。德阳作为一个典型的工业城市，涉重金属、危化品、核与辐射等企业数量相对较多。同时由于历史原因，企业大多直接分布在主要河道沿岸甚至是人口密集地区，影响环境安全的不确定性因素多，防范生态环境风险的压力大。灰霾、黑臭水体、总磷等环境问题已引起社会高度关注，成为环境质量的重要短板，且其污染来源成因复杂多样，污染传输扩散特征错综复杂，呈现区域型、复合型等特征。但目前德阳工业企业环境治理设施较少且由于处理能力不足、80%的工业园区污水处理设施未按要求建设或提标改造、城镇集中污水处理设施长期超负荷运作且配套管网建设滞后、农村环境基础设施建设滞后、农村面源污染日趋凸显、环境管理不完善等原因，环境治理难度将持续加大。环境保护能力不足，环境应急预案针对性差，尚未设立专门的环境应急管理机构和配置专职人员，环境应急响应与处置能力不足。一旦出现突发性环境污染事故，其造成的环境影响大，后果严重，应急处置难度大，成本也较高。

三、保护生态，建设美丽德阳的重要举措

（一）始终坚持生态优先原则，优化国土空间开发格局

1. 完善绿色空间布局

根据全市国土资源现状和经济社会发展需要，科学划定城乡建设、基本农田保护、生态环境保护的空间界限，明确不同区域准入、限制和禁止发展事项，推进主体功能区建设。探索经济社会发展、城乡空间、土地利用、环境保护等规划“多规合一”，总结推广绵竹“多规合一”、中江全域规划试点经验。强化国土空间用途管制，统一土地分类标准，加快形成高效协调可持续的国土空间开发格局。建立由空间规划、用途管制、差异化绩效考核等构成的国土空间治理体系。从财政、投资、产业、土地、人口、环境等方面，健全侧重绿色发展的绩效考核评价机制，推动经济与环境协调

发展。加快土地要素配置，控制建设用地总量，强化节约集约用地，建立健全覆盖全部国土空间的监测系统。

2. 严守资源环境生态红线

严防死守耕地红线，健全耕地保护长效机制，加强耕地生态综合保护，落实基本农田保护责任，加快高标准基本农田建设，提高耕地质量。严守资源消耗上限，实行能源消耗总量和强度“双控”行动，落实用水总量控制、用水效率控制、水功能区限制纳污“三条红线”管理。严守环境质量底线，将环境质量“只能更好、不能变坏”作为党委、政府的环保责任红线。严守生态保护红线，确保生态功能不降低、面积不减少、性质不改变。

（二）打好“四大保卫战”，着力解决突出环境问题

1. 打好绿水保卫战

建立市、县、乡三级河长制体系，聚焦治污、建堤、增绿三大重点，加快实施沱江流域、郪江流域综合治理和绿色生态系统建设与保护“世代工程”。实施最严格水环境监管，加强沱江流域德阳成都控制单元德阳段的水污染防治，对绵远河、湔江、石亭江等水体实行综合整治。强力控制和削减总磷、氨氮、化学需氧量等单位含量，力争到2020年，基本消除劣V类水体。开展城市黑臭水体排查，建立整治清单。实施水污染防治设施建设工程，加快城市和重点乡镇生活污水处理设施及配套管网建设，推进工业集聚区污水集中处理设施建设，加强规模化畜禽养殖污染治理设施建设。实施重点行业“双有”“双超”企业强制清洁生产审核和达标行动。强化饮用水源保护区隔离管理和监察执法，实行饮用水水源安全评估公示制度。实施农村饮水安全巩固提升工程，提高农村饮水安全保障程度和质量。

2. 打好净土保卫战

认真落实土壤污染防治行动计划，严控新增污染，逐步减少存量。到 2020 年，重点区域土壤污染加重趋势得到有效遏制，土壤环境质量总体保持稳定。实施土壤环境监测预警工程，建立土壤环境质量监测网络。实施土壤污染分类管控工程，加强建设用地准入管理，对重金属污染重点防控区企业实行污染物特别排放限值管理。实施土壤污染治理与修复工程，建立协调联动机制，加强土壤污染和固体废弃物污染治理，强化工业污染场地治理，重点整治磷石膏渣场，提高磷石膏综合利用率，推动实现涉磷企业产用平衡、总量消增削存，深入开展地力培肥及退化耕地治理，安排专项资金开展品种筛选和修复治理试验试点，出台扶持政策支持中度、重度污染地区开展品种替代和结构调整。加强农业面源污染防治，加大种养业特别是农药残留污染、规模化畜禽养殖污染的防治力度。全面整治历史遗留尾矿库、重金属污染土地、危险固体废物堆场、非正规垃圾填埋场等。推进生活垃圾分类和减量，防范“白色污染”、废电池污染，加快城乡生活垃圾处理及运转设施建设。

3. 打好蓝天保卫战

建立健全“协同治污、联合执法、应急联动、公众参与”的大气污染联防联控机制，完善灰霾天气监测、预报、预警和防控体系，与成都、绵阳实施跨区域空气污染联防联治，确保每年空气质量有所改善、十年总体达标。实施工业减排，加快化工、水泥、建材、钢铁等重点行业污染治理，大幅削减二氧化硫、氮氧化物、烟粉尘、挥发性有机物排放总量。抑制城市扬尘，严格施工工地扬尘环境监管，强化城市道路扬尘防治，加强城市堆场扬尘综合治理。推进锅炉清洁能源改造，综合整治大型餐饮油烟污染，推行建筑垃圾密闭运输。积极推广清洁能源汽车，严防黄标车进入运输市场。实施全域秸秆禁烧，提高秸秆综合利用水平。

4. 打好青山保卫战

深刻汲取甘肃祁连山国家级自然保护区生态环境问题的教训，重点抓好九顶山自然保护区建设，依法有序引导46家探采矿企业加快退出，全面修复受损生态。九顶山自然保护区于1999年1月经省政府批准建立，并于2012年对范围、面积进行明确和调整，保护区总面积现为616.4平方千米，绵竹境内面积368平方千米。2016年，绵竹委托四川省林业勘察设计院，对自然保护区范围和探采矿权范围进行了叠加核对，锁定全部或局部重叠的采矿权28个（采矿井口118个）、探矿权18个（探矿井口39个）。目前，绵竹市正积极推进保护区内矿井封闭和生态修复工作，现已封井88口，占保护区内探采矿井总数的56%，并完成6个矿权和5个井口的生态修复。

5. 加强环境风险防控

建立“统一监管、多方参与、分工负责、执法严明”的环境保护监管体系，健全环境风险防控责任制，实施“网格化”监管。建立跨区域、跨流域的环境联合执法工作制度，做好流域上下游、相邻区域的污染联防联控工作，防止跨区域、跨流域恶性污染事件发生。提高环境监管执法能力，落实环境监察稽查制度。加强环境应急能力建设，强化环境隐患排查，定期评估环境风险，完善应急预案，落实应急物资，开展应急演练，妥善处置突发环境事件。

（三）大力推进绿化提质增效，全面筑牢生态安全屏障

1. 实施绿化提档升级工程

围绕建设环成都平原生态带工程，继续提质道路和水系的绿

带，对全市境内高速公路、铁路、国省县乡道两侧及沿线范围内的裸露土地和河流、水库、渠堤的宜绿地段实行全面绿化。深入开展义务植树活动，发动社会力量参与造林绿化行动。到 2020 年形成良好的绿色屏障和靓丽的绿色风景线，发挥"城市绿肺"的作用。开展森林小镇创建活动，建设社区、机关、学校、企业、新农村聚居点附属绿地和城市立体绿化，形成点、线、面相结合的多层次城乡绿地系统。

2. 加强森林资源保护和合理利用

实施天然林资源保护二期工程，巩固全市 17.75 万亩（约 118.33 平方千米）退耕还林成果。严格林地用途管制和定额管理。积极推进乡土珍贵绿化树种选用和推广，加强古树名木保护，全面落实保护森林资源任期目标责任制。实施森林质量提升工程，强化森林科学经营和培育，加快建设国家木材战略储备基地。推进依法治林，依法打击破坏森林资源的违法犯罪行为。加强森林火灾和病虫害防控体系建设，完善森林保险制度。

3. 推进江河湿地修复治理

优化水资源配置，加快建设八角水库、华强沟水库、石泉水库等骨干水源工程。实施湿地保护与恢复工程，开展退耕还湿、退养还滩、生态补水，增加湿地面积，建设湿地公园、湿地自然保护区和保护小区，打造"中国鸟语城"。实施绵远河、石亭江、湔江、青白江、凯江等中小河流重点河段的综合治理，实施一批江河湖库连通工程。严格落实全市河道砂石禁采，规范河道疏浚清淤工作。以小流域为单元，工程措施与生物措施相结合，强化水土流失综合治理，推进生态修复增水。加强地震灾区、山洪泥石流等受灾区域受损林地植被恢复和矿区废弃地、尾矿坝等脆弱地区生态修复。加强区域联动，建设嘉陵江流域国家生态文明先行示范区。

4. 加强生物多样性保护

实施野生动物保护工程，以保护大熊猫野生种群和栖息地为核心，以创新生态保护管理体制机制为突破口，扎实推进濒危动物栖息地、基因交流走廊带建设。加强珍稀植物拯救性保护，抓好极小动植物种群拯救与保护，提升生物多样性保护能力。强化典型生态系统和景观多样性保护，规范野生动植物繁育利用，防范物种资源丧失和外来有害物种入侵。

（四）着力构建生态城镇体系，建设山川秀美宜居环境

1. 加强生态城镇规划设计

坚持全域一体，加快总体规划和专项规划编制，着力构建“四位一体”全域城镇体系。更新城市规划建设理念，以“创新、绿色、智慧、人文”为方向，统筹空间、规模、产业三大结构，统筹生产、生活、生态三大布局，统筹规划、建设、管理三大环节，大力提高城市发展的宜居性、持续性。依托现有的山体水系、森林湿地等自然条件和气象条件，科学布局各类空间，合理确定城镇形态。大力推进成德同城化发展，加快对接两市“十三五”、交通路网等规划，打造成都现代化国际化大都市北部新城。

2. 构建生态城镇体系

统筹城镇与山水林湖布局，推动城市湿地公园、绿廊、绿道、林荫路等特色生态项目建设。着力打通城市水系与江河的大循环，加快形成相互连通的生态圈，大力建设地下综合管廊，争创“国家海绵城市”。推动建筑产业绿色化，推广绿色建筑，加强绿色建材应用，提高建筑节能标准。发展绿色交通，优先发展公共交通，因地制宜发展轨道交通，开展城市充电桩建设试点，构建绿色、便

捷、智能的综合立体交通系统。完善公共服务设施，严格按国家标准，配套完善中小学、幼儿园、菜市场及社区医疗、文化、体育等服务设施，建立便捷的社区生活服务圈。

3. 建设幸福美丽新村

统筹布局新村聚居点、旧村落和传统院落，突出地域特色、乡村特点和田园风光，保留乡土味道。全面实施扶贫解困、产业提升、旧村改造、环境整治和文化传承"五大行动"，积极推广"小规模、组团式、生态化、微田园"新村建设模式。统筹推进农村基础设施建设，实施山水田林路园综合治理，做好电气通信网络综合配套。进一步强化农村环境综合治理。加强城乡一体共建，扎实推进文明村镇创建，让群众住上好房子、过上好日子、养成好习惯、形成好风气，建设一批生态文明、环境优美、具有德阳特色的幸福美丽新村。

第三节　以推进城市公共服务便利化为重点，增强广大市民的获得感

以改善民生为重点，通过创新社会管理体系，推进教育、医疗卫生、文化体育、就业、社会保障、公共事务管理，共建优质生活环境等措施，提高区域公共服务水平。

一、发展质量最高、吸引力最强的教育事业

根据《推动成德一体化发展合作备忘录》中提出的推动成德城

市主城区品质协同的目标，德阳市要积极对接成都，从战略层面把优质教育资源向北布局发展，探索建立教育合作新模式。

为了引进成都市优质教育资源，德阳与成都协商建立了五个方面的合作事项，即建立中小学教师研训合作机制、组建职业教育联盟、推进教育科研和远程教育的交流与合作、共建共享区域优质教育资源、建立长效合作机制。一是共建共享优质教育资源。依托西南财经大学天府学院罗江校区、电子科技大学什邡校区、四川标榜国际职业技术学院中江校区、成都实验外国语学校北部校区、成都师范学院德阳高级中学等项目，促进两市教育深度合作；吸引成都市名校到德阳发展，共同提高德阳市基础教育质量和基础教育的品牌吸引力，支持两地知名幼儿园以连锁形式跨区域办学，两地联手整合幼教资源和师资培训资源，共同打造品牌幼儿园；以“亚洲教育论坛”“文翁大讲堂”“都江堰教育国际论坛”“骨干教师培训班”“教育管理高级研修班”等高端讲座为载体进行深入合作。二是开展基础教育结对帮扶。德阳市部分中小学校积极争取与成都市名校合作，建立结对机制，逐步融入成都市中小学研训体系。如青羊区教育局与中江县教育局、石埡子村小与泡桐树小学签署协议，开展了一系列交流活动，石埡子村小在学校建设、学校发展、教师培养、学生成长等方面得到全面提升。同时两地培训平台全面开放，青羊区所有教师干部梯队培训全面向中江县教师干部开放，助力提升中江县教师的教育技能和综合素养，加快中江县教师专业化发展步伐。广汉教师培训中心与成都市金牛区、锦江区教师培训中心开展系列合作，培训能力得到极大提升。三是建立两市职教联盟。鼓励两地职业院校共同组建院校联盟，实现跨区域、跨行业、集团化发展；在两地边界共同组建国际化职业教育实习训练中心、跨企业培训中心和就业创业平台等；引导鼓励支持两地民办职业院校合作办学；以合资、股权转让等形式做大做强，发挥民办职业院校机制灵活的优势，为成德绵全面创新改革示范区培养紧缺人才。四是推动高等教育错位发展。以德阳市高等职业教育综合改革试验区为依托，承接成都市高校增量部分及研究型院校的转移，支持德阳市应用型高职院校到成都发展；鼓励两地高职院校跨区域建立分校办学。五是推进教育信息化建设。建立统一的信息化标准，整合共享区域教育信息资源，推进各阶段、各类型教育信息化合作。扩大教育网络的互联带宽和互联网出口，逐步实现成德两市社区与家庭教育宽带网全覆盖。建设教育信息搜索引擎，分领域开发统一的教育教学资源应用系统。建设统一的继续教育网络平台，实现培训网络和课程自由选择、互认学分。

二、共建共享医疗卫生服务

成德两市在推进医疗卫生共享方面，取得了一些成效。一是做强健康产业，构建高端医疗服务模式，在做强医疗健康产业上狠下功夫。通过政策扶持，出台《德阳市引进全面创新医疗卫生领军人才暂行办法（试行）》和《德阳市医疗健康服务业重大项目招商引资支持政策暂行办法》，吸引优质医疗资源落户德阳。目前，德阳市已签约健康产业项目 11 个。其中，西促会与德阳市签订战略协议，拟投资 50 亿元建设中国（西部）微创国际医学中心；德阳市卫计委推出 10 个社会办医项目均已确定投资建设企业，投资总额约 10 亿元。此外，德阳市第二人民医院与北医泰然医疗投资公司商谈打造“吴阶平泌尿外科”；第六人民医院与全科医师联盟商谈打造

"心脏区域协作中心"。卫计委相关人士表示，以上项目的实施，将对德阳市开展"大专科，小综合"的发展理念具有引领性作用。二是加强医疗协作，通过加强医疗机构协作、资源共享，成德两地的医疗"结盟"渐入佳境。目前，全市已有近20家医疗机构与四川大学华西医院、四川省人民医院、成都中医药大学附属医院、成都军区总医院等优质医疗资源集中的医疗机构签订合作协议，并在双向转诊、远程会诊、构建医疗联合体、学科协作等方面紧密合作。经过前期对接，德阳市还将与省内知名医疗机构签订区域医疗资源协同发展合作协议。另外，在成德疾病防控和应急救援协作方面，通过建立两市双向转诊机制、临床用血应急调配机制，深入推进两市同等级医学检验影像检查结果互认和跨市医师多点执业工作，实现大型医疗设备检查和治疗等优质资源共享。此外，将积极探索医保信息系统的互联互通、两市之间医保的即时结报机制，进一步方便两地群众就医。三是公共卫生服务方面，将与成都市疾控机构标准化建设接轨，建立与其一致的精神卫生机构全额财政保障机制，并逐步实现两市卫生计生信息化平台的互联互通、资源共享，共同推进居民健康卡建设。

三、统筹就业服务

一是成德两市逐步建立市场化的就业促进体系，落实促进就业的各项优惠政策，健全统一规范的劳动用工制度和就业管理服务网络，加快建设覆盖城乡劳动者的就业、失业登记制度和城乡统一的人力资源市场，营造城乡劳动力就业公平竞争、同工同酬、同等待遇的良好环境，引导劳动力在地区、城乡之间合理有序流动。加强职业技能培训，加快培养一批高素质、专业化的高技能人才，提升劳动者的职业技能和综合素质。二是深化就业服务合作，推进就业信息和职业技能培训资源共享，实现人力资源的无障碍自由流动和高效配置，并加强社会保障合作，逐步对接筹资标准与保障水平，共同构筑全民参保、政策趋同、流转顺畅的和谐都市区。三是促进就业服务的同城化。建立统一的就业服务信息平台，推动就业失业登记、就业指导、职位发布、政策咨询等服务对接。

四、完善公共服务体系

（一）提高政务服务水平，加快推进投资项目落地

通过六措并举，德阳打造了“流程最短、手续最简、效率最高、服务最优”的高效服务机制。一是一窗服务。建立健全一窗受理、一窗收费，统一受理投资项目申请，一窗一次性完成费用减免审核和缴费手续。二是全程服务。建立指导、协调、跟踪的全过程服务机制，由专业化投资项目代办员队伍负责项目全程跟踪服务。三是提速服务。提前介入项目前期准备工作，对项目“量体裁衣”，提速办理；积极将各级各层面清理、简化审批项目的（审批制度改革）成果运用到并联审批中来，加快项目建设。四是务实协调。面对现行法律法规中存在合法不合理的状况，解放思想理解政策，努力在制度、法律框架内创新工作机制，再造审批流程，优化服务模式，求真务实解决难题，齐心协力推进项目。五是公开监督。在“投资德阳”网站上公开代办项目当天的办理事项、承办单位、办理时限等实时情况，接受社会公开监督；对每个代办项目（内网代办日志公开）查倒排工期等。六是专项考核。市县两级建立了并联

审批工作考核机制，强化对并联审批履职考核的结果运用。

（二）夯实社会治理基础，构建基层便民法律服务生态体系

近年来，德阳市政务服务中心依托基层政务服务体系，发挥便民服务站在基层社会管理中的支撑作用，逐步将基层社会治理和社会维稳引入法治化的轨道，取得较好成效。目前，全市 1 768 个村社便民服务站均已配备 1 至 2 名驻村律师，随时免费为群众提供法律咨询和法律服务。推行“一村一律师”制度，拓展了基层便民服务体系功能，进一步发挥了基层便民服务资源的使用效益，并对未来体系建设方向进行了有益的探索。同时，政府购买法律服务送基层，不仅规范和协调了基层社会内部事务，缓解了社会矛盾，更重要的是启发了民众的法治意识，树立了法治信心，增强了法治经验。

（三）依托互联网，建设智能化服务平台

德阳中心城区现有 14 个公共场所覆盖有免费 WIFI 项目，未来则实现全区域覆盖。此外，“城市服务”平台内容将更丰富化，如交通违章办理、港澳再次签注、户政业务预约、长途汽车购票等更多服务将会被接入更多服务平台中。凭借信息高速网络建设，物联网、云计算、大数据等新一代信息技术得以广泛应用，两市在推进城市管理智能化、精细化、人性化“三化”建设、共建成德智慧城市方面，将优先建好面向市民的教育、文化、交通、旅游、社会保障、生活服务等民生服务的智能应用系统，提升城市公共服务能力。

第七章 以全域城镇化为依托，增强成德同城化的支撑力

全域城镇化是在新型城镇化基础上提出的一个崭新概念。全域城镇化是城镇化进入中高级阶段的一种实践形式，是一个行政辖区内整体推进现代化、实现城乡一体化的过程，是一种整体社会特征的转变。其要点是按照全域理念，在一特定区域进行全域谋划、全域布局，把全域城乡按照城镇化发展方向和城镇品质提升要求来规划和建设，拓展城镇发展空间，提升城镇承载能力，促进农村经济社会转型升级，形成科学合理、资源共享、优势互补、功能完善、城乡对接与协调发展格局。全域城镇化发展中面临的重点难点问题很多，不少问题没有现成答案，特别是各地经济条件、产业结构状况、资源禀赋、生态环境、人口结构、社会基础、人文地理、风俗习惯等方面存在较大的不平衡性和差异性，不同地方的全域城镇化必须结合实际、因地制宜、适时调整、与时俱进。

第一节　德阳市全域城镇化现状与规划

一、德阳市城镇化现状

德阳市是四川省第二大工业城市，工业化和城镇化水平长期居四川省内前列。近几年，德阳市户籍制度改革以及城乡一体的养老、医疗等社会保障制度改革等已基本完成。城乡建设方面，城镇水、电、路、气、信息网络等基础设施显著改善，教育、医疗、文化体育、社会保障等公共服务水平明显提高，人均住宅、公园绿地面积大幅增加。城乡统筹工作成效显著，“百镇建设行动”扎实推进，幸福美丽新村建设取得明显成就，农村危房改造、基础设施和公共服务设施配套有序推进，为城镇化深度发展和构建“四位一体”全域城镇体系奠定了良好基础。2016 年年末，德阳全市户籍总人口 390.0 万人，常住人口 352.0 万人，常住人口城镇化率 49.6%，户籍城镇化率约 31%，初步形成了由 1 个中等城市、2 个Ⅰ型小城市、3 个Ⅱ型小城市和 99 个小城镇构成的城镇体系。

1. 科学谋划城镇化发展

德阳市政府明确提出打造德阳城市升级版，加强全域城镇化和成德一体化发展战略研究，构建以德阳中心城区为核心、卫星县城为骨干、卫星镇为重要节点、幸福美丽新村为基础，布局合理、协调发展的“四位一体”城镇体系。为科学指导德阳城市建设，自 2013 年新型城镇化工作开展以来，德阳市按年度制订了《德阳市加快推进新型城镇化重点工作实施方案》和《德阳市加快推进新型城镇化工作考核办法》，开展了城市总体规划的修编工作，2017 年年初，《德阳市城市总体规划（2016—2030）（草案）》出炉，7 月，《德阳市新型城镇化规划（2017—2020 年）》正式公示，全市城镇化工作正扎实推进。城市新区加快建设，中心城区辐射带动能力进一步增强，全市城镇化发展格局不断优化。德阳高新区成功升级为国家级高新区。德阳市成功创建国家卫生城市、园林城市、森林城市，正在创建全国文明城市，人居环境明显改善。

2. 城镇建设速度加快

“十二五”期间，全市城镇基础设施建设总投入 149 亿元，比“十一五”增加 56 亿元；建成区面积 293. 15 平方千米，比“十一五”增加 63. 67 平方千米。全市建筑业完成投资 1 070 亿元，比“十一五”增加 320. 69 亿元。全市房地产开发完成投资 435. 01 亿元，比“十一五”增加 58. 19 亿元。保障性住房建设共投入资金 70 亿元，开工建设保障性住房 30 148 套、159. 9 万平方米，改造各类危旧房棚户区 57 537 户、448. 3 万平方米，累计发放廉租住房租赁补贴 5 000 余户，全市 4 万户城镇困难家庭住房条件得到改善。

3. 统筹城乡发展成效明显

“十二五”期间，德阳市投入 39 亿元用于小城镇基础设施和服务设施建设，有效提升了小城镇功能和综合承载能力。全市 13 个镇被列入全国重点镇、2 个镇被列入全国特色景观旅游名镇、1 个镇被列入全国宜居小镇，13 个镇被列入全省“百镇建设行动”试点镇。另外，德阳市还投入 22 亿元用于村庄基础设施建设，建成新农村聚居点 195 个，提升改造新农村聚居点 541 个，改造农村危房 22 571 户。

4. 配套改革持续推进

德阳市制订了德阳市城市建设与管理专项改革工作方案，确定了34个改革事项，为城市建设和新型城镇化工作增添了动力，并开展了中江全域规划、绵竹“多规合一”试点工作和以满足新市民住房需求为出发点的公共租赁住房共有产权试点，深入推进新型城镇化；推进户籍制度改革，城镇落户限制条件全面放开，积极完善城乡社会保障制度，各项社会保险覆盖面不断扩大；推进土地制度改革，出台《关于集体土地房屋登记工作的实施意见》，土地承包经营权确权颁证基本完成，城乡建设用地供应不断优化。

二、德阳市城镇化规划的主要内容

（一）规划主要思路和内容

1. 城市定位

城市定位：德阳市是国家高端装备产业创新发展示范基地、成渝城市群副中心城市、具有国际影响力的文化名城及生态田园健康城市。

发展目标：将德阳建设成为高端产业为支撑、高素质人才就业为主体、高品质宜居、宜业、宜商的成都国际化大都市北部新城。将德阳打造为世界智造之都、国际文化名城、生态田园典范。

2. 城市发展战略

创新引领：抓住全面创新改革试验是德阳转型升级的重大历史机遇，聚集一流创新企业，吸引一流创新人才，形成以创新为引领的发展模式，建设成为国家创新驱动发展示范市。

成德同城：加强成德城际之间互联互通，实现与成都的同城化、同发展、同繁荣。

市县一体：推动“大德阳”一体发展，强化中部城镇密集地区的引领作用，建设具有中国特色、生态田园组团发展的典范城市。

生态品质：保持良好的山水田园生态格局，构建绿色产业体系，打造绿色生活空间，培育绿色生态环境，建设生态文明示范。不断提升基本公共服务优质化和均等化水平，荟萃一流名校名医院，建设具有一流公共服务的人居环境。

德阳市城市总体规划近期目标至2020年，市域总人口为420万~440万人，城镇化率达到55%；远期目标至2030年，市域总人口为460万~480万人，城镇化率达到66%。

（二）优化市域总体格局

总体格局概括来说，就是“一区两片三轴”的大德阳空间结构布局。

一区：加快“大德阳”城镇密集区一体发展。

全面推进市-县抱团集聚、联动统筹。中心城区是“大德阳”综合服务中心，广汉是“大德阳”南进对接成都的战略地区，什邡是“大德阳”西扩的重要组团和成德融合的重要平台，绵竹是“大德阳”向西扩展的重要城市组团和辐射川西北的门户，罗江是“大德阳”北部组团、德阳向北优化发展的战略地区，中江是“大德阳”东拓重要组团、德阳向东对接成渝的城市组团。依托“五环多轴”区域交通骨架，强化市-县快速交通体系建设，通过市-县间交通走廊串联重要城镇，形成轴带组团的“大德阳”生态田园型城市。适时启动行政区划调整，加快推动罗江撤县设区工作，适时启动广汉市、什邡市、绵竹市撤县（市）设区工作，推动中江县适时启动行政区划调整，逐步形成“大德阳”市县一体发展的格局。

两片：合理引导龙门山片区和东南部丘陵片区城镇发展。

龙门山片区以维护生态安全为核心，加强对风景名胜区、自然保护区等的保护，严格控制开发强度，在不损害生态系统功能的前提下适当发展高山旅游观光、中低山旅游康养等生态旅游产业。建设龙门山前旅游公路，发展沿龙门山前的旅游观光带，建设一批位于龙门山山区和山前区的旅游型特色小城镇，包括蓥华镇、冰川镇、红白镇、土门镇、遵道镇、汉旺镇等。南部丘陵片区着重完善重点镇公共服务能力。推进仓山镇建设中江县域南部副中心城市，培育龙台等公共服务型重点镇，加快农业产业化进程，以水土流失防治为重点推进环境保护，积极发展生态消费经济，推动生态养老产业发展。

三轴：强化成德发展轴线，促进产业人口集聚。

按照加快推进成德同城的总体要求，依托高铁、城际、高速和快速路构成的复合交通走廊，进一步强化衔接成德的交通体系，沿交通轴线进行城镇布局，引导人口和要素向“成—德—绵”“成—什—绵”“成—中—南”三条成德轴线集聚。

“成—德—绵”发展轴依托成绵城际、成绵高速、天府大道北延线、成德大道、旌江大道和国道 108 等交通设施，串联广汉城区、小汉镇、中心城区、黄许镇和罗江城区等城镇，是成德同城发展的主轴，未来建设中以中心城区、广汉城区、罗江城区、德阳经济技术开发区、德阳高新技术产业园区、德阳综合保税区、中欧班列德阳现代物流港、四川罗江经济开发区等为重点，推动现代服务业加快发展、工业转型提升，形成连接成绵的高端产业发展集中轴、高品质服务核心轴和生态文化特色轴。

“成—什—绵”发展轴依托成什绵高速公路、105 省道，串联什邡城区、绵竹城区、马祖镇、新市镇和孝泉镇等城镇，未来建设中以什邡城区、绵竹城区、四川什邡经济开发区、四川绵竹经济开发区等为重点，积极承接成都航空航天、现代化工、新材料等产业发展，形成南连彭州、北接绵阳的成德绵城镇发展西轴。

"成—中—南"发展轴依托成德南高速公路和101省道，串联辑庆镇、兴隆镇和中江城区等城镇，未来建设中以成德工业园和中江城区为重点，积极承接成都电子信息、机械、汽车零部件制造等产业发展，形成南联成都、北通绵阳、南充的成德绵城镇发展东轴，带动丘陵地区发展。

控制"三核、三点、多廊"生态格局，三核指市域西北部龙门山生态核心区、中部龙泉山生态核心区和东南部继光水库－响滩水库生态核心区；三点指三江汇流区、双河口水库、兴元水库；多廊指鸭子河、石亭江、绵远河、凯江、郪江及苍山河六条河流，人民渠干渠、继光右干渠等堰渠水系的生态廊道。

构建"五环多轴"的市域交通骨架，促进成德同城化和市县一体化发展。五环包括：主城区一环路由引导主城区空间拓展；二环路形成主城区过境交通疏解环；大德阳三环：串联广什绵罗中五个县城，形成县市间快速联系通道；成都"二绕""三绕"强化成德市县联系。多轴包括：成德之间东中西三条轴线，成德实现半小时通达；大德阳市县五条轴线：规划至少2条快速交通通道连接，构建15分钟交通圈。沿交通轴线形成多个组团联动发展，构建田园环绕、组团分布的"大德阳"田园组团城市。重点加强天府大道北延线、成德大道、旌江干道等成德轴线的拓展。促进大德阳三生空间融合，统筹生态、产业、公共服务布局，推动城乡发展集约高效。构建"中心城区、卫星县城、卫星镇、幸福美丽新村"四位一体城镇体系。重点培育区位优势明显、人口聚集、发展基础较好的17个镇，包括仓山镇、黄许镇、孝泉、孝德、辑庆、兴隆、三水、龙台、黄鹿、集凤、向阳、小汉、师古、洛水、汉旺、新市、金山。其中，将规模较大的重点镇培育为小城市。

（三）优化市域城镇规模结构

到2030年，形成100万~300万人的大城市1个，即中心城区；20万~50万人规模的城市4个，即广汉城区、中江城区、什邡城区、绵竹城区；5万~10万小城市5个，即黄许镇、三水镇、孝泉—孝德镇、辑庆—兴隆镇、仓山镇；3万~5万人的城镇3个，即小汉镇、向阳镇、汉旺镇；1万~3万人的城镇8个；其余为1万人以下的城镇。

（三）优化市域城镇职能结构

1. 中心城市

规划市域构建城镇职能的层级分工体系，周边市县发展专业化职能。中心城区重点强化生产服务、研发创新、商业金融、公共服务等高端功能，通过高新技术、生产研发等现代制造业与服务业引领周边县市发展。

2. 县级中心城市

广汉职能定位为成都大都市圈重要枢纽节点、生态优越的古蜀文明圣地、具有国际影响力的旅游目的地及智能制造和现代农业基地。城区规划规模为40万~50万人。罗江职能定位为德阳副中心城市、国家级高职教育综合改革实验区北区及弘扬三国文化为特色的省级历史文化名城和山水园林城市。城区规划规模为10万~20万人。绵竹职能定位为四川省历史文化名城、工贸、旅游和生态宜居城市，城区规划规模为20万~30万人。什邡职能定位为成都大都市圈重要的现代化工业城市、极富文化底蕴和自然环境特色的花园景观城市，城区规划规模为20万~30万人。中江职能定位为成都大都市圈重要的工业基地与重点配套协作基地、成都周边电子产业带节点、县域名特优农产品流通、集散中心，中药产业制造基地、农副产品加工基地，独具特色的安全、风貌、生态宜居城市，城区规划规模为40万~50万人。

3. 重点镇

重点镇承接城市产业转移和基础设施延伸，增强产业聚集和吸纳农村富余劳动力能力，带动乡村发展，成为城乡统筹发展的重要示范地区。

4. 乡村

充分发挥各级城镇的集聚和辐射作用，引导农村人口合理聚居、集约节约利用土地的原则，因地制宜、分类推进山区、沿山、平原地区及丘陵地区的新农村建设，统筹安排各类基础设施和公共设施，连片整理农村生活空间，保护和优化生态空间。

(四) 优化市域产业空间布局

在市域打造“一核十五园”的产业布局，促进产业集聚发展，推动“一区多园”模式统筹市域工业园区用地。一核指德阳市中心城区，十五园是指德阳市域范围内主要的工业园区。加强石亭江、绵远河等区域河流沿岸规划管控，严禁在河流上游布置污染性产业，逐步引导沿岸产业绿色发展。

第二节　德阳全域城镇化、城乡一体化重点任务

一、打造"四位一体"全域城镇格局

德阳市第八次党代会指出，实现全域城镇化，重点在城市、关键在统筹、核心在树牢"大德阳"理念。当前，以中心城区为核心、卫星县城为骨干、卫星镇为节点、幸福美丽新村为基础，德阳正全力构建中心城市、卫星县城、小城镇和幸福美丽新村协调发展的"四位一体"全域城镇格局，以期打造更加协调、长效的全域城镇体系。

（一）中心城区提质升级，发挥辐射带动作用

要推进中心城区城市建设标准向成都看齐、城市品质与成都同质，发展成为以高端产业为支撑，高素质人才就业为主体，高品质宜居、宜业、宜商的成都国际化大都市北部新城。一要全面提升中心城区城市研发和产业创新职能，促进城市建设和城市产业共生发展。二要基于"一山两江、一廊三带"的城市生态格局，形成"三带五片区"的中心城区空间结构。三要不断推进城市品质的提升，由此进一步提高人口聚集度，带动全域城镇化加速推进。

（二）加速发展卫星县城，打造市县一体化格局

推动5个卫星县城与中心城区联动统筹与分工协作发展，方能加快推进市县一体化格局。一要推进卫星县城专业化发展，统筹县（市）域产业布局，积极承接产业转移，加快推进新型工业化，提升城区周边园区的准入门槛，加快发展现代服务业，提升城区对产

业发展的支撑作用，增强就业吸纳能力。二要坚持把宜居放在首位，树立绿色化智慧化城市建设理念，加强住房保障和供应体系建设，推进全面加强交通和市政基础设施建设，积极引入高水平的教育医疗机构，推进各县（市）职教基地建设，提升城市建设的文化底蕴，增强城市综合承载能力，实现各县城均达到宜居县城建设标准。

就各区域来说，力争把广汉建设成为成都平原城市群的区域节点和高端制造业基地、传承古蜀文明的历史文化名城以及生态宜居的天府水木田园城市；把什邡建设成为成德同城的现代化工业节点城市、富有什邡文化底蕴和自然环境特色的省级历史文化名城和宜居城市；把绵竹建设成为川西重要的工贸城市、中国名酒酿造基地、省级历史文化名城和生态宜居城市；把罗江建设成为国家级高职教育基地、以弘扬三国文化为重点的省级历史文化名城和山水园林城市；把中江建设成为成都大都市圈重要的工业基地与重点配套协作基地、宜居宜业宜商的山水园林生态城市。

（三）抓住重要节点，推动区域重点镇发展

因地制宜发展重点小城镇，充分发挥小城镇以工促农、以城带乡的重要节点作用，是着重提升发展能力以带动区域经济的重要举措。德阳市有以下 13 个省级百镇试点镇：集凤、辑庆、仓山、金山、向阳、小汉、三水、师古、洛水、汉旺、新市、孝泉和黄许。

为进一步扶持重点镇的发展，强化各重点镇的主体功能，重点镇应被赋予更多的优惠政策。在项目用地方面，建议对重点镇用地指标实行单列，不占用区市指标，各镇通过土地挖潜获得的土地复垦指标也全部用于当地建设；在行政管理方面，应积极扩大镇级管理权限，在重点镇设置综合执法派出机构，通过直接下放、委托授权等形式赋予各镇相对独立的经济管理权和行政执法权，增强发展活力。同时以快速便捷的公共交通加强对各重点镇与次中心城市以及各重点镇之间的连接，带动县域内部及县域与外部城乡间的互联互通，加快人员、物资、信息等各方面的流动，推动重点镇向小城市迈进。

（四）着力打造特色小城镇

特色小镇是当前德阳市深入推进新型城镇化的一项重要举措，也是推进供给侧结构性改革的重要平台。建设特色小镇，有利于推动经济转型升级和发展动能转换，有利于促进城市和小城镇协调发展，有利于充分发挥城镇化对新农村建设的辐射带动作用。而且，由于房价低、劳动力成本低所形成的“成本洼地”，能够吸引不少投资创业者的眼光。

2016 年 7 月国家发改委、住建部、财政部联合发出《关于开展特色小镇培育工作的通知》，联合启动“千企千镇工程”，引导社会资本参与幸福美丽特色小镇的建设。《四川省“十三五”特色小城镇发展规划》随即出台后，德阳市率先启动制定加快推进特色小镇建设的实施意见等政策措施，培育打造一批独具德阳特色的产业“特而强”、功能“聚而合”、形态“小而美”、机制“新而活”的特色小镇。首批拟规划建设 14 个基础条件好、发展潜力大、产业特色鲜明的特色小镇，计划总投资 700 多亿元。具体包括：中国古代“二十四孝”之一的发源地旌阳区孝泉镇，正在规划建设以汉代民间传说“安安送米”等德孝文化为主题的文创小镇；位于广汉市境内“沉睡数千年，一醒惊天下”的三星堆古蜀文明遗址，正待开发建设三星堆文创小镇；什邡市师古镇被农业部授予“中国雪茄之乡”，拥有着全亚洲最大的雪茄烟叶种植基地，正待开发打造的雪茄风情小镇；绵竹市九龙镇拥有全省最大的滑翔基地和美丽山地田园风光，发展定位打造的低空和山地运动小镇；中江县仓山镇具有优越的人文自然条件和交通区位优势，发展定位打造的康养小镇；罗江区白马关镇自古为蜀都北部“门户”，著名三国古战场，发展定位打造以三国历史文化为核心的文旅小镇；还有旌阳区黄许商贸物流小镇，什邡市冰川依云小镇、马祖农禅小镇，绵竹市孝德年画年俗小镇、清平羌汉风情小镇、土门玫瑰温泉小镇，中江县集凤国家中医药健康旅游示范基地，罗江区金山高端人才小镇。

二、提高城镇化建设水平

（一）强化规划管理

通过先进规划理念，科学规划引领新型城镇化加快发展。推动各县（市）多规合一规划编制，统筹生产空间、生活空间、生态空间三大布局。保持城乡规划权威性、严肃性和连续性，坚持一本规划一张蓝图持之以恒加以落实，防止换一届领导改一次规划。一要加大对规划实施的技术指导，加强规划实施全过程监管，确保依规划进行开发建设。二要加强规划实施督查，严格实行规划实施责任追究制度，加大对政府部门、开发主体、居民个人违法违规行为的责任追究和处罚力度。三要强化规划执法力度，制定城乡规划建设考核指标体系，加强地方人大对城乡规划实施的监督检查，将城乡规划实施情况纳入地方党政领导干部考核和离任审计。四要扩大公众参与力度，建设智慧城乡空间信息服务平台。

（二）改善居民居住条件

危旧房棚户区改造是重大的民生工程和发展工程。全面推进危旧房和棚户区改造，做好百姓安居工程建设，加强住房保障和供应体系建设，提高农房建设水平和质量，改善城乡居民居住条件的重要条件。一要推进城镇危旧房和棚户区改造。采取改建（扩建、翻建）、综合整治、拆除新建等多种方式，全面推进城市棚户区和城中村改造，有序推进城市老旧住宅区和古街古建筑综合整治，积极推进小城镇危旧房改造，优先支持全国重点镇和全省试点镇的危旧房改造。二要加强住房保障和供应体系建设。加快编制城镇住房发展规划，确定住房建设总量、结构和布局。形成公共租赁住房、共有产权住房和商品住房相结合的住房保障和供应体系。三要提升农房建设质量。近年来，德阳农房住房面积增大、层数增加、改扩建明显增多，质量安全问题凸显。要明确农房建设基本程序，逐步完善农房建设管理体制，并深化农村产权制度改革，全面开展农房登记，积极稳妥开展农房流转试点，重点推进农村贫困户危房改造。

（三）加快基础设施和公共服务设施水平

城镇基础设施和公共服务设施是推进全域城镇化、实现城乡一体化的基本条件之一。一是要加快城镇道路交通设施建设，优先发展城市公共交通，积极发展城市大容量地面公共交通，加快换乘枢纽、停车场、公交站点和加气站等配套服务设施建设。二是要加快市政公用设施建设，统筹给排水、燃气、电力、通信等地下管网和输配电线路建设，在城北、城南等条件适宜的城区启动地下综合管廊建设。三是要提升公共服务设施水平，统筹布局各项公共服务设施，推进基本公共服务均等化，加强城镇医疗、教育、治安、文化、体育、就业和社会保障、社区服务等设施的规划和建设。

（四）提高安全保障能力

城乡安全保障，就是要完善城镇应急管理体系，加强防灾减灾和综合预警能力建设，强化行政问责制和责任追究制。着眼抵御洪涝、冰雪、干旱、地震、山体滑坡等自然灾害，完善灾害监测和预警体系，加强生态修复、水利基础设施、农村防灾设施、城市应急避难场所等防治工程建设，提高城镇建筑灾害设防标准，合理规划布局和建设应急避难场所，强化公共建筑物和设施应急避难功能。提高应急保障能力，完善公共事件和自然灾害救助应急预案体系，建立健全综合防灾减灾救灾体制机制。加强灾害分析和信息公开，开展市民风险防范和自救互救教育，建立巨灾保险制度，发挥社会力量在应急管理中的作用。

（五）加强社会治理

德阳作为四川省唯一的全国社会管理创新的试点市，正在形成党委领导、政府负责、社会协同、公众参与、法治保障的新型社会治理格局，特别是构建了以基层党组织为核心、法治德治自治相结合的“一核三治”基层现代治理体系。这是德阳市在基层治理实践中不断总结经验、探索规律的基础上提出来的，也是针对基层社会形态与社会心态意识的变化基础上提出来的，具有历史创新性和现实针对性，是德阳特色的基层治理路径。

加强城乡社会治理，就是要鼓励和支持社会各方面的参与，强化社区自治和服务功能，不断推进村（社区）治理服务机制创新，全域推进网格化服务管理，加强社会组织管理和社会服务力量，建立和完善城镇管理的社会参与、舆论引导监督机制，促进创新社会治安综合治理，推进平安建设，构建立体化社会治安防控体系。

三、推动城乡发展一体化

（一）有序推进农业转移人口市民化

推进农业转移人口市民化，逐步把符合条件的农业转移人口转为城镇居民，是德阳建设全域城镇化和推进城乡一体化发展面临的首要难题，主要是解决“人往哪里去”的问题。德阳地区农业转移人口市民化就是要通过制度“化”农业转移人口为市民，“化”的过程不仅是农业转移人口生产、生活、职业、空间地域的转换过程，还是农业转移人口市民观念形成、生活方式与行为习惯转变、权利义务同城镇居民对等、真正融入城市生活，完全城市化的过程。德阳农业转移人口市民化的关键在于解决“转得进、稳得住、有保障”的问题，解决这些问题主要靠的是制度的安排与创新。

1. 加快户籍制度改革，解决“转得进”问题

加快户籍制度改革，是党的十八大和十八届三中全会部署的一项重点改革，是推进中国特色新型城镇化的一项重大任务。一是以农业转移人口为重点，兼顾高校、职业院校毕业生、城镇间异地就业人员和城区城郊农业人口，促进有能力在城镇稳定就业和生活的农业转移人口落户城镇，统筹推进农业转移人口基本公共服务均等化。二是在全面放开城镇落户限制的基础上，进一步制定支持农业转移人口市民化的政策措施，加快提高户籍人口城镇化水平。尊重农民意愿，将户口变动与“三权”脱钩，切实维护进城落户农民的土地承包权、宅基地使用权、集体收益分配权。深化农村产权制度，健全农村产权流转交易市场，逐步建立进城落户农民在农村的相关权益退出机制，积极引导和支持进城落户农民依法自愿有偿转

让相关权益。三是加大对吸纳农业转移人口城镇的支持力度，建立市对县（市、区）的农业转移人口市民化奖励机制，建立城镇建设用地增加规模、奖励资金与吸纳农业转移人口落户数量挂钩政策。妥善解决历史遗留问题，对历年已用地未转非人员、集中供养自愿转户的农村“五保”对象加快推动户籍转移，清理仍保留农村户籍的财政供养人员，加快推进户籍向城镇转移。四是贯彻实施《居住证暂行条例》，推进居住证制度覆盖全部未落户城镇常住人口。以居住证为载体，建立健全与居住年限等条件相挂钩的基本公共服务提供机制，不断扩大居住证持有人的公共服务保障范围，努力实现城镇基本公共服务常住人口全覆盖。

2. 加强公共就业服务，探索转移人口增收途径，解决“稳得住”问题

德阳农业转移人口“进得来”的落户问题解决以后，“稳得住”的问题随之而至，两者相辅相成，相互影响，互为前提。一是强化农业转移人口创业就业的政策扶持。按照职业培训、就业服务、劳动维权“三位一体”的工作模式，促进农村劳动力转移就业。加强农业转移人口职业技能培训和返乡农民工创业培训服务，扩大培训对象至所有在德阳的城乡劳动者。完善县（市、区）劳务开发和城乡一体化公共就业创业服务体系，建立农村劳动力资源及转移输出实名制数据库。二是完善外来人口和农业转移人口社会参与机制，增强归属感。积极引导外来人口和农业转移人口参加党组织、工会和社团组织，有序参政议政和参加社会管理。鼓励外来人口和农业转移人口参与社区公共活动、建设和管理，增强外来人口对德阳的认同感、归属感和责任感。

3. 创新基本公共服务制度，解决“有保障”问题

统筹推进户籍制度改革与逐步实现基本公共服务均等化是当前德阳农业转移人口市民化的“两轮”，两者必须协调统一，同步推进。一是推进农业转移人口基本公共服务均等化，保障农业转移人口随迁子女平等享有受教育的权利。确保农业转移人口享有公共卫生和基本医疗服务。根据常住人口配置城镇基本医疗资源，推动城镇基本医疗服务资源均衡配置，建立健全社区卫生服务网络，将农业转移人口及随迁家属纳入社区卫生服务体系。二是健全农业转移人口社会保障体系。鼓励农业转移人口积极参保、量续参保，扩大缴费参保覆盖面。继续执行德阳市统筹城乡的养老、工伤保险政策，继续执行农业转移人口与城镇职工相同的失业保险政策。集中开展建筑业等高风险企业行业农民工参保扩面专项行动，全面推进农民工参加工伤保险工作。符合条件的农业转移人口可以在居住地申请社会救助。三是拓宽住房保障渠道改善居住条件。将农民工住房保障需求纳入城镇住房建设规划和住房保障规划统筹安排，纳入公共租赁住房年度建设计划落实，使在城镇居住、具备稳定职业的农民工享受与当地城镇居民申请同品质的住房保障。继续开展德阳市共有产权制度试点工作，将农民工纳入保障对象实施“租改售”的共有产权制度试点。多渠道解决农民工住房问题，充分发挥市场作用，鼓励引导企业和社会资本参与公共租赁住房建设。支持开发区（工业园区）和劳动密集型企业建设集体宿舍类公共租赁住房。积极推进以城中村为重点的棚户区改造，促进城中村居民市民化。

（二）探索县（市）域“多规合一”的规划管理模式

为确保全域空间得到合理利用，促进县城、小城镇和新农村建设协调发展，推动基础设施向农村延伸、公共服务向农村覆盖，加

快形成城乡一体的发展格局，德阳以空间统筹为基础，统筹安排县（市）域生态建设、农田保护、产业发展、重大设施和城乡建设等各类用地。未来德阳要继续总结推广绵竹“多规合一”、中江全域规划编制和“多规合一”试点工作，推动县（市）域“多规合一”规划编制工作，加强城乡规划的空间统筹，实现一个县（市）一本规划一张蓝图、各项事业相互协调的发展格局。

（三）推动城乡要素均衡配置

城乡各种资源要素的合理流动和优化配置需要建立城乡统一的要素市场。人力资源要素上，要加快建立城乡统一的人力资源市场，落实城乡劳动者平等就业、同工同酬制度，引导科技人员、大中专毕业生及其他城市投资者到农村创业，建立健全有利于农业科技人员下乡、农业科技成果转化、先进农业技术推广的激励和利益分享机制。土地要素上，逐步建立城乡统一的建设用地市场。在农村土地承包经营权确权登记的基础上，放活土地经营权，赋予农村土地的资产性质和农民的财产权利，保障农民公平分享土地增值收益。产权要素上，统筹成德农村产权要素市场建设，建立市、县、乡三级农村产权流转交易平台并与成都农村产权交易所联网运行，将农村土地经营权、林权、集体建设用地使用权等各类农村产权纳入交易范畴。金融要素上，创新面向“三农”的金融服务。统筹发挥政策性金融、商业性金融和合作性金融的“三位一体”农村金融服务体系的作用，支持民间资本参与设立村镇银行、民营银行等中小型民营金融机构，强化各类金融机构服务“三农”职责，引导各类金融机构提高涉农贷款比例，完善农村金融网点布局，逐步扩大农村贷款抵押物范围，支持农村多种渠道融资。此外，要加快农业保险产品创新和经营组织形式创新，完善农业保险制度。要鼓励社会资本投向农村建设，引导更多人才、技术、资金等要素投向农业农村。

（四）推进城乡基础设施和公共服务一体化

一是统筹城乡基础设施布局和建设，推动水电路气等基础设施城乡联网、共建共享，推进城镇交通、通信、供水、供电、供气、垃圾及污水处理等基础设施向农村延伸覆盖，强化城乡基础设施连接。大力推进美丽乡村建设，以农村道路、饮水安全、清洁能源、环境整治、信息畅通为重点，推进农村现代流通体系建设，加快建设以电子政务、电子商务为重点的农村综合信息服务平台和网络体系。

二是加快公共服务向农村覆盖，以“6+1”村级公共服务中心建设为载体，加快形成政府主导、覆盖城乡、可持续的基本公共服务体系，推进城乡基本公共服务均等化。推进公共就业服务网络向县以下延伸，全面建成覆盖城乡居民的社会保障体系，推进城乡社会保障制度衔接。优化城乡教育资源配置，合理布局中小学和幼儿园。完善公共卫生和城乡基本医疗服务体系建设，巩固和发展县、乡、村三级农村医疗卫生网络，新增卫生资源重点向农村和对农村辐射作用强的城镇倾斜。繁荣城乡文化事业，加快城乡居民养老设施建设。加快建设以电子政务、电子商务为重点的农村综合信息服务平台和网络体系。

（五）建设幸福美丽新村

幸福美丽新村是新农村建设的“升级版”。德阳坚持宜聚则聚、宜散则散，采取新建聚居点、更新提升旧村庄与保护传统院落民居相结合的方式，正在逐步优化村落和人口布局，防止“空心村”现象。

建设幸福美丽新村，一方面要按照“慎砍树、禁挖山、不填湖、少拆房”的要求，推行“组团式、生态化、微田园”的规划理念，科学规划建设新村聚居点，保持“房前屋后、瓜果梨桃、鸟语花香”的田园风光和农村风貌。另一方面要做好现有村庄的改造提升工作，实施农村生活垃圾治理5年专项行动，改善农村人居环境，加强传统村落保护和历史文化名村的保护，注重地域特色和文化传承。

四、稳步推动行政区划调整

根据中外城市化发展规律，扩大区域中心城市规模，适时将周边县市纳入市区范围，是区域经济发展特别是工业化和城市化发展的必然结果。有序有力的行政区划调整有利于推进城乡一体化发展，有利于形成竞争态势，提高行政管理效率，有利于拓展城市发展空间，加快全面建成小康社会和实现中国梦的进程。“十三五”时期要有力有序推进行政区划调整，坚持积极稳妥、循序渐进的原则，分步推动撤县（市）建区。经国务院批准，2017年8月，罗江县已撤县改为德阳市罗江区。加快推进广汉市、什邡市、绵竹市撤市设区进程，根据国家政策适时启动中江县行政区划调整。推进德阳市行政区划调整，不能仓促和盲动，必须进行科学的论证和周密的规划，要有利于行政区和经济区协调发展。既要充分认识到每个县（市）设置背后的历史、文化、经济等原因，也要尊重经济发展的规律性，依法依规、有力有序推进。

（一）循序渐进、依法进行

各县撤县（市）设区，是增强中心城市的统筹协调能力，促进全域政治、经济、文化、社会、生态建设协调发展。德阳市各个县（市）自然资源各有千秋，人文环境各有不同，经济水平差距明显，对撤县（市）设区的态度也不尽相同，因此，必须根据各个县（市）的经济实力、历史问题和综合情况，从易到难、循序渐进，首先罗江，其次广汉，最后什邡、绵竹。

行政区划调整，要依法进行，严格遵守有关法律和政策规定，各级各相关部门要自觉维护和服务区划调整大局，各相关县（市）要认真落实好区划调整的主体责任，依法依规稳妥推进，精心组织实施，及时协调解决区划调整工作中的有关重大事项和重大问题，统筹做好机构撤并、人员安置、财产移交划转等各项工作，加强沟通协作，相互支持配合，确保各项工作无缝衔接。

（二）协调发展、融合文化

行政区划调整的目的，是使中心城区在经济区中发挥中心作用，促进区域经济一体化发展。首先，经济区要更加强调中心城区的地位，在保持行政区完整性的前提下，实现经济区的规划，管理经济区的活动，尽量发挥中心城区对于郊区的辐射带动作用。其次，行政区要更加强调行政区划边界，明确政府的职能范围，不得过多干预经济区内的活动。行政区划设置具有历史和文化承袭性。一方面，现行行政区划设置是长期演变而来的。另一方面，文化相融是行政区划调整的内在要求。所以，在行政区划调整中，应尊重行政区划内蕴的历史和文化背景，体现文化相融的价值理念，顺势而为，以取得最佳效果。

第八章 以增强成德文化认同感为纽带，营造成德同城化的社会氛围

位于成都平原核心区域的德阳和成都，具有相同的地域、水文、气候条件，相近的风俗语言习惯，生活在其中的人们在与相对封闭的盆地环境交互作用中逐步形成了开放包容、奋进务实、厚德敦化的稳定的历史文化心态与生活生存样态。马克思说："人创造了环境，同样，环境也创造了人。"[①]这种特定区域生活生存样态又以一种"集体无意识"的方式在不自觉中规范着成都和德阳人的思维方式、价值取向和道德伦理生活方向。根据欧洲、广佛、厦漳泉等国内外一体化成功推进的经验与启示，具有共同而稳定的地域文化认同、价值取向，相似的风俗生活习惯与生活方式是推进区域一体化发展的前提条件与内生驱动力。因此，我们要立足成德两地共同的地域文化认同基础，通过创造性转化，赋予成德川西蜀文化新的时代内涵，形成新川西蜀文化精神，引领德阳和成都人的共识，形成心往一处想、劲往一处使的文化黏合凝聚力，促进成德同城化的深入发展。

---

① 中共中央马克思恩格斯列宁斯大林著作编译局. 马克思恩格斯选集：第1卷［M］. 北京：人民出版社，1995.

第一节　文化认同对成德同城化发展的重大意义

广义的文化是人与自然绵长互动演化的结果，而文化认同就是民族、国家、区域范围内的人群在共同生活中与共同地域环境的互动中，长期演化而形成的一种区别自我与他者身份的特殊的集体文化心理认知状态。这种集体文化心理认知状态可以表现为深浅不一的多种生活样态，浅的可以表现为一种独特的器物层次的文化，比如服饰、建筑、饮食习惯等；再深一点可以表现为一种制度规范层次的文化，比如用来规范人们日常伦理生活的各种规则礼仪，保证社会良好运行的各种规章制度等；当然最为深厚的是凝聚在器物和制度规范层次之上并规定其发展方向的伦理道德、价值信仰、宗教情怀等理念层次的文化。

德阳、成都是川菜的发源地，川菜和其他如粤菜、湘菜等菜系相比，一个最突出的特色不是材质的高档精美而是各种材质和调料的合理搭配，一菜一品，色香味俱全而又价廉物美。川西坝子语言口音也有别于盆地周围地区。还有川西人们喜欢喝茶、打麻将、摆龙门阵等生活样态无不体现川西人民包容安详、自足常乐的历史文化心理形态。而这些体现为理念层次的文化以及文化心理状态与器物和制度规范层次的文化相比更具有传承性、稳定性，是德阳、成都人心灵的根与魂，也是两地区域文化身份认同的主要标识。欧洲一体化之所以能够渐次开展并取得成效，与整个欧洲同属“两希文明”（希腊和希伯来）有很大关系。因为有共同的宗教信仰、生存方式和文化认知，欧洲一体化即使面临困难但却因有强大的共同文化认知作为其坚实的基础，仍然在按照当初的设想与规划有步骤地推进，成为当今全球区域经济一体化的典范。国内区域一体化同城发展较好的广佛、厦漳泉、西咸等，除了具有地理位置相近的前置条件以外，文化同根同源、语言风俗相近、生活方式相似等，是极为重要且不可或缺的条件。地理位置相近是实现区域一体化的必要前置条件，只有区域位置相近才能为中心城市发展的引力波所覆盖，才能充分利用中心大城市的外溢效应，坚持错位发展，实现自身的跨越式前进。文化同根同源、共同的生活方式和价值取向，可以充分削减区域一体化发展的阻力，更好地促进区域一体化发展共识的达成，更容易形成一体化发展的格局。广佛同城化之所以取得巨大成就，一个重要原因就是广佛两地文化上同根同源，心态上同向同行。作为岭南文化发源的核心区域，广佛两地具有与生俱来的天然亲切感、高度文化认同与一体共同发展的愿景。厦漳泉一体化发展也是以共同的闽南文化认同为基础，通过打造新的闽南文化和闽南精神，引领厦漳泉一体化前进的方向，凝聚厦漳泉人民的意志力量，形成三地一体发展的共荣共建新局面。

德阳与成都作为中华文明来源之一的古蜀文化与长江文明核心起源区，长期以来，形成了具有高度同质化的生活生存样态、风俗习惯以及深厚的区域文化认同和归属感，这必将成为推进成德同城化发展的内生动力和强大的情感连接纽带。根据系统论的观点，文化和经济都是相对独立的运行系统，都具有自己所遵循的相对独立的运行规则和规律。但同时，它们也有互依互存、相反相成的一面。一般来说，区域一体化发展既要依靠该区域内完善的市场体系与该市场体系衍生出来的城市体系与区域分工协作为基础，也要依赖该区域行政区划的整合以及基于共同历史文化心态的区域性认同为支撑。对于跨行政区划的成都和德阳一体化同城发展而言，文化认同更是不可替代的重要因素。没有文化认同的黏合作用，成德一体化同城发展就很难开展，也不容易成功。

一、文化认同可以削减合作阻力，推进成德同城化顺利发展

成都和德阳共同的文化认知和良好的人文互动环境，容易消解两地合作者，尤其是区域合作的企业主体以及异地投资者的投资风险，提高他们的收益预期，坚定他们合作愿望和投资的欲望，有利于促进成德同城发展共识的形成。

一般来说，削减区域合作阻力，降低合作成本，除了依靠成德两地政府坚强的行政能力以外，还需要文化、心理等精神层面的认同的支撑。这种精神层面认同的支撑至关重要，它可以有效化解因地方法制、政策差异等因素造成的合作阻力。尤其作为跨行政区划的区域合作，成德同城化发展是德阳与成都两地之间的合作，没有更高一级政府行政力的制约，全靠两地政府自己协商解决合作分歧，达成合作共识。而国内其他区域合作，如广佛、西咸、沈抚等地同城化都建立了省级的区域合作协调机构，专门协调各自区域内的合作事宜。与他们相比，成德同城化发展因缺乏省级专门协调机构的统一谋划与调度而使得难度和风险也会成倍增加。这种情况下，德阳和成都两地坚实的文化认同和彼此的信任心理就显得尤为重要和不可或缺。没有德阳和成都文化同根同源作为支撑，实现经济总量差距悬殊（德阳地区生产总值只有 1 700 多亿，而成都地区生产总值达到 12 000 多亿）、行政级别不对等（德阳是地级市，而

成都是副省级城市）的跨行政区划的同城化发展是不容易取得成功的。

二、文化认同可以提高合作意愿，推进成德同城化健康发展

在跨行政区划的经济文化合作中，因为地域的不同，文化心理的差异，彼此对相互文化背景知识缺乏深入了解，容易造成合作愿望的减损，不利于合作的深入开展。深圳与东莞、惠州因文化的差异，彼此认同度不高，因此，深莞惠一体化区域合作进展就比较缓慢。而文化同根同源的地域经济合作，因为有文化的认同，容易产生彼此之间“心有灵犀一点通”的交流沟通效果，从而大大提高相互合作的愿望，也更容易达成合作共识。共同或相近的思维方式、语言习俗乃至伦理生活规范、道德宗教等生命生存方式，无疑是增加彼此合作意愿与互信的不可或缺的重要因素。广州、东莞的崛起得益于港资的推动，而港商之所以在那里踊跃投资，除了政策上的原因，共同的深入骨髓的岭南粤语文化认同感起了至关重要的作用。因为香港人在广州、东莞乃至整个珠江三角洲区域生活与其在香港没有两样，不需要饮食习惯、文化心理的适应过程。德阳和成都要实现同城化发展，除了政策因素外，文化认同是不可忽视的重要因素。文化认同可以奠定坚实的互信基础，极大地增加彼此的合作意愿。成都人在德阳可以放心置业安居，在德阳生活与在成都基本上没有什么两样，丝毫不会因文化心理隔阂而产生人在他乡的疏离感。这就是文化的魅力之所在。

三、文化认同可以增强合作黏合力，推进成德同城化深入发展

文化一个很重要的功能是黏合凝聚功能，大到一个国家和民族，小到一个区域，甚至一个社团，都需要文化认同将这个共同体内不同人的思想黏合凝聚起来，形成共力，促进其健康发展。中华民族之所以历经几千年风雨而绵延不绝，没有强大的以儒家为核心的中华文化作为支撑，那是不可想象的。对区域一体化同城发展来说，文化认同可以发挥坚韧的纽带联结作用，有利于动员合作区域各地的一切有效资源，服务于一体化同城发展。虽然文化的影响是潜移默化的，但却会在区域一体化发展的各个层次、各个方面、各个阶段得到体现。没有文化认同的黏合凝聚作用，对于德阳和成都这样一个跨行政区划的一体化同城发展来说，其前景是不好预估的。因此，必须充分发挥成德同属川西蜀文化的文化认同的黏合凝聚作用，才能推进成德一体化同城深入发展。

第二节　增强成德文化认同，营造成德同城化发展社会氛围

文化认同不是固定不变的，而是一个动态发展的过程。保持历经千年形成的良好的文化认同，以文化认同助推成德同城化发展，把文化认同转化为现实生产力，成德两市还需要加强以下几个方面的工作。

一、传承川西蜀文化精神，树立成德共荣共建意识

以德阳、成都为核心区域的古蜀国曾经创造了高度繁荣灿烂的文化，成为悠长华夏文明的一个重要分支。公元前 316 年古蜀国为秦所灭。秦灭蜀后加大了对蜀国的开发，设立蜀郡，派遣郡守，大规模、有计划地从秦地移民，加快了蜀文化与中原文化的融合。川西成都平原自蜀郡郡守李冰父子修建都江堰后，得灌溉之利，水旱从人，沃野千里，田肥美，民殷富，不知饥馑，时无荒年，取代汉中成为天府之国。生活其中的人民用勤劳和智慧创造了开放包容、奋进务实、厚德敦化的川西蜀文化。

（一）开放包容

四川在秦朝后，经历了几次大移民，为相对封闭的川蜀文化带来新的不同文化元素，历经岁月的磨合逐步形成了今天川西蜀文化多元一体、开放包容的特质。通过梳理，我们发现川西蜀文化主要吸收了这几种文化元素：一是中原文化。西汉景帝时，派遣文翁任蜀郡太守，在此期间，文翁倡导教化，教民读书，传习法令，选拔郡县小吏到京都研习儒经，在成都城中设立学校，选官吏子弟入学研习文献典籍。川西蜀文化，经过文翁努力教化，成功吸收敬天爱民、崇仁尊德、讲义守礼等中原文化核心元素。二是秦陇文化。其表现为民风质朴粗犷、豪迈进取，注重实效与切身利益，讲究攻伐耕战和商业。秦灭蜀国后，秦陇文化随着秦陇移民而进入蜀国故地，并逐步融入蜀文化之中，成为蜀文化核心要素之一。三是荆楚文化。荆楚文化的核心是道家文化，道家文化崇尚自然，追求逍遥自在、随遇而安的精神特质与古蜀文化具有天然的亲切感。四是客

家文化。客家文化是历经战乱迁徙福建、广东等地的中原人与当地土著文化融合而生的保存汉族文化基因最为深厚的文化形态，其基本特质是以儒家文化为核心，强调“穷不离猪，富不离书”、耕读传家，表现为崇敬祖先、崇德敦化、追根寻源、进取精神等。明末清初，随着广东与福建籍移民的涌入，客家文化的精神特质自然也就成为蜀文化重要的构成要素。五是东北文化。源远流长的东北土著民族留下了丰富多彩的传统文化积淀，在与随着移民流进的中原文化以及西方文化的互相交融中形成了今天东北人勇敢与鲁莽共生，开放与保守共存的独特的多元一体的文化特质。作为新中国工业基地的摇篮，伴随着国家“一五计划”的实施及三线建设的开展，大批东北技术人员入川，东北人身上那种兼容豪爽的文化特质自然而然地融入川西蜀文化之中。川西蜀人正是在吸收兼容这五种文化的核心元素的基础上，在与生活环境互动中逐步形成了独特的兼重农商而又开放包容的文化特质。在四川，无论你来自哪里，都有家的感觉，一般不会因文化心理、语言风俗的差异而产生人在他乡的孤寂感，也不会有因你操着外地口音而被本地人排斥的担忧，这大概是“成都是一座你来了就不想走的城市”“少不进川”等说法所隐含的文化缘由吧。今天，我们要珍惜并弘扬川西这种开放包容的文化精神，以海纳百川的胸怀，吸引各方人才，为川西经济社会繁荣发展贡献才智。

（二）奋进务实

有一句顺口溜概括了川西人民的安详自足的特质：“打打小麻将，郊区逛一逛，吃吃麻辣烫”。仔细审视川西人的精神特质，掩盖在安详自足之下的却是敢于反抗的血气和脚踏实地的务实精神。川西人民把两种看似相反的精神特质融合为相融无间的一个有机整体。四川盆地在地形上为“四塞之国”，交通极为不便，“蜀道之难，难于上青天”就是这情形的真实写照。由于交通信息的闭塞，比起得风气之先的中原人、沿海人，似乎很难有开拓进取、敢为天下先的精神。然而任何事物都具有两面性，不利的交通生活环境反而刺激了川西先民奋进开拓、敢为人先的改造环境的勇气与决心。三星堆出土的千里眼顺风耳青铜神像，似乎诉说着古蜀先民渴望与外界沟通，探究川外世界秘密，倾听不一样的川外来音的急切心情。开凿在秦巴大山峭岩陡壁上的天梯栈道，工程艰巨，路途险恶，成为历来兵家必争的重要交通要道，堪称我国古代交通史上的奇迹。大诗人李白也因此发出“地崩山摧壮士死，然后天梯石栈相钩连”的感叹。《战国策·秦》记载“栈道千里，通于蜀汉”，这些栈道的开凿打通了与川外联系的通道，让古蜀先民探究外面世界的梦想成为现实。从此，一批批川人，实现跃出夔门，成龙成凤的人生理想。不说诞生于北宋时期世界最早的流通纸币“交子”，眉山“大三苏”（苏洵、苏轼、苏辙三父子）、中江“小三苏”（苏易简、苏舜钦、苏舜元祖孙三人）、罗江的李调元“一门四进士”、明代大才子杨慎等谱写的川西人风流，就是在近现代历史上，川人也是开创了许多“敢为天下先”的典范。

在近代，四川保路运动“引起中华革命先”，成为引发辛亥革命的导火线。孙中山高度评价四川人的这种敢为天下先的历史功绩，他说：“若没有四川保路同志会的起义，武昌起义或者要迟一年半载。”自 20 世纪初的留学生运动涌进四川以后，首次节译《资本论》的陈豹隐（德阳中江人）、邓小平入团介绍人萧朴生（德阳县人）等先进知识分子更是开创了川西青年胸怀祖国、放眼世界、虚心学习、学以致用的优良传统。

改革开放以来，川西人敢为人先的奋进精神更是得到淋漓尽致的展现。1980 年，德阳广汉向阳镇在全国第一个摘下“人民公社”的牌子，率先恢复乡村建制。以此为开端的经济体制改革，被正式写进了国家的根本大法，载入了新中国的光辉史册，向阳也因此获得了“中国改革开放第一乡”的美称。今天，川西德阳人继续发扬这种敢为天下先的奋进精神，探索出人大代表小组工作室制度，破解人大代表职能发挥的难题；探索村民议事会制度，化解基层乡村治理难题；推行村（居）监委会主任异地交叉履职，化解村级监委会监督不力的问题，规范村（居）“两委”干部的权力，维护群众利益；“一诺三清”制度的推出和清风行动的开展更是体现了全面从严治党，“加强对权力运行的制约和监督，把权力关进制度的笼子里，形成不敢腐的惩戒机制，不能腐的防范机制，不易腐的保障机制”的德阳创新，提供了规范地方公权力有效运行的路径选择；“一核三治”基层治理体系的德阳探索紧扣治理体系和治理能力、法治思维和法治方式、法治意识和法治习惯三大主题，坚守厉行法治政治定力，提升治理能力，为实施省委“三大发展战略”，倾力打造成都北部新城，率先全面建成小康社会提供了坚强法治保障。

当然干事创业除了需要大胆闯、大胆干的奋进精神外，还需要脚踏实地的务实精神，邓小平同志说过：“世界上的事情都是干出来的，不干，半点马克思主义也没有。”改革开放近 40 年取得的丰硕成果是党带领人民奋力拼搏，干出来的，不拼、不干就不可能有今天的民富国强。站在新的历史起点上，习近平总书记再次强调，“社会主义是干出来的”，意在提醒和告诫全党全国，必须发扬钉钉子的精神，以抓铁有痕、踏石留印的干劲，才能实现“两个一百年”奋斗目标和中华民族伟大复兴的中国梦，除此之外别无他法。

自建市以来，德阳历届市委、市政府始终秉承并高扬这种流淌在血脉中的务实精神，崇尚真抓实干，使德阳一步一个脚印地扎实前行，取得了一个又一个辉煌成就。务实精神体现了德阳人讲实干、干实事、求实效的工作作风和生活态度，是德阳人最显著、最具魅力的精神品质，也是德阳经济快速发展的基石。只要德阳每个市民无论做大事、做小事，都实实在在，做一件成一件，积小流而成江河，积跬步而至千里，经年累月，必成事业。

（三）厚德尚文

多难兴邦。中华民族历经水患，在治理水患的过程中感悟到依顺水性疏而不堵的道理。把这种治水的智慧运用到伦理社会领域就是强调教化，通过教化树立人的道德、配以礼的规范实现社会的治理。川西蜀文化也是在治理岷江水患，尤其是李冰修建都江堰工程过程中把中原这种治水智慧带来，融合在蜀文化之中，使之成为其核心构成元素。西汉的文翁教化，极大提高了蜀地的文化水平，同时为川西蜀文化注入中原崇仁讲礼、厚德尊儒的精神特质。成都石室中学就是当年文翁教化之所，没有文翁教化就没有后来四川文化的昌盛。德阳孝泉镇中国孝德城，“一门三孝”“姜诗孝亲”“涌泉跃鲤”“安安送米”的故事，更成为德孝文化的典范。德阳文庙保存完好，位列全国第三，西南第一，有“德阳文庙甲西川”的美誉。这些遗迹典范无不展示了厚德尚文的思想是这块大地的根与魂，规范着这块大地勤劳人民的思与行。

当然我们在看到这些文化优势资源的同时，也应该认识到德阳的不足。在改革开放的进程中，优越的地域和文化条件助长了不思进取的惰性，产生了骄傲自大、自满的习气。时间一长，与成都的差距越来越大，成都对德阳的认同和亲切感也在发生变化，疏离感日益增加。因此，要实现与成都一体化同城发展就要在继承弘扬德阳、成都既有的文化认同的基础上，改变我们骄傲自大、自满的习气，充分向成都看齐，打造成德共荣共享的川西文化新精神。

二、积极作为，强化引导

增强成德文化认同，以文化认同推动跨行政区划的同城化发展，发挥各方政府的积极引导作用是关键。

（一）强化舆论引导

舆论是行动的先导，通过营造良好的舆论环境助推成德一体化同城发展。为此，要建立成德同城化发展的宣传工作机制，在两地媒体设立宣传专栏，开展节目换播，让两地民众明白成德同城化发展的概念、内涵、要求以及实现的路径，方能提高两地民众对成德同城化发展的认同度和参与度。一是建立联席会议机制。建立以两市党委宣传部主要领导、常务副部长、外宣办、网信办主任、报社社长和总编辑、广播电视台台长、网站负责人为成员的交流合作领导小组，不定期召开联席会议，共同商讨交流合作中的重大事项。二是建立协调沟通机制。按照互利互惠、加深友谊、深化合作的原则，加强日常对接联系与工作交流，协调推进两市新闻宣传相关领域的合作。三是组织双方广播电视、报纸、网络等媒体，建立“成德同城化发展”宣传专栏，重点弘扬“敢为人先”的川西文化精神，推动成德同城化发展向深度、广度迈进，不断提升两市民众对同城化发展的知晓度、认同度和参与度。

（二）打破行政壁垒

以德阳和成都为核心的川西成都平原悠久的文化沉淀，在彼此碰撞交融中形成开放兼容、敢为人先的区域文化圈，展现了源远流长的人文认同感和粘合力。在改革开放进入深水区的历史发展期，成都和德阳又迎来新一轮发展契机。文化是城市之魂，是促进经济发展的内生动力。加强德阳与成都的文化合作与交流，促进两地文化联动发展，提高两地尤其是德阳的竞争力，本是两地同根同源文化发展的必然。成都是四川省所辖的副省级城市，而德阳只是四川省所辖的一个地级市，行政区划的不同与不对等，必然造成两地文化市场及文化管理体制上的分割与文化壁垒。从文化管理机制上看，两市文化管理部门的职责、管理范围各有不同，为政府层面特别是文化工作部门的互动与合作带来一定的障碍。实现与成都文化的深度融合，形成“川西新文化中心”，必须改变观念，打破各自为政、画地为牢的行政区划壁垒。

（三）创新发展载体

成都和德阳两地政府要携手共进，创新文化共享的平台与载体，促进两市文化交流和民间往来，提高两地的文化认同。德阳市可携手成都打造文化活动平台与载体，以丰富多彩的文化活动实现两地文化资源互享。德阳是川菜的发源地，德阳可以主动联合成都在李调元故里罗江举办全国川菜大赛，拓展川菜的影响力；可联合举办“三星堆-金沙国际梦幻节”“四川国际航空展”“成德青少年足球联赛”“成德旌湖龙舟赛”等特色文体、旅游、学术研究活动；可整合都江堰二王庙与什邡李冰陵等与李冰有关资源，开拓早谒李冰凌，午赏都江堰旅游线路；可结对孔庙—都江堰文庙—杜甫草堂、马祖—文殊院、武侯祠—庞统祠—“金牛古道”—紫岩书院等开展国际儒释道研讨会，以学术活动推动传统文化的复兴。

（四）坚持特色，错位发展

德阳和成都同属于川西蜀文化圈，两市文化一脉相承、相依相存。我们可以两地同属于川西蜀文化圈的共同文化特质精心打造两地共享的知名文化品牌，比如我们可以共享三星堆、金沙古蜀文化遗址联合申遗，打造独特的古蜀文化品牌；共享三国文化，整合武侯祠、白马关、双忠祠以及金牛古道等文化资源打造三国文化品牌。成都和德阳两市文化资源趋同性的特质既可促进两地文化发展，同时也会给两地文化深入合作、交流带来一些不利因素，因为文化资源的相似度很高，在发展文化产业的时候就会出现对相同文化资源的争夺。囿于资金、文化创意人才以及政策的原因，德阳在这方面处于不利的境地。因此，促进成德同城化深入发展，德阳市必须要放下身段，主动对接成都，争取共享两地相同的文化资源，共建文化品牌，共享文化发展成果。但同时，德阳市也要积极挖掘本地独特文化资源，坚持本土特色、实现错位发展。为此，首先要坚持特色，特色是灵魂，只有立足本土，坚持特色，才能开辟我有你无的发展道路，打造自己的文化品牌。比如，德阳可以充分挖掘德阳绵竹剑南春、绵竹年画、绵竹潮扇、旌阳区孝泉镇的德孝文化、什邡雪茄、广汉宝宝节、罗江白马关以及中江挂面等本土独有文化资源打造本土文化品牌。其次要错位发展，德阳的文化产业可以引进成都资本，但不能一味模仿和复制成都文旅产业模式，一定要在坚持本土特色的前提下找准成都文化产业的薄弱环节，找到两市文化间的差异性，实现错位发展，避开不必要的无序竞争。

孔子曰："君子和而不同。"著名社会学家费孝通晚年提出"各美其美，美人其美，美美与共，世界大同"的文化发展构想。从文化的发展形态来看，成德虽同属一个文化圈，但两地还是有不少差异，比如德阳生活的相对慢节奏，成都的快节奏。德阳充分利用了这种差异性，提出打造国际健康谷三生三世的目标，治疗人们因现代化快节奏生活带来的生存焦虑。从文化发展的趋势看，多样态的文化无疑比同质一元化的文化更具吸引力，只有多样态和差异性的文化，才能保持旺盛的生命力。只有德阳和成都都保持自我文化的本土特色，创造自己的文化品牌，才能在文化竞争市场中占有一席之地，两地文化的合作、交融与共享才有其现实基础。

三、创新机制，共享两地文化成果

加强区域文化认同的一个重要方面是创新机制，共享文化成果。德阳要主动对接成都，按照四川省第十一次党代会提出的“文化繁荣发展再上新台阶，文化产业成为支柱性产业，彰显中国气派、富集巴蜀特色的文化软实力明显增强”的目标要求，完善相关配套措施，量身打造两地文化成果共享平台，切实把优势的文化转化为实实在在的现实生产力。

（一）筑实文化共享平台

成都和德阳应统一文化事业和文化产业进入的市场准入门槛，统一税费，统一市场和规则，建立普惠制式的文化投融资体制。两地应建立文化旅游发展专项资金，鼓励支持土地、财税等部门加大对优秀文化企业、文化特色街区、文化创意园区、文化特色小镇的扶持力度，打造成德两市共建共享的文化产业项目和品牌，大力扶持文化产业骨干企业。鼓励银行金融机构降低对发展前途好的文化产业企业的贷款门槛，实现文化资本在成德两市内的自由流动，鼓励成德两市文化企业间自发自觉的联合或合并，打造国内领先、具有国际竞争力的文化旗舰。

（二）促进文化人才的培养和流动

通过各种形式，加强成德两市内各类文化人才的流动和合作。一是加大对本土文化人才的培养力度，充分发挥成都市、德阳市本地文化人才的作用，建设推动成德文化产业发展主力军。二是打破对文化人才的禁锢，逐步构建两市统一的人才市场，共同创造公平竞争的人才环境，防止过度竞争，促进文化人才有序双向流动。三是以项目为龙头，大力引进、培养文化传媒、休闲娱乐、动漫表演等领域亟须的高端复合型人才，满足人们对文化多层次和多样态的需求。

（三）共享文化信息资源

运用现代信息技术手段，建立成德两市“互联网+”的信息共享平台，促进两市之间的文化信息资源实时共享与交流。紧紧依靠成德两市的图书馆网络和文化门户网站，共建“成德文化共享信息网”，发布成德两市最新的文化产业政策、文化市场发展动态、文化演艺信息以及人才需求信息等，使民众和企业及时掌握两市内文化发展信息，引领两市文化资源的合理搭配与流动，推动两市统一文化大市场的形成。

保障篇

第九章　建立健全成德同城化政府协调机制，促进北部新城建设顺利推进

政府协调机制是在一定区域内的两个或两个以上政府，为了促进区域的发展而相互间协调关系，寻求合作，对公共事务进行综合治理，以便实现社会资源的合理配置与利用，从而为区域经济的发展提供更优质的公共服务而形成的一种机制。

同城化的政府协调机制是政府以行政力量，通过制定和执行相关规划、公共政策等手段，对同城化的发展加以推动、引导和调控[①]。同城化政府协调机制的功能在于整合和优化双方之间的资源配置，从而实现区域竞争力和辐射力的最大化。其作用主要表现在三个方面：一是可以有效避免双方之间的重复建设，避免双方的“恶性竞争”，减少公共资源的浪费。当前，城市与城市之间定位类同、产业同质现象非常严重，如果缺乏必要的协调机制，这种趋势会越来越严重，最后导致双方之间的恶性竞争，造成社会资源的极大浪费。二是有利于减少双方之间的市场壁垒，促进区域市场一体化、经济一体化。市场壁垒是由于行政区划所造成的，比如汽车的

① 陈瑞莲，张紧跟. 试论我国区域行政研究［J］. 广州大学学报（社会科学版），2002（4）：5.

路桥费，还有涉及居民切身利益的各种社会保障、教育问题等，这些都是因为行政区划设置而产生的市场壁垒，无形中增加了双方之间的交易成本。三是具有一定的约束功能。协调机制是同城化各方的一种契约，具有一定的约束力，可以大大加快同城化进程。

第一节 构建成德同城化政府协调机制的依据

一、理论依据

行政区经济理论揭示了政府间建立协调机制的必要性。“行政区经济”是 20 世纪 90 年代初由华东师范大学刘君德教授通过分析行政区与经济区的关系提出的。它是指我国在从计划经济体制向社会主义市场经济体制转轨过程中，区域经济由纵向运行系统向横向运行系统转变时期，出现的具有过渡性质的一种区域经济类型。按照区域协调发展的规律，区域间应该突破行政区划束缚，呈现一体化发展格局。但是，我国由于特定的历史和体制背景，区域经济发展中存在不同程度的、因行政区划而导致的区域经济分割现象。行政区的经济功能十分突出，并且，在地方政府强烈追求自身利益最大化的动机驱动下，政府对经济的不合理干预行为十分严重，使区域经济行为带有强烈的政府行为色彩。这种政府行为往往容易演变为地方本位主义和保护主义。区域间市场的流通、体制、技术等存在极大障碍，区域经济往往以区域为边界呈现割据状态，区域间的不良竞争随处可见。最早和最经典的行政区经济理论，可概括为一个核心、三个条件、五个特点。一个核心是行政区划对区域经济产生了刚性约束。三个条件：一是从计划经济体制向市场经济体制转轨；二是从纵向运行系统向横向运行系统转变，通俗一点说，就是从以条为主转向以块为主；三是过渡性质的区域经济类型。五个主要特点：企业竞争中渗透着强烈的地方政府经济行为、生产要素跨行政区流动不畅、行政区域间竞争具有一定的隐性特征、行政中心与经济中心高度一致、行政区边界经济衰减。归结到一点就是都与政府的行政行为有直接关系。正因为如此，政府间的行政协调就显得很有必要了[①]。

博弈论揭示了决策主体的行为在发生直接的相互作用时双方所采取的决策以及这种决策之间的均衡问题。其核心问题是：决策主体的一方行动，参与博弈的其他人将会采取什么行动、参与者为取得最佳效果应采取怎样的对策。如果政府间缺乏协调，政府各自都追求自身的利益最大化，其结果只能是“双亏”。如果双方政府加强协调，则会趋于合作，实现“双赢”。区域间合作有利于避免有限资源的浪费和无序的市场竞争，有利于优势互补从而实现更高收益。这就说明政府间协调在区域经济合作中不仅是必需的，而且可以通过这些交流与协调，使每一政府对各自出于自身利益的行为对整体利益产生的不利影响采取合作的方式主动加以约束，改变决策的方式，使地方的最优化决策服从整体的最优化决策。[②]

① 熊曦，吴冬霞，曹姣. 关于我国“行政区经济”的思考［J］. 重庆工商大学学报（西部论坛），2007.

② 连井环. 沈抚同城化政府协调机制建设的对策研究［J］. 东北大学，2008.

二、现实依据

（一）行政区划的约束

我国是单一制国家，不同级别、不同类别的行政建制享有不同的管理权限。成都和德阳是两个不同的行政主体，没有任何隶属关系，体制机制、工作方式等也有区别。而且它们还有着不同的行政级别，成都是副省级城市，德阳是地级市，成都的行政级别比德阳高半级。双方拥有各自的利益诉求，都在寻求本地区的利益最大化，致使地方保护主义、行政壁垒长期存在，导致彼此之间的许多问题得不到及时和有效的解决，极大地制约了同城化的进程。这种情况在全国各地同城化的过程中都不同程度地存在着。比如西咸同城化战略提出后很长一段时期，两市公交系统都不能实现无缝对接，公共交通只能到达城市边界，实质上就是不同行政单元之间的权力和利益博弈的结果①。就成德同城的前期进展来看，成德之间虽然在规划编制、产业发展、科技创新、金融合作、环境保护、社会事业等方面启动了同城化探索，在交通建设、旅游协作、建设平台、发展产业、创新创业等方面也取得了一定进步，但两市多局限于各自区域内的改革发展、各自为政，在破除行政区划壁垒和打破体制机制障碍等方面成效不大。一些合作事项因各种矛盾和现实问题而搁置下来。一些协同项目，因各种掣肘，推进难度很大。究其根本原因，就在于行政区划不同带来的利益差距和诉求差异。

两个管理权限不对称的城市要同城化，通过行政区划调整的手

---

① 黄晓军，黄馨. 基于制度性集体行动的同城化合作机制研究 [J]. 现代城市研究，2016（8）：60-66.

段，将级别低的划归级别高的是最直接、最有效的方式。但是德阳打造成都北部新城，实现成德同城化发展，是在保持现有行政区划的基础上进行的，并不涉及行政区划的调整。因此，成德同城化过程中出现的问题，只有通过双方的协调机制才能真正解决。

（二）实力悬殊的障碍

德阳和成都不仅行政级别不同，实力差距也较大，以2016年为例，德阳经济总量、财政收入、固定资产投资、城市建设、进出口等方面与成都的差距明显。

成都作为四川省不可撼动的首位城市，经济实力遥遥领先于德阳。2016年，成都地区生产总值是德阳的6.94倍，人均的地区生产总值是德阳的1.54倍，三次产业结构比德阳更优。常住人口是德阳市的4.52倍，城镇化率比德阳高21%，社会消费品零售总额是德阳的8.08倍，固定资产投资是德阳的7.44倍，城镇居民可支配收入是德阳的1.23倍，农村居民可支配收入是德阳的1.33倍。这样一来，经济社会发展水平的明显差距，严重影响到两地经济社会政策的统一实施，特别是对依赖公共财政的基本公共服务的跨市提供、同质共享形成极大制约，也极大地影响到两地一些需要较大资金投入的共建项目的推进。

（三）产业结构互补性不强的障碍

成都市是四川省省会城市、特大城市和国家中心城市。2016年世界城市评级中，成都在中国内地城市排名中仅次于北上广深，在全球707座城市中位列第100位，具备较强的综合服务功能、产业集群功能、物流枢纽功能、开放高地功能和人文凝聚功能。在生产制造、要素集散、商业服务、科技创新、交通枢纽、教育文化卫生、旅游等方面引领着四川的发展。而德阳是1983年才成立的新建市，因工业而建，是功能较为单一的工业市。而且两地工业趋同，互补性不强，缺乏互利合作的空间。成都的特色优势产业为电子信息产品制造业、机械产业、汽车产业、石化产业、食品饮料及烟草产业、冶金产业、建材产业、轻工行业八大特色优势产业。成都2016年全年制造业完成投资2 061.7亿元，增长44.5%。德阳的传统支柱产业为机械、食品、化工、建材、医药。这样双方在产业发展，吸引国内外投资等方面竞争多于合作。而且机械行业一直是德阳的支柱产业，目前德阳正在打造“智造之都”这张名片，但是制造业总量和质量同成都相比，也有巨大的差距。德阳作为重装基地，“十二五”机械行业发展还处于粗放型阶段，产品的附加价值低，利润低，行业发展易受市场等因素影响，波动较大，加之全球装备制造业已供过于求，机械行业缺乏竞争力[①]。2016年德阳市机械行业占德阳市工业比重的42%，而2016年德阳市工业总投资额为460.1亿元，42%的话就是就是193.24亿元，成都的机械行业投资额是德阳的10.67倍。成都的制造业经过这么多年的对外开放合作，是参与全国乃至全球的产业分工的结果，其制造业的水平也高于德阳。广佛同城化实现良好，和双方的产业能够互补有很大的关系，广州服务业发达，佛山制造业发达，双方能够较好地错位发展、协同发展。成德之间产业的趋同、城市功能的差距，导致成都缺乏同德阳同城的利益驱使，如果没有有效的合作机制和制度约束，同城化合作将难以持续深入推进。

---

① 省统计局. 德阳市传统行业发展情况分析报告［R/OL］.［2017-07-20］. http://www.sc.gov.cn/10462/10464/10465/10574/2016/6/12/10383762.shtml.

第二节　成德同城化政府协调机制建设的现状与问题

一、成德同城化政府协调机制的现状

（一）签订了合作协议

2013 年 8 月，成德之间签署了《成德同城化发展框架协议》，成德同城化进入实施阶段并取得了初步成效。2016 年 9 月，德阳市第八次党代会提出倾力打造成都国家化大都市北部新城，成德同城化进入加快推进阶段。2017 年 5 月，成都、德阳两地签署了《推动成德一体化合作发展备忘录》《成德通信一体化工作备忘录》《成德通信资费一体化合作备忘录》《成德一体化发展新闻宣传合作框架协议》《中国大车都成德配套产业园合作协议》等合作协议，双方将就此开启新一轮的大规模合作，实现“同频共振”。为促进成德两地区域内经济、社会协同发展，成德两市都把此项工作纳入各自重要工作日程，共同谋划、共同研究、共同推进。

（二）建立健全了协调机构

自成德两市签署同城化发展协议伊始，德阳成立了以市委书记、市长为组长，市委副书记为副组长，各县（市、区）党委、政府“一把手”以及 44 个市级部门为成员单位的成德同城化发展工作领导小组，下设规划、交通、工业等 17 个推进小组，承担成德同城化发展日常工作，定期听取重点工作情况汇报，督促各项工作落实落地。德阳市发改委作为领导小组办公室单位，开展了大量的组织协调、材料编审和项目推进工作，会同规划部门对已落地项目和正在实施的项目进行审查、清理，从交通协同、规划协同、通信协同、城市品质协同、产业布局协同、政策机制协同等方面规划了城际高铁、成德快速通道、成德工业园等。

（三）建立了协调机制

2016年以来，成德两市紧紧围绕“六个协同”重点工作，开展交流对接20余次。2016年8月，德阳市委蒲波书记亲自带队赴成都对接成德同城化合作事宜；同年9月，成都市刘守成、黄平等领导率队亲赴德阳参加成德同城化高层推进会，就全方位全领域推进成德同城化发展进行深度洽谈。成德两地沟通对接力度不断加强，交流合作持续深化。2017年5月，成德两市人民政府签署了《推动成德一体化发展合作备忘录》等协议。根据备忘录，成都与德阳将从发展规划、交通建设、通信设施、城市品质、产业布局和政策联动6个方面进一步深化合作，力争到2020年初步构建科学的成德一体化发展空间格局。

二、成德同城化政府协调机制存在的主要问题

（一）区域行政壁垒仍未有效破除

行政壁垒是影响成德同城化发展的主要限制因素。成德两地地域相连、山水相依、历史同源、文化同根。但是行政分割产生的行政壁垒为两地同城化发展带来了诸多的障碍，极大地影响了产业和市场的整合，阻碍了资金、技术、人才等资源的自由流通和跨地区的经济合作，客观上阻碍了同城化的积极推进。

一是观念上的壁垒。长期形成的以行政区划分经济区、现行的

财税体制和社保体制，客观上严重地束缚了人们的观念。在遇到具体问题时，各地政府、干部群众思考的方式和角度往往不是从尊重和运用经济规律出发，而是从投入产出比的角度思考。如果投入产出比不理想，那么在合作项目的推进上就会流于表面。比如成德工业园，本应由成德两地共同规划、建设、管理、服务、承接产业转移，但在实际操作中，当前更多是德阳主要是中江在规划、建设、管理、服务。在承接产业转移上，也是一些科技含量不是很高的企业入驻，如家具门业。究其原因在于，作为四川的首位城市，由于产业资源的重新布局与整合、经济结构和产业结构的重大调整，成都的发展尚处于生产要素吸纳和经济扩张阶段，与德阳之间在资金、技术、人才等方面还存在竞争，因而更多的想法和做法是把优秀的企业、技术、人才留在成都，把更多的优质资源留在成都而不是转移到德阳。城市的发展离不开资金、技术、人才，行政壁垒带来的观念壁垒，对德阳，特别是对德阳的高科技产业、新动能的培育非常不利。正因为如此，虽然成德两地政府通过协作与协调，达成了一些协议，但落实仍然是个问题。因此，成德之间还需在协同方面加强力度和强度。

二是市场壁垒。由于行政壁垒和地方保护，成德之间市场割裂，极大地影响了产业和市场的整合，阻碍了资金、技术、人才等资源的自由流通和跨地区的经济合作。成德要实现区域经济一体化发展，关键是市场竞争规则的一体化。2016 年 12 月，成德签署了合作共建农村产权交易市场战略合作协议，目的是创造更多的合作机会，创造更公平、公开的市场环境，进一步促进两地城乡生产要素的合理流动和优化组合，标志着成德在市场一体化方面迈出了极其重要的一步。但是在就业、产值、利税等一系列经济指标的驱使下，成德两地政府还未能完全摆脱自身利益的束缚，阻碍要素自由流动及信息无障碍沟通的现象依然存在。成德两地在招商引资、土地批租、工商登记、人才流动、市场准入、技术开发、商标保护等方面还没有完全实现公平一致，市场格局没有全面开放，市场资源要素还没有得到充分流动。

三是公共服务、社会保障壁垒。由于经济社会发展水平的差异，导致成德两市的社会保障、公共服务政策的不一致。政策上的协调与管理制度还未全面建立，在户籍制度、住房制度、就业制度、医疗制度、教育制度、社会保障制度等政策上存在着差异，没有联手构建统一的制度架构和实施细则来协调各地区的政策行为。如成德两市间城镇职工养老保险关系无障碍转移接续和两市领取养老金人员生存状况还未互认。还未设立异地就医结算窗口，医疗费用还不能互相委托报销，还不能实现两市医保无障碍转移接续和即时结算。市民待遇同城化还不能真正实现。

（二）协调主体、协调方式单一

协调主体单一。在利益主体日益多元、利益诉求日益复杂、社会治理难度不断加大的今天，区域协调中出现的问题，必须通过全社会的广泛参与来解决。因此，同城化不应仅仅是政府行为，还应是关乎成德两地 1 700 多万人口和各类企业、社会组织切身利益的大事。但到目前为止，成德同城化还只是“剃头的挑子——政府一头热”，非政府组织、企业、民众参与的广度和深度都不够。一是两市政府在同城化提出之前和实施的过程中对民众的同城意愿没有进行广泛的调研，二是没有充分问计于民，特别是征求民间智囊机构的意见。政府机构作为唯一的协调主体，难以推动同城化向纵深发展。三是作为经济主体的企业也未充分参与到协调中来。

协调方式单一。在协调方式上，成德两市政府主导签订了一系列协议，两市初步建立了高层会议制度，通过定期召开会议来商讨成德同城化发展大计，就规划制定、政策规定等进行协调与合作。这种会议式的集体磋商方式，在推进成德同城化过程中发挥了积极作用，但仅靠这种方式并不能完全解决同城化过程中出现的各种问题。正是由于协调方式的单一，导致成德两市政府间的协调不够深入，影响了政府协调与合作的发展水平，阻碍了同城化的深入推进。

（三）缺乏刚性约束

区域协调的有效开展离不开强有力的约束机制。当前我国所有设区的市都拥有地方立法权，但政府间的合作一般还是以协议而不是地方法规的形式约定的，协议的执行状况如何没有法律来进行保护，使得其在促进政府合作、约束政府越轨行为方面作用有限，严重制约了地方政府间的合作。

从目前成德两市的合作内容和方式来看，还没有形成一套制度化的议事和决策机制，整个合作还是由政府主导，靠政府签订的《成都德阳同城化发展框架协议》《推动成德一体化发展合作备忘录》等协议来推进。这些协议对成德两市政府的责、权、利没有明确的规定，只是约定了双方的合作内容与目标，没有对双方合作事项实施情况的监督及评价，缺乏违约责任条款。由于缺乏有效的激励、约束、执行和监督机制，使两市政府行为不能完全符合同城化的要求，容易在涉及实质性利益的问题上由于分歧太大而无法达成共识。

第三节 构建成德同城化政府协调机制的对策

借鉴国内外区域协调机制的成功经验，结合成德同城化实际，建立并形成多层次、常态化协调机制，将是成德同城化持续推进的关键。

一、建立多层次的协调机构

成立同城化发展协调组织机构并进行定期协商，是在维持地方政府自治权力的基础上开展有效合作的主要机制，同时也是反映各方权力和利益诉求、实现多元利益主体协调的重要途径。我国很多同城化地区（如合淮、宁镇扬等）仅仅签订了合作协议，并没有成立相关组织协调机构，遇到冲突和矛盾时，缺乏对话平台和协商机制。而对于已有的同城化城市之间的协调机制也并不规范，更像是地方政府领导人之间的一种愿望或承诺，具有很大的随意性和不确定性[①]，缺乏制度约束与法律效力且相关协调主要集中在市级政府层面，缺乏上级权力机构的调节与监督，在具体实施过程中也存在因信息不对称而导致的执行矛盾。因此，成德同城化首先是要建立多层次的协调机构。

① 魏宗财，陈婷婷，甄峰，等．对我国同城化规划实施的思考：以《广佛同城化发展规划》为例［J］．城市规划学刊，2014（2）：80-86.

(一) 建立政府层面的协调组织机构

1. 在省级层面成立“成德同城化发展协调领导小组”

成德两市由于行政级别不同，经济发展程度差距较大，成德同城化，单靠成德两市之间的协调，有些问题势必难以得到真正解决，只有获得四川省委省政府的大力支持，才能更加顺利地推进。打造成都国际化大都市北部新城目前虽然还是德阳的自我发展定位，但是成德协同发展，已经是四川省委省政府早就确立的发展战略。因此，首先应积极争取省委省政府对成德同城化的支持，从省级层面对成德同城化进行协调，成立“成德一体化发展协调领导小组”。该机构主要由省委省政府有关领导、省级有关部门负责人、成都德阳两市主要领导以及区域经济专家等人员组成，定期组织召开会议，共同协商决定有关区域发展的重大战略问题，制定出具有普遍约束力的决议和政策，以保证做出的各项决议有利于整个区域的整合发展。其职责具体可定位为负责制定成德同城化的区域宏观政策、战略和规划，对区域基础设施建设、市场体系建设、城镇体系优化、环境治理、资源开发与保护、产业结构优化与产业整合、人才资源开发与利用等重大问题进行宏观指导和规划，制定对两市有约束力的规则并出台相关政策措施。总之，其职能是对区域性事务进行协调，处理解决成德两市政府通过协调都无力解决的难点问题。

2. 在两市层面上成立“成德同城化发展推进小组”

该机构是成德两市政府间的协调组织。目前，成德两市都是由市发改委负责推进成德同城化的发展工作，两个工作机构相互分离，各自开展本行政区内的工作事宜，不利于统筹整个成德同城化区域的工作。因此，应该成立一个由成德两市市委书记任组长，市长为副组长，各县（市、区）党委、政府“一把手”以及主要市级职能部门“一把手”为成员的“成德同城化发展推进小组”，该小组还应吸收专家学者为成员，该机构在省“成德同城化发展协调领导小组”的领导下工作。领导小组内下设各专业委员会和推进办。如设立成德同城化区域规划和产业协调委员会、重大基础设施开发管理委员会等，推进办分设在两市发改委。该机构主要负责对同城化合作发展的重大事项进行协商和决策。对于难以解决的区域性问题，提交省“成德同城化发展协调领导小组”进行协调。其主要职能是组织、协调、实施区域内的重大基础设施建设、重大战略资源开发、生态环境保护与建设以及跨区域生产要素的流动等问题。统一制定经济发展规划、制定统一的市场竞争规则，检查监督执行情况，协助各市县制定地方性经济发展战略和规划，使局部性规划与整体性规划有机衔接。

3. 在两市职能部层面上成立“成德同城化发展专项工作小组”

该机构由成德两市主要职能部门如发改委、经信委、财政、人事、科知局、教育、交通、住建、国土、环保、卫计委、金融等部门和区、县组成，下设基础建设、产业结构调整、科技、人才、投融资等专门机构作为具体执行机构，分工协作贯彻执行上述两个协调机构的政策决议。

（二）鼓励和培育社会中介组织、行业协会、学术机构等非政府协调组织

非政府协调组织是协助政府进行决策和政策咨询的职能组织。成德同城化不仅是政府部门的责任，更是两地市民的共同责任。政府间的协调机制作为一种正式的协调组织发挥着主渠道作用，但社会中介组织、行业协会、学术机构的力量同样不可忽视，在一些地

方事务的协调中，其发挥的作用可能比政府还要大，因此“都市政府应将自己的职能与各种非政府的职能结合起来”①。积极推进体制改革，从消除制度障碍和创造制度环境入手，充分发挥民间的力量自下而上地推进区域政府合作，以非政府的形式推进双方的同城意愿，有效弥补政府间合作的不足。比如鼓励以成德两地高校为依托的专家们，组织各种研讨会、合作论坛，共同探讨同城化政府协调机制的有效运作。鼓励各行业协会和行业组织组建跨地区的行业联盟，促进本行业的区域协同发展。培育各类职能组织，如成德同城化发展咨询委员会、成德同城化发展经济协调委员会等咨询和参谋机构，协助省、市政府进行战略规划和决策制定。

二、建立全方位的协调机制

（一）建立利益分配与补偿机制

同城化就是资源的再配置，配置背后则是利益。如果同城化双方的利益不能在同城化过程中增加，反而受损的话，则很难实现真正意义上的同城。成德两市政府间行政权力地位相差较大，并且还存在一定的产业同构现象，在相关制度还不完善的情况下，很容易出现政府间为追求自身利益最大化而陷入合作博弈的“囚徒困境”，进而导致双方的合作失败。因此，成德同城化要持续推进，必须确保双方能够获得比各自单独发展更多的利益。为此，就要建立有效的利益分配与补偿机制。利益分配与补偿机制包括：通过事前协调的利益分享，实现区域内统一的公平竞争环境，同等的发展机会和

① 任进．地方政府理论与地方治理理论述评［J］．规划空间，2005．

分享经济利益的权利；通过事后协调的利益补偿，实现对分工与合作中的受损方给予资金、技术、人才和政策上的支持和补偿。

1. 建立利益分配机制

利益分配机制是在承认地区间竞争与合作的关系的基础上，打破地区间的封锁与垄断，以实现经济发展的利益差别能在不同的地区合理分布，尽可能照顾到各地区的经济利益。在成德同城化的过程中，必然会出现产业的转移和重组，必然会出现企业间的经贸往来。成德双方可以通过积极调整产业政策，实现产业转移与整合所带来的利益在不同地区的合理共享。例如，对投资主体跨行政区的横向经济联合与投资等经济活动，可以实施“利益分成”政策，地方政府可按投资比例共同分享产值、销售收入和税收。同时，逐步完善相关配套机制，建立专门针对同城化发展的政府绩效评估体系，加大区域整体协调方面的指标权重，优化区域生产总值的增减机制①，引导地方政府从单纯注重经济增长向区域社会、经济协调发展，从而解决利益矛盾。

2. 建立利益补偿机制

成德同城化过程中涉及的利益补偿问题主要包括三个方面：第一是区域环境治理、生态保护中的利益补偿，第二是产业布局调整中的利益补偿，第三是公共服务共享中的利益补偿。

对于环境保护和治理中的利益补偿问题，可采取以下措施解决：第一，建立生态补偿制度。以环保为根本，通过制定规章制度，明确生态补偿原则、内容、主体、对象、形式、标准、程序及补偿资金的使用、管理、监督等，规定政府、参与生态补偿的相关

① 杨海华. 同城化背景下宁镇扬区域协调制度研究［J］. 城市管理与科技，2014（1）：17-19.

方在补偿过程中的责任、权利和义务，把生态补偿机制逐渐规范化、制度化。第二，制定生态补偿标准。生态补偿标准是建立在生态补偿成本基础上的。比如水资源的补偿成本应该包括水的涵养、保护及发展机会成本等。不同的生态资源，补偿标准不一样，成德两市政府可通过谈判确定具体的补偿标准。第三，引导受补偿地区的产业升级。在受补偿地区制定生态经济发展规划，逐步淘汰污染高、耗能多的企业，引导发展和扶持绿色替代产业，鼓励发展循环经济、绿色经济。鼓励受补偿地区从补偿地区转移低污染、高税收、占地少、高科技的项目，积极引导受补偿地区的产业升级，从而使当地经济逐步实现可持续发展，从根本上解决生态问题[①]。

对于产业布局调整中的利益补偿问题，成德之间要想避免产业同构和重复建设，就必须进行产业结构调整。要对在产业布局中做出让步的一方给予经济补偿，通过建立财政转移支付机制，实现成德双方的利益平衡。

对于公共服务共享的利益补偿问题，比如在教育、医疗、卫生等公共服务方面实现同城共享，就要对成都进行一定的补偿或财政转移支付。因为成都在这些公共服务中具有优势，如果教育、医疗、卫生向德阳开放，政府就要加大公共财政投入，以满足部分德阳市民享受成都公共服务的需求。

（二）建立激励与约束机制

在同城化过程中，建立一套规范的激励和约束机制，对同城化各方之间的合作至关重要。我国同城化地区各参与主体之间大多签署了相关合作协议，但协议的约束性、监督性较弱，属于典型的

---

① 林秀烟. 区域同城化下地方政府间合作机制构建——以“福莆宁”同城化为例［J］. 福建师范大学，2013.

“共识决策”模式，没有达成共识的部分被搁置或含糊表达，牺牲了政策的明晰性、权威性。在具体实施过程中，一旦遇到冲突和利益矛盾，合作要么被搁置，要么被中止，合作效率较低，致使同城化进程受阻，典型的如厦漳泉同城化的第三次联席会议因各方分歧而中断①。

因此，成德同城化应制定切实可行的约束机制，可在《推动成德一体化发展合作备忘录》中增加补充条款，或者单独签订相关协议。一是明确规定成德两市在同城化合作中的责、权、利，合理界定双方的权力、责任边界，避免合作过程中出现相互推诿现象。二是明确约定协议履行中的违约责任和纠纷解决机制，对于不履行协议者，由省级政府层面的“成德同城化发展协调领导小组”采取行政手段进行相应的制裁，从而保证成德同城化合作的顺利推进。三是明确规定同城化合作的督查考核。“地方政府合作是一个系统构成，有了合作组织和合作项目，关键还要有一个强有力的推进和督查机构，目前我们缺少的正是这样的机构。②”因此，在省“成德同城化发展协调领导小组”领导下，成立“成德同城化督查小组”，主要负责监督区域合作中各项事务的实施和效果评定，以保障同城化合作中具体项目的顺利实施。同时，成德同城化合作还需要一定的激励。在当前政绩考核体系之下，最有效的激励不外乎上级政府的认可与奖励。成德两市可以考虑争取省政府对成德同城化推进过程中表现突出的一方从财政支持、政策优惠等方面给予一定奖励，以调动成德两市政府参与同城化合作的积极性，推进同城化持续

① 黄晓军，黄馨. 基于制度性集体行动的同城化合作机制研究［J］. 现代城市研究，2016（8）：60-66.

② 李智. 模块化产业群与区域分工协同效应［J］. 特区经济，2003（11）：297-298.

发展。

（三）建立成德同城化信息共享机制

当今时代是信息化时代，政府协调的前提和基础是信息的完全、真实和对称。由于行政区划的阻碍，为了各自利益最大化，不同行政区政府间最大的问题是信息的相互屏蔽和人为阻断。因此，成德两市要加强信息共享机制建设，既要实现成德两市各级政府管理各自区域的“透明度”，同时还要实现各级政府相互协调的“透明度”。两市要加强区域信息网络建设，共同搭建高性能的信息网络基础传输平台、区域性电子政务与公共信息网络平台、企业信息管理平台和电子商务平台，及时发布同城化的相关信息，实现信息网络的同城化。两市电台、电视台要实现联动互播，两市报业也要联手，组建成德报业集团，以增进两市人民的相互了解和认同感。

三、建立政府协调的运行机制

成德同城化实际上是要将两个利益相异的团体整合成为一个利益共同体，成都和德阳变成了成德同城化的两个细胞。为了实现同城化的目标，成德两市政府间进行协调既有必要又存在可能。政府协调的运行机制包括：

（一）建立成德两市领导间的定期访问交流机制

这种定期访问交流可以由两市主要领导带队，到对方城市进行考察、学习、交流，以便对重大事宜进行横向沟通。

（二）建立联席会议制度

通过建立各级、各政府部门、各个不同领域之间的联席会议制度，定期、不定期召开通报会、通气会或决策会，不仅可以实现双方之间直接高效的信息交流，而且还能对同城合作中的重大事项进行协调。当前，成德同城化联席会议制度虽然已经建立起来，但功能还有待进一步拓展和完善。特别是成都的政治和经济地位明显高于德阳，因而在成德同城化合作过程中，德阳一定要主动对接成都，就共同关注的主题和合作中遇到的具体问题，以平等协商的方式妥善加以解决。

（三）建立重大问题磋商机制

成德同城化面临许多重大的区域性问题，如生态环境问题，公共服务共享问题，产业结构趋同问题，道路、交通基础设施建设问题，劳动力的充分就业和有效转移问题等，在目前很难得以彻底有效地解决，而且成德两市对有些区域性重大问题的严重性认识仍然不足，即使是意识到了问题的严重性，在磋商机制缺失的情况下，各地方政府也只能理性地选择不作为。因此，各专业委员会和推进办应定期对区域内的重大事务、矛盾、问题进行及时磋商、解决，迅速消除成德同城化发展过程中的障碍。

四、强化政策联动，推动两地政策协同

强化政策联动，推动两地政策协同，在就业、工商登记、商标保护等方面为两地市民提供同等的、更好的服务。一是积极探索建立成德两地跨区域行政审批联席会议机制，学习借鉴成都深化行政审批制度改革和供给侧结构性改革的经验做法，积极推动成都市自主创新示范区有关政策向德阳高新区辐射；争取省自贸区推进办公室的支持，积极推动成都自贸区有关政策向德阳市辐射，为去除市场主体“无产供给”，降低市场主体经营成本，为创业创新发展做

出积极贡献。二是共同推进成德绵协同创新联席会议制度的建立，推动中关村和绵阳科技城军民融合发展等先行先试政策在成德绵的共通共用。促进创新资源跨区域融合，共建成德绵区域创新资源共享平台、技术转移中心、创新网络、产业孵化基地和创新成果产业、中试、转移基地。三是推动成德两地企业一体化互认，实现工商登记、商标保护等方面的统一规则和相互认证。四是促进成德两地劳动者实现就业服务同城化，同等享受当地就业服务。

成德同城化是一个涉及政治、经济、文化、社会、生态等各方面建设的系统工程，不可能一蹴而就。只要成德两市遵循利益共享，问题共商，相互协调、协商，同城化就能稳步推进。

第十章 创新人才机制，增强成德同城化的人才支撑

打造成都国际化大都市北部新城，推进德阳加快迈入转型发展快车道，一支能够担当发展重任、加快科学发展的高素质人才队伍是支撑。

第一节 成德同城，人才是支撑

什么是人才？依照国务院新闻办公室发布的《中国的人力资源状况》中的说法，人才是指具有一定的专业知识或专门技能，进行创造性劳动并对社会做出贡献的人，是人力资源中能力和素质较高的劳动者。人才有其独特性，属于一种特殊人力资源，除了具备其他人力资源的一般特性外，还具有主观能动性、权利诉求和创造性等特质。

一、人才是现代社会的核心竞争力

随着现代社会的不断进步，知识经济迅猛发展，以创新为驱动的经济发展模式越来越突出。人力资本、技术创新和创业精神被称为新“三驾马车”，从很大程度上，只有这三个动力要素作用得到有效激发，才可能实现经济持续稳定增长。而在这三个要素中，人的因素起决定作用。被誉为“人力资本之父”的舒尔茨认为，人力资本在各种要素间相比较，其补充和替代作用已经变得越来越重要了。自20世纪80年代以来，以技术内生化为特征的新经济增长理论尤其突出强调人力资本的作用。新经济增长理论的基本要素是知识的积累和传播，知识的积累和传播与人力资本水平高低有直接关联。人力资本水平越高，知识水平也越高，经济的创新和实施创新成果转化的能力就越强，能否拥有一定数量的各类创新创业人才，成为当前新兴产业和新兴业态的发展成功与否的决定性因素。创新创业人才的培育和队伍建设，已经成为一个企业、一个地区乃至一个国家综合竞争实力提升的关键内容。

比如，以色列，一个自然条件极其恶劣、资源贫乏、人口仅500多万的小国，2016年高科技出口（含货物和服务）总额居然达到410亿美元，占以色列货物和服务贸易出口总额的43%。其在纳斯达克上市的新兴企业总数超过欧洲的总和，也超过了日本、中国、印度的总和，仅次于美国。究其根本原因在于其推行的教育与科技立国的国家战略，形成了创新型人才层出不穷的局面。以色列受过高等教育的人数占总人口比例之高，名列世界之首，每1万人中就有140名科学家和技术人员，这个数字远远高于美国的80人和日本的75人。高素质的国民创造了高效益的经济。近四十年改革开放的实践证明，中国与发达国家的最大差距就是科技水平与人的科学文化素质的差距、人才数量与质量的差距。

二、国家竞争很大程度上是人才竞争

随着全球化的兴起，各国特别是发达国家之间为争夺高学历技术人才展开了一场“争夺人才的全球性战争”[①]。其中，美国一马当先，从20世纪三四十年代，就开始网罗外国人才，实施积极的人才政策。比如，20世纪30年代和40年代，从逃离欧洲特别是纳粹德国的难民中挑选了三千多名科学家。这批人在后来美国“研制原子弹的过程中发挥了突出的作用”。此后很长一段时间，吸引外来人才成为美国移民政策的主要任务之一。欧洲各国从第二次世界大战结束到20世纪70年代中期，像法国、英国、联邦德国，纷纷实施了劳动力资源开发政策，以谋求经济的快速复兴。20世纪90年代后，技术劳工供不应求的矛盾骤然加剧，西欧各国才加强吸引人才的力度：简化入境手续、提供优厚的工资待遇和优越的工作条件、税收减免及在永久性定居资格等方面给予优惠政策。比如，2007年8月，德国决定在加强对国内劳工培训的同时，允许新加入欧盟的中欧和东欧国家的技术人才直接入境就业[②]。

为了保持国家竞争力，欧美各国通过增加奖学金、降低学费、调整培养计划、增加打工机会等措施，吸引挽留留学生这个高智商

① 梁茂信．美国移民政策研究［M］．长春：东北师范大学出版社，1996．

② 美国国家科学基金会．来自海外的科学家和工程师：1962和1963财政年度［J］．科学资源数据评论，1977（2）．

高创造力的群体。比如，美国 1957 年通过身份转换获得永久性居留资格的学生人数占当年入境的所有工程师和科学家的 22.8%，1963 年这一比例上升到 29.6%。1966—1975 年，十年间共有约 10 万名外国科学家和工程师移民到美国，其中在美国调整身份的学生移民占到比重的 38%。这些留学生一毕业就能顺利转化为就业市场中具有创造性价值的技术性劳动力，“构成了所在国家的熟悉就业市场规则和流行习惯的一支具有潜力的高技术劳工的储备军”①。

源源不断的外国人才的流入，对流入国的经济、社会、教育和科技等各方面的事业发展产生了巨大推动作用，为其经济社会发展做出了巨大贡献。但是，对于人才流出国而言，尤其是对于那些经济和人才资源本来稀缺的非洲和拉丁美洲国家而言却是灾难，直接削弱了所在地区思想创新能力与经济发展活力，使相关的发展产业受到极大的削弱。甚至英国政府也曾一度惊呼其“人才流失”，“工程师和技术专家的向外移民更具有危险性，人才资源流失对英国经济造成的潜在性破坏更大。”② 苏联解体后流失的专业技术人才达到 130 万人。在有些国家，流失的医生和护士之多已到伤筋动骨的程度。20 世纪 90 年代津巴布韦培养的 1 200 名医生中，到 2001 年仅剩下 360 人没有移民。人才流失严重的地区，在 30 年前是最落后的地区，在 21 世纪初期仍然是世界上最落后的地区。

三、推进成德同城化发展必须增强人才支撑

实现成德同城化发展，离不开一支专业素养搭配合理而又锐意

① 经济合作与发展组织. 国际人口迁移趋势：年度报告 [R]. 2004：36.

② 科学与技术人力资源委员会. 人才流失：教育和科学大臣与技术部长依女王陛下指令提交给议会的移民工作组报告 [R]. 1967：6.

进取的人才队伍作为支撑。没有一定数量及各层次“海归”“灰领”“白领”“蓝领”人才的共同协作努力，并发挥其最大潜力、最大价值，德阳要对接成都，实现与成都的一体化发展，是不可想象的。为此，德阳必须向成都看齐，学习借鉴成都先进的人才理念、人才政策以及充分激发人才智慧的管理机制，建立健全激发人才干事创业的管理体系势在必行。2016 年，德阳市出台全面创新（国际）领军人才“1+3”政策等高含金量的人才政策，开启了德阳人才管理与培育体系新篇章。

第二节　德阳吸引人才的有利条件与面临的挑战

随着改革开放的深入发展，我国人才流动也呈现出极大的地域和地区的不均衡性。长三角、珠三角、京津冀等地区因为发展迅猛，经济实力雄厚，能为人才提供更为优越的创业发展环境，因而更能吸引人才。而与此相反，中西部省份的欠发达地区，由于自身条件制约，难于吸引人才、留住人才。长此以往，这种情况的加深必然造成不同地域、区域之间强者越来越强、弱者越来越弱的人才“马太效应”。作为西部地区的新兴发展城市，德阳既有在大的区域人才竞争中难以吸引人才的困境，也有自身吸引人才的一些独特有利条件。

一、有利条件

在合适的条件下，人才成长与企业发展乃至经济社会发展才能实现良性互动。人才是现代企业发展的基石，人才成长能促进经济社会发展，而企业、经济社会发展反过来又能为人才成长提供良好的成长环境和表现舞台。作为我国重装制造基地，德阳拥有的工业基础、毗邻成都的区位优势和政府优惠的人才政策都是吸引人才来德阳干事创业之优势所在。

（一）人才成长发展的机遇较多

2016年，在国内外市场未见明显好转，全国经济换挡减速的新常态下，德阳经济却在困境中迎来了新的发展机遇。这些难得的发展机遇将为各类人才提供一展身手的舞台。

一是德阳作为国家推进全面创新改革试验区的机遇。德阳市要充分利用这一契机，实现创新能力大幅增强，形成一批具有国际影响力、拥有知识产权的创新型企业和产业集群。这些新兴的产业集群的出现将为相关领域的创新人才提供难得的展示其才智的平台。

二是国家实施“一带一路”倡议的机遇。德阳市可依托位于“成欧国际班列”的重要站点的独特区位优势，通过黄许德阳国际物流港的打造，加快推动本地工业经济发展和转型升级，加快推进德阳企业和产品“走出去”战略，这些目标的实现必须以大量的各类人才加入作为支撑。

三是国家实施“中国制造2025”的重要机遇。作为中国重装制造之都，德阳正努力利用这一有利形势，加快新一代信息技术与制造业深度融合，主攻智能制造，变“制造之都”为“智造之都”。这需要多层次多类型人才梯队的支撑，没有大量的各类创新型复合型人才的加入，要实现德阳制造转型升级的历史任务，则是无法想象的。

四是国家推动长江经济带发展的机遇。德阳正努力融入打造成为现代产业基地、西部地区重要经济中心和长江上游开放高地，建设深化内陆开放的试验区和统筹城乡发展的示范区，这同样提供了人才实现自我价值的机会与舞台。

（二）人才成长历练的平台较优

作为20世纪50年代国家建设的重工业基地，德阳市是我国西部重要的工业城市和国家重大装备制造业基地，重装机械、磷化工、建材、食品、医药业发达，能为人才提供多选择的工作岗位、历练的平台和良好的发展机会。

一是产业基础扎实。德阳境内布局有中国二重、东方汽轮机、东方电机三大国家制造支柱企业（以下简称“三大厂”）。“三大厂”始终发挥着地方经济社会发展的“支柱”作用。2010年，德阳经济技术开发区升格为国家级，是国家工信部授予的全国首批“国家新型工业产业化示范基地”和联合国“清洁技术与新能源装备制造业国际示范城市”挂牌园区，是四川招商引资承接产业转移优秀园区和四川省重点培育的成长型特色产业园区。德阳经济技术开发区以新装备、新能源、新材料为主导产业。全国30%以上的火电机组、40%的风电机组、60%以上的核电设备都在德阳经济技术开发区内研发制造。2015年1~7月，“三大厂”实现工业总产值149.4亿元，“三大厂”的工业产值占德阳经开区的60%。扎实的产业基础提供了人才历练的良好平台。

二是工业发展势头良好。近年来，德阳承接全面创新改革试验国家机遇，对标中国制造2025，德阳在智能制造集群发展的新路上努力探索。2016年，在严峻复杂的经济形势下，德阳地区生产总值达到1 752.5亿元，增长8.4%，经济总量和增速均居四川第3位，特别是增速，23年来首次进入四川前3位，其中工业对经济增长的贡献率达 58.7%，拉动地区生产总值增长 4.9 个百分点。智能制造集群化加快转型升级优势曙光初现。

(三) 政府提供的人才政策较好

近年来，德阳市结合本地实际，准确定位，启动实施了一系列重大人才工程，引进培育高层次人才，推进人才优先发展试验区建设，致力于营造零障碍、低成本、高效率的投资创业环境。2012 年，旌阳区成为首批四川省级人才优先发展试验区十大试点之一。德阳市 2012 年正式启动实施“金字塔”“双百工程”，高层次人才引进培育工程，引进了包括国家“千人计划”、四川省“百人计划”在内的 4 名高层次创新创业人才。2013 年，德阳以人才工作项目化建设为主线，继续打造人才队伍建设。2014 年，德阳投入 1 500 万元启动实施第二批重点人才工作项目。2016 年 6 月 17 日，德阳发布了“史上最强”人才新政，宣布成立全面创新（国际）领军人才服务中心，并设立总额不少于 4 亿元的专项资金，为进一步推动全面创新改革广招贤才。全面创新领军人才“1+3”政策，坚持以产业发展最需要、专业水平同领域最强、行业认可度最高的“三最”原则，建立全面创新国际领军人才服务中心，已经成功引进国际知名领军人才 15 名、创新创业团队 4 个。

(四) 人才生活环境较好

在选择城市时，人们考量的因素除了较好的发展机遇、较高的薪酬待遇外，生活是否舒适、便利也是重要因素。这方面，德阳也提供了不错的选择——除了优越的地理位置和雄厚的经济基础，同时还有更宜居的环境和更便利的生活条件。中小城市相对来说生活成本较低，更方便照顾父母子女，而且竞争不那么激烈，晋升机会更多，可以更好地实现工作和生活的平衡。这也是德阳城市的“吸引力”所在。

一是交通便捷，出行方便。距省会成都50千米，宝成铁路、达成铁路、成绵高速公路和国道108线贯穿境内，南有成都双流国际机场、北有绵阳南郊机场。全市等级公路比重、路面铺装率、好路率等各项指标均名列全省前茅，基本实现了管养公路标美化和乡乡镇镇通水泥路或油路化。

二是生态环境基础较好，生活舒适。2016年，森林覆盖率40.8%，全市拥有自然保护区2个，自然保护区面积6.8万公顷。德阳先后荣获“中国优秀旅游城市”“中国人居环境范例奖”“国家园林城市”“国家卫生城市”“国家森林城市”等称号，目前正在创建“全国文明城市”。道教发源地紫岩山以及龙门山国家地质公园等都为德阳传统文化抹上了瑰丽的色彩，蓥华山、九顶山、紫岩山风景区空气清新，美景怡人。

三是科教文卫渐显魅力。2016年年末全市拥有学校836所，专任教师3.3万人，在校学生51.7万人，已经基本形成了“小学、幼儿园就近入学，初中适当集中，高中向市区集中。一镇一所初中、一所中心小学、一所中心幼儿园，高中在县城，农村村校按需布局”的格局；公共图书馆7个，图书总藏书量925.5千册（件）。全市拥有文化馆7个，文化站127个，博物馆10个，艺术表演团体33个，剧场、影剧院20个；拥有各级各类卫生机构2 708个（含村卫生室），其中疾病预防控制中心7个、卫生监督机构7个、医院81个、卫生院130个、社区卫生服务中心（站）43个；建全民健身路径948条、公共体育场馆9个。

二、面临的挑战

（一）人才结构的先天缺陷

德阳在建市之初，因国家重大装备制造企业东汽、东电和二重的缘故，具有制造业及其相关领域专业人才的优势，而与此无关的其他领域人才资源储备不足，呈现出人才结构的先天性缺陷。当时，德阳境内只有一所民航飞行学院、两所技术类中等专业学校、三所普通师范学校和一所技工学校。没有高品质的大学教育，没有与产业发展有关的普通高等院校及科研院所，学术研究氛围不深；缺少高层次的拔尖人才，缺少培育丰富的人才资源的条件。近年来，随着工业化进程的加快，德阳人才结构这种先天性缺陷造成的人才供需矛盾日益突出，对德阳经济社会的快速发展制约效应越发凸显。首先是现有人才总量，尤其是高层次创新创业人才数量不足；其次是人才结构性短缺与浪费并存，亟须的文化类、经营管理等创意管理营销人才不能满足市场需求，而制造业及其相关专业人才却供过于求，出现了一方面有的人才被闲置，未能发挥应有的创造才能，而另一方面又亟须人才的矛盾局面；最后是人才储备资源不足，因为德阳缺乏培养高端人才的综合大学和研究机构，又加之近年“三大厂”纷纷把各自研发中心迁往成都，德阳后备人才资源不足的缺陷被放大呈现。

（二）毗邻成都的人才黑洞效应

成都是西部重要城市，“长江经济带”战略和“一带一路”倡议的重要枢纽，有巨大的发展潜力。2017 年 6 月，国际权威城市评级机构 GAWC 发布了最新的世界城市评级报告，成都在全世界位列第100位，与北上广深组成了中国超级城市五巨头。《第一财经周刊》根据2013年新一线城市榜单，截取了排名前50的城市，然后从人才吸引力这个维度对50个城市重新排名。成都以其雄厚的经济基础、吸引周边消费的影响力及宜居的环境等优势排名“最具人才吸引力新一线城市TOP20”前列，被众多大公司列为重点战略城市。比如，除了北上广，成都代替深圳成为欧莱雅眼中的四座一线城市之一；在联合利华最新的一份城市评估报告里，“北上广成”也取代了“北上广深”。成都市委组织部副部长、成都市人才办主任王乾曾告诉《第一财经周刊》，从2011年起，成都市委、市政府每年拿出1.2亿元，用于实施高层次创新创业人才引进培训计划，也就是“成都人才计划”，并搭建创新创业平台。2017年，成都市还启动“创业新星”计划，设立3 000万元专项奖金，每年遴选100名大学生创业典型，加强重点培养，帮助他们发展成功。成都对人才巨大的吸引力，在成都相近区域形成一个巨大人才黑洞效应。而德阳因地理位置毗邻成都，这种人才黑洞效应更加突显，造成德阳陷入了难以吸引人才，即使吸引了人才，哪怕是给予比成都更优厚的条件，也还是留不住人才的尴尬境地。

（三）人才培养与激励机制不健全

人才如何引进来？引进来了，如何激发人才优势、释放人才红利？我们还需要进一步探索人才规律、创新用人机制，构建一套符合时代要求的人才制度体系。

一是人才引进政策机制不健全。针对性、可操作性及可行性不强。新出台的种种吸引人才政策刚刚起步，许多配套政策措施并未跟上，很多具体工作还在摸索前进，对接工作困难；领军人才引进标准高，各区县实际所需人才很大部分达不到要求，与德阳市制定的领军人才标准差距较大；按照德阳市的引进标准，全职引进难度较大，而柔性引进的配套的资金标准并未跟进；目前领军人才申报程序尚不清晰，申报实施细则并不完善，比如 2016 年广汉市的四川上之登新材料有限公司申报其技术总监郭其鹏为“德阳市全面创新领军人才”，由该企业直接向德阳市申报，广汉相关部门就没有经手，等到德阳市已经出了申报结果，广汉才知道；没有配备完善的人才管理分配体系、激励机制等等来优化人才布局，促进人才资源的优化配置等。

二是引才聚才平台欠缺。吸引人才既要有发达的工业产业，还要有良好的科研平台，否则，将无法吸纳和承载大量人才。德阳虽然有一批工业项目，但科研实验室、科研机构无法满足人才需求。因为缺乏高端的科学技术，难以形成高端科研成果，高层次人才的自我价值难以实现，具有权威性的学科领军人物必然会凤毛麟角，自然难以形成学术群体和人才集聚效应。

三是优惠政策兼顾不够。一些优惠政策更多针对政府机构、国有企事业单位，对于民营企业或者中小企业的照顾不多、兼顾不够，未能体现出差异性原则。科研单位、事业单位这些带有公共属性的单位，因为有强大的政策支持，对人才的吸引力要强些。但对于无法享受政策红利的私营企业，如何解除制度屏障，使之在吸引人才上有更大的空间和优势，需要从减负与扶持的角度，出台一系列的扶助措施。同时，由于人才激励制度比较偏向于行政方面的人才，促使大量高端技术人才把从政当成事业的首选，导致科技研究和开发方面的工作缺乏大量的专业技术人员和科研领军人物，这样既不利于人力资源的优化配置，也不利于各个行业领域的协调及可持续发展。

（四）人才成长环境亟须改善

引来金凤凰，必须先栽好梧桐树，筑好凤凰窝。当前我们人才成长的环境存在一些问题，一是吸引人才的软环境还需要改善。城市对人才的吸引力，除了要具备良好的硬件等配套设施外，还需要提升城市的人文底蕴、文化品位、生态品质，更需要营造一种尊重知识、尊重人才的良好氛围。二是缺乏吸引青年才俊来德阳的优质基础教育资源。每个人除了自身，还要考虑未来孩子的教育培养等问题。吸引和激励人才，既要力求于引，更要注重于留。唯有真正体现出尊重人才、关心人才、保护人才的制度优势，让人才拥有相对的身份优势和待遇关怀，才能改变时下引不进、留不住的困局。

第三节　创新人才机制，激发人才活力

能否拥有一定数量的一定质量的各类创新创业人才，是成德同城化发展成功与否的决定性因素。为此，德阳市必须以“十年树木”“百年树人”的精神，培植人才环境，创新人才机制，实施好“1+3”领军人才战略，培育一支创新创业人才队伍，为成德同城化发展夯实牢固的人才基石。

一、培植良好的人才成长环境是前提

建设成都北部新城，实施成德同城化发展战略，必然需要庞大的高素质人才队伍作为支撑。如果说爱才、惜才体现为一种价值观，那么如何聚才、用才更考验治理能力。为此，德阳要围绕住

房、配偶就业、子女就学、医疗保健等需求，通过“一站式”“保姆式”服务，营造舒心环境，建立领军人才“绿卡”制度，解决人才后顾之忧，优化人才成长环境。一是实行领导干部联系领军人才制度，定期开展对接活动，形成联系服务领军人才常态机制。二是强化住房保障。对全职引进并与用人单位签订3年以上聘用合同的人才要适当给予符合当地经济发展水平的安家补助，对领军人才可给予最高100万元的安家补助。实施人才安居工程，探索联合共建专家小区，统一提供配套基础设施和物业管理服务，优先优惠供给人才尤其是领军人才。三是强化家庭保障。多渠道帮助引进人才解决配偶就业问题；对其子女入园或入读中小学的，不受户籍与学区限制，由教育部门结合本人意愿优先安排到优质公办幼儿园或中小学校就读。四是强化医疗保障。领军人才可享受市三级甲等医院定点医疗机构优先安排、专家提前预约等绿色就医通道服务；建立领军人才健康档案，开展定期体检、日常保健和休假疗养等；设立柔性引进领军人才特殊医疗津贴。五是强化外籍人才服务。针对外籍人才来德阳创新创业办理相关手续不便的问题，领军人才“1+3”政策提出海外领军人才入境和居留手续并提供快速办理出入境手续的便利。六是积极对接成都，争取引进成都优质的基础教育资源。可用联合办学及建分校的方式引进成都七中、九中等优质的教育资源，化解人才落地生根后子女接受更优质教育的担忧。

二、创新人才机制，激发人才潜力是关键

在发展由“创新由人才驱动”的新时代背景下，重视知识和人才，已经形成社会共识。德阳应该顺应这一发展趋势，逐步完善人

才制度机制，建立“不迁户口、不转关系、来去自由”的跨行政区创新人才共享机制，创造最佳条件去吸引人才，留住人才，让人才各尽其才，各显其能。

（一）聚焦高端领军人才，精准突破人才引进机制限制

聚焦高端领军人才，一个关键点是对人才发展体制机制障碍的精准突破。德阳“1+3”人才政策在以下五个方面打破人才引进的政策限制：一是设立领军人才专项编制，用于统筹解决事业单位引进领军人才编制和岗位设置受限问题，让事业单位不再为引进领军人才没有编制而困扰。二是对各类企业和非公有制学校、医院引进的领军人才，原属机关事业单位在编人员的，根据需要，可使用专项编制，按机关事业单位人员参加社会保险、评聘专业技术职称。这点将对非公有制学校、医院和企业引才带来实实在在的帮助，打消领军人才的顾虑。三是教育、卫生等事业单位可制定领军人才收入分配倾斜政策，实行灵活的薪酬制度，国有企事业单位给予领军人才的薪酬不计入单位工资总额基数。四是对拟引进领军人才，暂无法转移人事关系和档案的，可按规定给予办理聘用手续，确保领军人才快速引进。五是鼓励“柔性引才”，针对各行业实际情况，鼓励用人单位以交流合作、学术报告、现场指导、培训讲座、项目合作等方式“柔性引才”，并对柔性引进的领军人才，符合相关条件，经评审认定可给予5万元至100万元的绩效奖励。除此之外，还要积极支持人才中介机构、专业协会（学会）等组织与企业、政府共同发力，吸引集聚一批创新创业领军人才；设立最高10万元的引才补助，全面激活市场主体多渠道引才。鼓励用人单位自主引才，并按猎头经费50%、最高10万元/人的标准给予用人单位经费补助。通过市场手段，调动市场主体积极性，鼓励各方力量参与引

才，拓宽引才渠道，构建“政、企、社、才”各方共同参与的新模式。

（二）创新人才培育机制

2015 年 11 月，原中组部常务副部长陈希在《人民日报》刊文强调，要坚持自主培养国内人才和引进海外人才并重，防止“招来女婿气走儿”。如何破解“招来女婿气走儿”的困境，德阳市坚持自主培养本土人才和大力引进海内外高层次领军人才并重，具体将开展两项选拔、搭建两个平台、组建四个联盟，积极为各领域人才提供脱颖而出、施展才华的机会和平台。

1. 做好人才培养的“两项选拔”

“两项选拔”为领军人才选拔和后备领军人才选拔。在科技创新、教育教学、医疗卫生、技能技艺等领域，每年遴选培养一批领军人才和后备领军人才，并予以资助。经选拔认定的本土领军人才享受与引进领军人才除安家补助以外的同等待遇。对遴选出的后备领军人才，制订专门培养计划，实行专项服务管理，享受有关资助政策；对辖区内博士后工作站出站博士，愿意留在德阳工作的，直接纳入后备领军人才管理。同时，鼓励用人单位自主培养人才，将现有人才培养成为领军人才的，给予专项奖励；鼓励博士后工作站招引进站博士，并按每年 3 万元/人给予科研经费补助。

2. 搭建好人才培养“两个平台”

“两个平台”为德阳职业技能公共实训中心和中国装备技术智能制造（德阳）人才市场。德阳职业技能公共实训中心，以承担国家级专项实训和产业人才培训为功能定位，以技能训练、技能竞赛、技能鉴定、创业孵化等服务为目标，以德阳产业结构升级和新兴产业发展为导向，以高技能人才培养为重点，建设高端装备、智能制造、建筑工程、生物化工应用、电子商务与现代服务5大实训基地。实训中心拟以四川工程职业技术学院为基础，由德阳市政府和工程学院共同出资建设。中国装备技术智能制造（德阳）人才市场，拟采取部、省、市共建模式，承担各类人才，重点是高端装备智能制造人才的培养、交流、引进等服务功能，定期举办专场活动，每年与中国西部国际装备制造业博览会同期举办一次大型高端装备职能制造人才专场洽谈会（招聘会），面向全国、辐射全球。

3. 组建好人才培养的“四个联盟”

“四个联盟”为装备制造业人才联盟、教育人才联盟、医疗卫生人才联盟和技师人才联盟。“装备制造业人才联盟”主要统筹区域内外企业管理经营、产品研发等人才资源，通过组建专家顾问团、举办学术讲座、开展技术技艺交流等形式，为联盟成员提供人才培养和技术咨询服务；“教育人才联盟”主要统筹区域内外教育人才资源，通过人才共享共育、资源共享共用、专业特色共建、交流成果共享等形式，实现联盟成员优势互补、共同发展；“医疗卫生人才联盟”主要统筹区域内外卫生人才资源，通过建立跨院名师带徒制度、成立学科建设协作小组、组织高层次专项培训等形式，促进联盟医院技术推广、科研协作、学术交流等，打造一支医德高尚、技术精湛、服务优质的医疗卫生人才队伍。同时，组建“技师人才联盟”，充分发挥“大国工匠”型高技能人才的引领作用，提升全市技能技术创新水平。

4. 实施好成德两市干部挂职互派制度

政策出台以后，干部决定一切。推进成德同城化发展，干部是关键决定性因素。但长期以来，由于行政壁垒的藩篱，造成成德两市干部对彼此发展情况并不了解或者了解不深，德阳干部在办事理念、政策水平、行政能力等方面与成都干部都存在不小的差距。为缩小两地干部能力素养的差距，促进成都同城化深入开展，成德两市决定实施干部挂职互派制度，为全面对接合作、畅通信息渠道、搭建人才通道提供人才保障与制度支撑。德阳市首批赴成都相关部门对口挂职干部工作已顺利开展。2017 年 7 月，来自德阳市发改委、经信委等部门的 11 名领导干部完成赴成都市对口单位报到工作，通过挂职锻炼，必将改变德阳干部的为官理念，开阔眼界、提升能力素养，奠定推进成德同城化的干部人才基础。

三、加大人才扶持力度是保障

近年来，德阳加大了对人才尤其领军人才的支持力度。据四川省科技统计报告显示，2015 年德阳市的科学研究与试验发展（R&D）经费支出达 40.06 亿元，R&D 经费支出占地区生产总值的比例为 2.50%，继续位居全省第二。技术支出 0.52 亿元，增长 4%，主要用于创新驱动发展、战略性新兴产业培育、技术创新工程试点等重大工程、支持产业及应用技术研究与开发、重大技术装备创新研制、德阳科技创新创业孵化园项目、高新技术产业发展及科技基础条件平台建设等方面①。

一是加大对领军人才（团队）带项目的扶持力度。对领军人才（团队）带项目来德阳市创新创业的，经评审认定给予项目经费资助；引进科技领军人才实施科技创新项目的，经评审认定，可给予 50 万元至 2 000 万元的项目经费资助；教育领军人才承担省级以上

① 陈若愚. 关于德阳市 2016 年财政预算执行情况和 2017 年财政预算草案的报告［N］. 德阳日报，2017-03-10.

教育科研项目的，经评审认定，可给予最高100万元的经费资助；卫生领军人才承担省级以上医疗卫生科研项目的，经评审认定后，可给予最高50万元的经费资助；其中属于国内顶尖、国际领先，对德阳市产业发展有重要影响、能带来重大经济和社会效益的，可给予最高2 000万元的综合资助。

二是加大在德阳市设立企业总部和分部的扶持力度。对在德阳市设立企业总部和分部的，可按照“一事一议”“一企一策”给予土地、金融、税收等方面最优的扶持。其中高层经营管理人员和技术研发团队核心人才，按其对地方财政的实际贡献给予奖励。

三是加大对在德阳市建科研机构或分支机构的扶持力度。通过优惠政策和资金资助吸引国内外知名院校、科研院所到德阳建立研究生院、分支机构。同时，通过给予配套经费资助形式，对获批设立的省级以上的院士专家工作站、博士后工作站、工程（技术）研究中心、企业技术中心、重点（工程）实验室和技能大师工作室给予资助。

四是加大政企相结合的人才培养模式的扶持力度。实施政府津贴补贴，对入选的领军人才，在用人单位给予的待遇基础上，可给予最高2万元/月的岗位津贴、2万元/年的学术交流补贴。完善分配激励机制，鼓励用人单位对人才采用年薪制、项目制等更加灵活的薪酬制度。鼓励企业对科技成果转化过程中做出突出贡献的人才实施股权、期权激励。国有企事业单位人才职务科技成果转化的收益，按一定比例划归成果完成人及其团队所有。政府资金以股权投资方式支持企业转化科技成果，在约定期满退出时，可将股权优先转让给成果完成人。建立领军人才荣誉制度，对为德阳市经济社会发展做出杰出贡献的领军人才，给予30万元/人的杰出贡献津贴。

第十一章 创新投融资体制，多方筹措发展资金

成德一体化的实现以“六个协同”为根本路径，涉及面极其广泛，涉及城市运行以及经济社会发展的方方面面，涵盖城市管理、政府服务、居民生活、经济发展等多个领域，无论是以加强城市基础设施和公共服务水平为前提的城市品质协同，以构建协调互补的产业链为基础的产业布局协同，还是成德一体“综合全域快速”交通体系建设等，都不是一个短期的过程，面临着诸多阻碍和挑战，其中的最大难题就是资金短缺。建立健全投融资机制对于解决资金问题，实现成德同城化战略目标具有重大意义。

第一节 德阳市成德同城化投融资工作取得显著成效

近年来，为了加快实现成德一体化的战略目标，根据国务院发布的关于投融资体制改革的一系列意见，德阳市不断推进投融资体

制创新，结合本市区域特点，积极探索，勇于实践，在加大政府财政投入、建立投融资平台、争取银行等金融机构贷款、促进和吸引社会资本等方面做了大量工作，并取得一定成效。

一、不断加大财政投入用于成德同城化建设

近年来，虽然面临税收增幅下降、财政开支增大的压力，为加快成德同城化进程，德阳市委、市政府仍然不遗余力地加大在成德同城化领域的财政投入，特别是加大对重大基础设施项目建设、促进社会投资以及扩大消费需求等方面的支持力度，不断改善同城化的发展环境。

二、搭建市级投融资平台

为了适应德阳建设发展需求，有效解决融资难、投资效率低等问题，2016 年，德阳市先后创立两大国有独资的市级投融资平台集团公司——德阳市建设投资发展集团有限公司和德阳市产业投资发展集团有限公司。德阳建投集团主营德阳交通、运输、市政、水利等“城乡基础设施及社会公共产品的投资运营以及对国有资本、城乡资产及授权土地产业进行运营管理”，承担德阳重大项目投资经营。自建投集团成立以来，在助力城市提档升级、保障全市重大项目建设上发挥了不可替代的重要作用。据不完全统计，截至 2016 年年底，集团共承建政府工程 133 个（其中：已竣工 74 个，在建 24 个，拟建 35 个），累计投资 220.6 亿元，累计完成融资 37.6 亿元。在项目建设方面，组织对近 100 个城市基础设施项目资金需求测算

研究，精准编制天府大道北延线等交通项目融资方案。2017年，还将承担市委、市政府计划高达470亿元的投资任务，包括市本级重大交通项目、市政基础设施及代建、污水处理运行管理等重大投资项目。德阳产投集团按照市场化运营机制运行，以构建多元化、多层次、多渠道投融资服务体系为核心，涵盖股权投资、融资担保与租赁、基金管理、小额贷款以及实体产业等多个业务领域，以引导、促进德阳经济产业健康发展和转型升级为目标定位，致力于为企业提供优质的投融资服务，从而为推进德阳地区的产业调整和转型升级，建设成都北部新城增添强大动力。

三、设立市级发展投资引导基金

2016年起，德阳市开始推动设立德阳市市级发展投资引导基金。引导基金的主要功能在于由政府首先注资建立引导池，进而吸引包括国内外优秀的投资机构、投资人及管理团队等社会资本来德阳市设立投资基金。由于该基金是经市政府批准设立的政策性基金，所以风险系数低，对社会资本而言具有较强的吸引力，引导基金设立之后将主要用于德阳市基础设施建设。为了规范德阳市市级发展投资引导基金的管理和运作，2016年8月，德阳市政府出台了《德阳市市级发展投资引导基金管理办法》。该办法的出台为“有效防范财政资金使用风险，转变财政资金支持方式，发挥财政资金杠杆放大效应，引导社会资本支持全市经济发展起到了积极的保障作用”。迄今为止，德阳产投集团作为市级发展投资引导基金管理机构已与6家金融机构签署了投资协议，德阳产投集团世纪发展投资引导基金管理公司与德阳东深新能源有限公司等企业签署了投资协议。此外，经市委、市政府批准，产投集团已经发起设立了包括总规模 5 亿元的德阳市产业转型升级发展投资基金和总规模 20 亿元的德阳市节能减排投资基金两只产业母基金。同时，德阳产投集团利用财政引导基金已经设立或拟定出资设立的产业投资基金还有 8 支。

四、积极开展政府与社会资本合作（PPP）

2015 年开始，PPP 模式在全国各地全面铺开，德阳市同步开始实施政府与社会资本合作（PPP）项目建设。2015 年，德阳市正式启动吸引社会资本投资项目的投融资工作，截至 2016 年年底，共编写了五期推介台账，梳理“项目包”284 个，总投资 8 300 余亿元，涉及项目包括全面创新改革、成德同城化、全域城镇化等多个领域。第六期投融资项目推介台账将重点包装成都北延线、德什中、德阳—罗江城市干道、旌湖两岸提档升级等重大项目。2016 年 10 月，财政部等 20 个部委联合发布通知，公布第三批政府和社会资本合作（PPP）示范项目名单，其中德阳有 3 个项目入选，这是德阳 PPP 项目首次入围国家示范，对德阳市实施政府与社会资本合作模式推进项目建设具有重大的示范引领意义。

五、加大与银行的金融合作力度

近两年，德阳市政府通过与各大银行签订战略合作协议、合作备忘录，共同设立合作基金等方式，实现银行融资额度支持达 3 000 多亿元。一是国家政策性银行——国家开发银行四川省分行与市政府签订“十三五”开发性金融合作备忘录，约定未来五年提供 450

亿元的意向性银行融资额度，为成德一体化，包括交通基础设施建设、国家级产业园区发展、生态环保和水利等领域提供金融支持。二是各大商业银行与市政府签订银政战略合作协议，约定未来几年内将为德阳提供数百亿元不等的意向性银行融资额度，为德阳基础设施建设、产业转型升级、成德同城化发展、科技领域创新等注入强大动力。按照德阳市与农行省分行、建设行省分行、中行省分行、工行分行、邮储行省分行签订的协议，未来五年内分别将向德阳提供 500 亿元意向性信贷支持额度，兴业银行成都分行将在 2018 年年底前为德阳提供 200 亿元意向性融资额度。三是设立以地方政府为授信主体的银政合作基金。如德阳发展资产管理有限公司与中国建设银行德阳分行共同设立了建行系统第一笔以地方政府为授信主体的银政合作基金。该基金总规模 40 亿元，期限 8 年，其中中国建设银行德阳分行计划出资 31. 6 亿元，将投资于德阳市的重点交通基础设施项目。

六、大力推进简政放权，创新管理机制

近年来，德阳市委、市政府积极贯彻执行《中共中央 国务院关于深化投融资体制改革的意见》以及四川省委省政府印发的《关于深化投融资体制改革的实施意见》，在转变政府职能、简政放权、放管结合、优化服务等方面狠抓落实，始终坚持运用法治思维和法治方式，“为进一步深化鼓励社会资本投资改革，拓宽公共项目的资金渠道、提高公共产品供给效率、推动体制和机制创新，加快推

进全市投融资体制改革奠定了良好的法治环境”[①]。自2015年以来，市发改委严格以法律法规为指引，对1990年1月1日至2014年12月31日发出的所有收费管理文件进行了清理并向社会进行了公告。此外，为确保项目投资效果，德阳市不断加大稽查力度，特别是在项目建设进度以及资金使用方面加强监管，对于怠于开工建设的项目单位适时提醒，督促其尽快办理手续并开工建设，确保社会资本投资项目的顺利实施。

第二节 新政策下德阳市投融资工作面临的问题

虽然德阳市在加大财政投入、简政放权、调动社会资本积极性等投融资领域做了大量工作，且取得一定成效，但是近年来国家为了防范政府债务规模持续增大引发债务风险，不断出台强有力的改革政策，对地方投融资带来新的挑战。一方面新修改的《中华人民共和国预算法》明令取消预算外资金，规定“政府的全部收入和支出都应当纳入预算”，使得财政收入中可用于公共投资的部分大幅下降；另一方面国务院印发的《关于加强地方政府性债务管理的意见》（国发〔2014〕43号）和四川省人民政府印发的《四川省政府性债务管理办法》（川府发〔2015〕3号）等政策文件对政府性负债进行了严格控制，要求剥离融资平台公司的政府融资职能。2017年年初，《四川省人民政府关于进一步加强政府债务和融资管理的通知》（川府发〔2017〕10号）进一步严格了对政府投资项目的资

① 段炬铃．市发改委：深化投融资体制改革推动德阳经济发展［R/OL］．(2016-03-17)［2017-07-20］．cly.newssc.org/system/20160317/001871934.html.

金筹集和还款方式，以往转嫁融资平台公司等方式受到进一步限制，导致项目落地落实更加困难。此外还严厉禁止政府的担保行为，导致政府融资难度加大。在此背景下，不得不重新审视现有的投融资模式中存在的一些问题。

一、融资方式单一

虽然德阳市在不断探索多种形式的投融资方式，但总体上看，目前政府融资的主要渠道仍然是借助政府投融资平台，而政府投融资平台的主要融资方式则是通过银行信贷。从长远来看，不可回避的问题是如果过分依赖银行信贷这种融资方式，将可能出现风险过大以及筹集资金越来越难的不利后果。一方面，以银行贷款为主的融资方式导致风险过于集中。“以银行债务为主的融资方式未能通过有效的资产组合分散风险，政府投融资平台不仅背负着维持资金链不断的沉重压力，而且还要负担银行信贷的高额成本。”① 银行融资具有不稳定性，容易受到外界的经济形势、货币政策以及内部的银行风险控制等诸多因素的影响，过分依靠单纯的银行贷款融资极易导致政府投融资平台的融资风险，制约政府投融资平台发挥应有的作用。另一方面，银行方面的资金供给逐渐减少。首先，政策性银行参与不足。自 2007 年启动改革以后，政策性银行的业务领域与商业性银行逐渐趋同，业务范围逐渐扩大，分割了部分对准公共领域的资金供给，导致对盈利较少的公益性项目建设资金投入不足。其次，商业性银行动力不足。随着成德同城化发展的需要，基础设

① 庄巧英. 杭州城乡区域统筹发展背景下的投融资困境及对策 [J]. 中共财政，2016 (21).

施建设项目逐渐增多，由此产生了更多的融资需求。在政策性银行供给不足的情况下，看似给商业银行带来了市场与商机，但是在地方平台公司优势地位较强、管理机制不规范的现状下，商业银行的介入必然伴随着巨大的风险。一旦项目信息披露不透明将导致商业银行无法有效地评价与监控贷款项目，盲目参与可能带来不可预判的风险。此外，为了防范平台公司债务风险，2013 年银监会出台了《中国银监会关于加强 2013 年地方政府融资平台贷款风险监管的指导意见》，按照“保在建、压重建、控新建”的原则，对商业银行向地方平台发放的贷款总量进行了限制，明令禁止新增贷款规模，即使新增贷款也只能用于支持“符合条件的省级融资平台、保障性住房和国家重点在建续建项目的合理融资需求”[①]。众多因素导致商业银行融资难度加大。

二、投融资结构不合理

政府投融资领域主要集中在基础设施建设方面，但是成德同城化包括城市建设和社会经济发展的方方面面，其中就包括产业发展。现在的投融资结构还未充分发挥对产业发展的促进和支持作用，特别是对于作为市场主体的中小企业的融资需求重视不够、关注度不高、支持力度不强。导致德阳市部分企业尤其是中小企业的发展面临着较大的资金保障问题，不利于产业协调同步发展。

① 林志华．城镇化建设投资资金保障机制的要素框架与完善措施［J］．海南金融，2014.

三、投资体系不完善

目前德阳市政府投资已经形成了比较固定的模式，主要是成立政府性投资公司，注入部分财政资金，通过抵押部分地块的未来收益权向金融机构贷款，使用财政资金和抵押贷款完成政府指定的建设任务。但投资体系不完善仍是制约政府投资的突出障碍。一是在发展社会事业方面，政府主导地位过于突出，成熟的市场化运作机制还未完全建立。二是财政资金使用分散，管理部门较多，还未形成合力及产生规模效益，对社会投资的引导作用尚未充分发挥。三是政府投资领域的收缩和开放程度不够，没有坚决退出市场化程度较高的一些竞争性领域，导致“包袱”过重。

四、决策与监管体制不完善

一是决策机制不完善。政府目前的投资决策主要沿用20世纪90年代初的框架，还没有形成比较完善的科学、民主、透明的决策机制。项目决策权相对集中，社会公众参与程度较低。

二是监管体制不健全。发达市场经济国家政府投资项目，一般有议会监管、政府部门监管和公共监管三个层面的监管体系。相比较而言，德阳市政府投资项目的监管机制过于简单，还有较大的完善空间。现实情况是，许多政府投资项目立项前没有征询人大及广泛听取公众意见。审计、法院系统的事后监督力度有限，通常只有在举报或发生重大问题之后才会有深度的介入。真正起监督作用的部门只有主管部门、投资计划部门和财政部门，由于政府投资项目较多，这些部门人员相对较少，造成监督环节执法力度不够，严重影响了项目的实施进度。

第三节　进一步加大投融资体制改革创新，为成德同城化提供有力的资金保障

面对现有的资金压力和存在的投融资问题，在前期摸索出的投融资路径基础上，必须进一步加大体制机制创新，积极探索创新政府筹资机制、健全政府投融资体系、创新金融机构投融资体制、加大政府与社会资本合作力度的方式方法，从而为推进成德同城化提供坚强的资金保障。

一、制定投融资专项规划，强化规划的引领作用

从成德一体化的实现路径来看，应当以政府为统领，站在全市整体建设发展的战略高度，结合成德一体化发展规划，对实现成德同城化的资金需求量进行研究预测，并在此基础上制定成德一体化建设投融资专项规划。科学评估本市在充分运用多种融资方式的基础上，所能达到的城市建设投资年均增量以及资金增长速度，根据风险控制理论，编制城市建设重大投资项目投融资计划表，统筹本市金融市场，对接金融体系，科学制订成德同城化投融资规划方案，以规划为引领，为成德同城化建设提供持续的金融支持。

二、创新政府筹资机制

（一）强化税收征管

一是狠抓税收收入管理。利用大数据和信息平台加强信息共享，完善综合办税的工作机制，堵塞收入漏洞，避免少收漏收。强化税源管理，充分挖掘税收潜力，确保应收尽收。加大收入征管力度，通过完善财税政策、创新征管方式、建立激励机制等方式增加财政收入。二是加快推进财税体制改革。加快建立科学的财权和事权支出责任体系，按照中央、省统一部署适时调整市以下财政体制，制定完善区域内税源跨区（市）县转移财税利益补偿机制。加强税源结构分析，巩固培养优质税源，培优培强地方税种，建立持久稳定的财源基础。三是加强重点税源建设。以产业发展带动财政征收，鼓励、支持航空与燃机、新能源汽车、电子商务、现代物流、健康养老、石墨烯、旅游等产业发展，培育支柱产业，努力开拓新的税收来源。

（二）积极争取上级支持

密切关注、分析把握中央和省上的政策动向，牢牢把握资金和项目投向，做好项目储备、包装和申报，争取中央和省对德阳市最大限度的资金和项目支持。重点抓好保障性安居工程配套基础设施、开发区发展引导资金、老工业基地改造、养老服务体系等40类国省预算内资金专项和5类债券争取；围绕棚户区改造、生态环境治理等5大领域34个专项，做好专项建设基金争取工作。

（三）盘活现有存量土地资源

加强土地宏观调控，引入市场机制，盘活城乡现有存量土地资源，变土地资源为可利用资本，对“圈而不建”的项目进行全面清理整顿，使广阔的土地资源成为助推成德同城化发展的重要资金来源。为了变土地资源为土地资本，需要加大完善土地利用管理制度，创新土地资源经营办法，在国家政策允许的范围内，建立并逐步完善土地要素市场，充分发挥土地的资源效益。

三、健全完善政府投融资体系

（一）合理界定政府投融资范围和领域

在推进成德同城化过程中，应当明确界定和划分政府投融资领域。根据《国务院关于投资体制改革的决定》（国发［2004］20号）以及《国务院关于创新重点领域投融资机制鼓励社会投资的指导意见》（国发〔2014〕60号）的相关规定，“政府投资主要用于关系国家安全和市场不能有效配置资源的经济和社会领域”，也就是通常所说的准公共物品，如道路交通、水电气、污水垃圾等基础设施建设和公共服务设施等建设性投资是政府的主要投资对象。对于“保护和改善生态环境，促进欠发达地区的经济和社会发展，推进科技进步和高新技术产业化”之类的具有较高盈利性、能够由社会投资建设的项目尽量由民间投资主体参与投资，政府应当主动退出，减少对该项目以及社会资本的行政干预。

（二）构建投资项目加快推进机制

巩固完善投资项目一窗进出运行模式，落实《关于加快推进重大投资建设项目简化审批强化监管优化服务试点工作意见（试行）》（德办发〔2016〕57号）中五条措施十项任务，将成德同城化项目的审批服务纳入政务服务中心“一窗进出、全程代办、一诺即办”，加快推进机制运行。

四、加强地方投融资平台建设

（一）完善管理机制

平台公司应建立和完善法人治理结构，在政府参与投资的项目中，明确各个投资主体、项目建设主体、经营管理公司的权利、责任和义务，形成科学的利益分配和债务偿还机制。制定贯穿整个投资、建设、监管环节的运行制度，推动平台公司自身运行以及政府投资项目建设实施的规范化和有序化。

（二）防范投融资风险

国务院的43号文指出，投融资平台的转型之路，政府应从与平台公司千丝万缕的关系中脱离出来，从作为投资公司债务担保人的身份设定中逐渐淡出，按照“谁决策、谁受益、谁投资、谁承担风险”的原则，遵循市场规律，让平台公司努力成长为自主经营、自筹还贷、自负盈亏的现代企业，不再让政府为其偿还不力买单。在此背景下，地方投融资平台更应当科学评估项目预期收益与回报率以及退出机制等，从而有效规避投融资行为引发的债务风险。首先，要根据项目性质，深入分析融资成本，选择适宜的项目融资方式（直接融资和间接融资），提高资金使用效率。其次，加强债务还贷工作管理，建立健全动态监控和预警机制，实施债务动态监管，按照“谁举债、谁偿还”的原则，强化偿债责任追究机制，避免偿债责任单位逃避责任，确保偿债资金来源。

（三）拓展投融资平台功能

在成德一体化进程中，产业发展的资金供给矛盾越来越突出，而目前投融资平台体系的投融资重点在于基础设施建设，还未充分体现出推动产业发展的资金供给功能作用。因此，投融资平台需不断拓展功能范围，除投资基础设施建设类和公共服务类项目外，还应通过发行债券、上市等方式不断加强投资能力，进而强化其对重点产业的支持功能，通过加大对产业投资类项目的投资力度，有力支持成德区域产业的持续发展。

五、创新金融机构投融资体制

（一）加大政策扶持力度，引导各类银行为成德同城化发展服务

一方面，加大对金融机构投入成德同城化发展信贷规模的扶持力度，鼓励并引导当地金融机构，如国家开发银行、农业发展银行等政策性银行创新信贷模式和产品，针对成德同城化项目涉及差别化融资模式和偿债机制。鼓励商业银行创新面向成德同城化的金融服务，设计开发面向成德同城化的金融产品，支持成德同城化发展。同时加强与大型国有商业银行的金融合作，推出商业银行投入成德同城化发展项目的配套政策，加大该领域的扶持力度、优化扶持结构，提高商业银行的盈利预期，促使其加大金融支持规模。

（二）加强与非银行金融机构合作

加强投融资平台与保险、证券、信托、风投等非银行金融机构的合作，鼓励公共基金、保险基金等参与具有稳定收益的基础设施项目建设和运营。一方面，根据国务院印发的《关于促进融资担保行业加快发展的意见》的相关要求，应当逐步推进融资担保机构“减量增质”、做精做强，“从而培育一批有较强实力和影响力的融资担保机构，形成数量适中、结构合理、竞争有序、稳健运行的担

保机构体系”[①]。另一方面，“建立政府、银行和担保机构间的信用信息共享机制，制定和落实政府对担保行业的鼓励政策”：通过财政补偿、政策补贴和奖励等方式支持担保机构为本市企业发展和项目建设提供融资担保服务；“通过风险补偿政策、设立再担保联盟等举措，推动银行机构与担保机构的合作，支持中小企业融资。”[②]

六、加大政府与社会资本合作力度

（一）设立成德同城化项目引导基金

设立与成德一体化基础设施项目及产业投资发展相关的引导基金，着力推进成德一体化项目建设与产业发展。一方面，应充分发挥其引导和放大效应，按照“资金同步、收益共享、风险共担”的原则，研究设立运作成德一体化项目引导基金。引导社会资本支持我市全域城镇化、城乡一体化、成德一体化发展战略，使政府的政策目标和社会资本的盈利目标趋向统一。“积极探索建立财政投入、国资收益、基金增值和社会资本投资及捐助等多渠道并举的滚动投入机制。”[③] 另一方面，建立常态化招引机制，组织高规格投资峰会，大力度推荐所在城市，加大招引争取力度，积极吸引高水平基金机构来德阳市投资、设立机构。针对风投机构和社会资本担忧投资风险，造成引导基金规模扩大难、投资方式单一、实质性运作慢的问题，建议加快制定吸引基金机构等社会资本参股政府投资基金

① 孙思磊. 融资担保改革撬动融资之困 [J]. 中国农村金融，2015（17）.

② 庄巧英. 杭州城乡区域统筹发展背景下的投融资困境及对策 [J]. 中共财政，2016（21）.

③ 罗荆. 推进浙江省产业扶持财政资金股权投资改革的政策建议 [J]. 地方财政研究，2015（5）.

的政策措施，完善促进金融高地建设政策，对来德阳市设立机构的基金公司给予财政奖励，按一定比例将引导基金项目增值收益让渡给基金管理机构，对年度投资进度较快的参股基金给予一定奖励。

(二) 加大推动PPP模式运用力度

(1) 加强PPP项目包装。充分发挥项目中心作为“项目加工厂”和“调度指挥部”的作用，指导、协调全市重大项目的策划、包装、争取和申报工作，精准对接国家和省的投资方向和项目安排意见，谋划包装储备一批产业转型升级、城市品质提升、生态环境保护和民生改善的优质项目。

(2) 争取政策和资金支持。把握德阳市列入国家PPP创新工作示范市的历史机遇，积极争取国家部委的政策和资金支持，有效推动重大市政工程领域PPP项目进入国家盘子。

(3) 运用PPP模式盘活存量资产。中共中央、国务院《关于深化投融资体制改革的意见》明确指出要依托多层次资本市场体系，盘活存量资产，优化金融资源配置，更好地服务投资兴业。前不久，国务院常务会议明确提出，要拿出更多优质资产，通过政府与社会资本合作模式引入各类投资，回收资金继续用于新的基础设施和公用事业建设，实现良性循环。[①] 因此，为了贯彻落实国务院的有关要求，进一步深化投融资体制改革，德阳市应当充分利用省政府在德阳市开展“TOT”模式试点的契机，积极探索运用PPP模式来盘活现有存量国有资产。当前德阳市已有部分效益理想的已投入运行的基础设施和公共事业项目，如果这些项目能够通过政府与

① 余蕊. 发改委韩志峰：积极运用PPP模式盘活存量资产形成良性投资循环［R/OL］.（2017-07-10）［2017-07-20］. http://www.sohu.com/a/155978414_532149.

社会资本合作（PPP）模式引入社会投资，将为成德一体化项目建设提供新的资金来源。为了有序盘活基础设施存量资产，德阳市相关部门应当加快推出优质存量资产，从而调动社会资本参与的积极性。

参考文献

[1] 王东明. 紧密团结在以习近平同志为核心的党中央周围 建设美丽繁荣和谐四川 推动治蜀兴川再上新台阶，在中国共产党四川省第十一次代表大会上的报告［N］. 四川日报，2017-05-31.

[2] 中共四川省委. 中共四川省委关于深入贯彻落实党的十八大精神为与全国同步全面建成小康社会而奋斗的决定［N］. 四川日报，2013-05-20.

[3] 蒲波. 坚定实施“三大发展战略”倾力打造成都北部新城为率先全面建成小康社会而努力奋斗，在中国共产党德阳市第八次代表大会上的报告［N］. 德阳日报，2016-10-12.

[4] 曾刚. 长江经济带协同发展的基础与谋略［M］. 北京：经济科学出版社，2014.

[5] 周洁. 长三角产业转型与人才开发战略研究：基于世界主要都市圈和部分国家的经验［M］. 北京：北京大学出版社，2010.

[6] 陈雯，陈顺龙. 厦漳泉大都市区同城化：重塑发展新格局［M］. 北京：科学出版社，2012.

[7] 许飞. 实施高水平双向开放 成都建设西部对外交往中心［N］. 人民日报，2016-09-29（13）.

[8] 倪鹏飞. 中国城市竞争力报告 NO. 15——房价体系：中国转型升级的杠杆与陷阱 [M]. 北京：中国社会科学出版社，2017.

[9] 江玉. 2012 中国区域经济发展报告 [R]. 上海：上海财经大学区域经济研究中心，2012.

[10] 杨卫东，郭虹. 中心城市经济理论与实践——以武汉为例 [M]. 北京：经济科学出版社，2011.

[11] 四川省人民政府. 四川省人民政府关于深入推进新型城镇化建设的实施意见（川府发〔2016〕59 号）[R/OL].（2016-12-22）[2017-07-20]. zcwj. sc. gov. cn/xxgk/NewT. aspx? i = 20161222083548-927290-00-000.

[12] 德阳市人民政府. 德阳市新型城镇化规划（2017—2020 年）公示稿 [N]. 德阳晚报，2017-08-10.

[13] 新玉言. 新型城镇化模式分析与实践路径 [M]. 北京：国家行政学院出版社，2015.

[14] 张全科. 德阳市在“成德同城化”中的战略定位与实施途径研究 [D]. 成都：电子科技大学，2013.

[15] 赖芳杰，李庆. 成绵乐城市带 未来拉动四川经济的火车头 [N]. 华西都市报，2016-08-26.

[16] 陈永忠. 推进成德同城化的理论思路与对策研究 [J]. 决策咨询，2014 (1)：1-5.

[17] 德阳市地方志编纂委员会. 德阳市志 [M]. 成都：四川人民出版社，2003.

后 记

2016 年 9 月 27 日召开的中国共产党德阳市第八次代表大会是在德阳市大力实施“十三五”规划、决胜全面小康的关键时期召开的一次重要会议。大会明确提出打造成都北部新城，推进成德同城化发展的战略目标，为德阳实现跨越式发展指明了方向。为了让广大干部学习掌握同城化的相关理论，加快推进成德同城化进程，中共德阳市委党校组织党校骨干教师，集中力量编写了《倾力打造成都北部新城——成德同城化理论与实践》一书。

中共德阳市委党校党委书记、常务副校长杨家林任本书主编，副校长周世学、副校长潘宗保任副主编。杨家林组织领导了本书的编写工作，提出了本书的思路和基本框架。副主编周世学、潘宗保及科技文史教研室傅三齐主任协助主编进行了组织调研、拟定各章节提纲等大量的具体工作。本书编撰者分别是：第一章（杨奥）、第二章（杨晓军）、第三章（李勇）、第四章第一节（蒋华）、第四章第二节（郑德刚）、第五章（朱淑君）、第六章第一、二节（陈池明）、第六章第三节（李勇）、第七章（倪婷、张治龙）、第八章（潘宗保）、第九章（柯萍）、第十章（朱立红)、第十一章（杨千玲）。本书由副主编周世学、潘宗保以及杨晓军、柯萍、陈池明等统稿，主编杨家林定稿。

在编写过程中，我们得到了德阳市委组织部、市委政研室、市委党史研究室、市政府研究室、市发改委、市经信委、市交通局、市住建局、市统计局、市商务局、市环保局、市教育局、市国资委、市文化局、市人社局、市卫计委、市财政局、市民政局、市政务服务中心等部门以及各县（市、区）的大力支持。在此，我们谨向他们致以诚挚的敬意和衷心的感谢。

由于成德同城化问题涉及面广，研究难度较大，各章节的编写风格、论述专深也有差异，难免存在疏漏和不足，敬请读者批评指正。

编委会

2017 年 9 月